山东省区域
科技创新能力评价报告
2022

山东省创新发展研究院　著

科学技术文献出版社

SCIENTIFIC AND TECHNICAL DOCUMENTATION PRESS

·北京·

图书在版编目（CIP）数据

山东省区域科技创新能力评价报告 . 2022 / 山东省创新发展研究院著 . —北京：科学技术文献出版社，2023.3

ISBN 978-7-5235-0115-3

Ⅰ．①山…　Ⅱ．①山…　Ⅲ．①技术革新—研究报告—山东—2022　Ⅳ．① F124.3

中国国家版本馆 CIP 数据核字（2023）第 050544 号

山东省区域科技创新能力评价报告2022

策划编辑：张　丹　　责任编辑：张瑶瑶　　责任校对：王瑞瑞　　责任出版：张志平

出 版 者　科学技术文献出版社
地　　址　北京市复兴路15号　邮编 100038
编 务 部　（010）58882938，58882087（传真）
发 行 部　（010）58882868，58882870（传真）
邮 购 部　（010）58882873
官 方 网 址　www.stdp.com.cn
发 行 者　科学技术文献出版社发行　全国各地新华书店经销
印 刷 者　北京地大彩印有限公司
版　　次　2023 年 3 月第 1 版　2023 年 3 月第 1 次印刷
开　　本　889×1194　1/16
字　　数　202千
印　　张　12.25
审 图 号　（2023）鲁图检字第005号
书　　号　ISBN 978-7-5235-0115-3
定　　价　88.00元

《山东省区域科技创新能力评价报告2022》 编辑委员会

山东省区域科技创新能力评价研究小组

前　言

2021 年，面对错综复杂的国际形势和疫情冲击，山东省全省上下深入贯彻落实习近平总书记关于科技创新的重要论述和对山东工作的重要指示要求，奋勇争先，实现了"十四五"良好开局。山东省被国务院评为创新驱动发展和科技创新能力提升成效明显督查激励省份。

山东省在全国率先成立了由省委书记、省长任双组长的省委科技创新委员会，省级科技创新发展资金增长 10%，带动全社会研发投入和研发投入强度实现双提升。聚焦"十强产业"创新需求，布局建设了一批高能级创新平台，"1313"四级实验室体系加速形成，国家燃料电池技术创新中心成功获批建设，新型研发机构实现蓬勃发展。不断强化有组织的科研，积极承接科技部"氢进万家""北斗星动能"重大科技示范工程，集中财力支持重大科技创新，突破一批关键核心技术，助推智慧交通、量子通信、云计算、海工装备、氢能源等 20 多个领域跨越式发展。积极承接国家科技奖励制度、科技人才分类评价、科技成果评价 3 项改革试点，科技体制机制改革深入推进，科技创新生态持续优化。科技创新支撑力和引领力持续提升，有力支撑新时代现代化强省建设。

按照《山东省人民政府关于深化创新型省份建设若干措施的通知》（鲁政字〔2019〕142 号）部署，在山东省科技厅和山东省统计局支持下，山东省创新发展研究院完成了 2022 年区域科技创新能力评价相关工作，并形成了《山东省区域科技创新能力评价报告 2022》（以下简称《报告》）。

《报告》评价指标体系总体沿用了 2021 年的评价指标体系，由 5 个一级指标和 25 个二级指标组成。其中，一级指标分别为创新投入、创新产出、企业创新、创新环境和创新驱动，根据《山东省"十四五"科技创新规划》及政府统计制度变化、数据可获得性等最新情况，对部分二级指标进行调整，并重新确立标准值，故本报告与 2021 年报告指数结果不具有可比性。《报告》评价方法仍采用综合指数评价法，并引用官方最新权威数据。《报告》共分 4 个部分：第一部分是全省科技创新基本情况评价。包括全省科技创新发展总体评价、区域综合科技创新水平评价、区域科技创新总体特征等内容。第二部分是区域科技创新各级指标评价。包括区域科技创新一级指标评价、区域科技创新一级指标相关性分析和区域科技创新二级指标评价等内容。第三部分是区域综合科技创新水平分析。包括全省16个市科技创新发展情况、创新发展指标位次变动分析和创新驱动经济高质量发展的建议等内容。第四部分是附录。包括指标体系、指标解释和评价方法等内容。

《报告》标题中的"2022"指的是报告发布年份，报告所用数据标注为"当年"的均为2021年数据；标注为"上年"的均为2020年数据。

《报告》尊重原始数据，力求客观公正，是山东省创新发展研究院连续第5个年度出版的研究成果。《报告》得到山东省科技厅、山东省工业和信息化厅、山东省市场监管局、山东省统计局有关方面的大力支持和山东省重点研发计划（软科学项目）、山东省创新发展研究院智库资助。

由于时间仓促，加之水平有限，《报告》难免有不尽人意之处，恳请各界参阅中批评指正，以便我们今后加以改进。

山东省区域科技创新能力评价研究小组

2023 年 3 月 20 日

C目 录
Contents

第一部分 全省科技创新基本情况评价

一、全省科技创新发展总体评价

2021 年是"十四五"的开局之年，面对复杂严峻的国内外形势和疫情冲击等不利因素，山东省以习近平新时代中国特色社会主义思想为指导，深入学习贯彻党的十九大精神，以及习近平总书记对山东"走在前列、全面开创""三个走在前"的重要指示要求，坚持创新在现代化建设全局中的核心地位，深入实施创新驱动发展战略，落实省委、省政府"七个走在前列""九个强省突破"部署，创新能力和水平进一步提升，创新体系效能持续增强，创新动能加速释放。出台《关于加快推进新时代科技强省建设的实施意见》，强化教育、科技、人才的战略支撑作用，创新型省份建设开启新征程，为保持经济平稳较快增长和推进经济高质量发展提供了重要支撑。

2021 年，全省科技创新水平迈入新阶段，开启高水平创新型省份建设之路，综合科技创新水平指数达到 63.53%，比 2020 年提高 6.63 个百分点。创新投入、创新产出、企业创新、创新环境、创新驱动 5 个一级指标指数表现出良好的发展态势，为"十四五"创新发展奠定了坚实基础（图 1-1）。

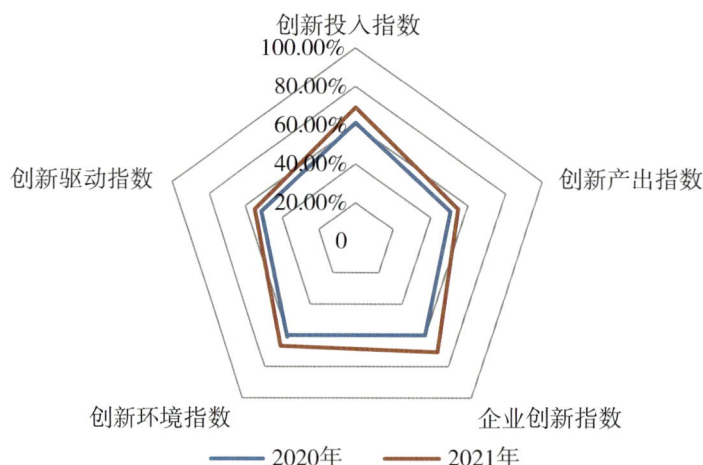

图 1-1　2020—2021 年山东省 5 个一级指标指数情况

（一）创新投入支撑能力更加坚实

2021 年，全省创新投入指数为 69.40%，较上年提高 7.92 个百分点。近年来，省委、省政府高度重视研发投入工作，成立了省委科技创新委员会，全面加强党对科技工作的统一领导，并将科技研发创新列为全省"十大创新"行动计划首位。2021 年，全省全社会 R&D 经费支出达到 1944.66 亿元，是 2012 年的 1.9 倍，较上年增长首次超过 200 亿元，同比增幅为 15.62%；全社会 R&D 经费支出占地区生产总值（GDP）的比重（R&D 经费投入强度）达到 2.35%[①]，较上年提高 0.04 个百分点（图 1-2）。从各市来看，滨州、日照等 10 个市全社会 R&D 经费支出占地区生产总值（GDP）的比重超过全省平均水平。

基础研究经费支出大幅提升。党的十八大以来，全省认真贯彻关于加强基础研究的精神和要求，制定了一系列政策措施支持基础研究发展。2021 年，全省基础研究经费支出为 73.75 亿元，较上年大幅增长 46.43%[②]，是 2012 年的 3.29 倍；基础研究经费支出占 R&D 经费支出的比重为 3.79%，较上年提高 0.80 个百分点，是 2012 年的 1.72 倍（图 1-3）。从执行部门来看，高等院校基础研究经费支出占比超过 1/2，达

---

① 全社会 R&D 经费支出与地区生产总值之比已根据全省地区生产总值最终核实数据进行了修订。

② 本书中的相关数值是以四舍五入前的统计数据计算得出，结果可能与四舍五入后的数据结果存在差异。

到 55.48%；科研机构、企业基础研究经费支出占比分别为 26.21%、9.30%。高等院校和科研机构是基础研究的主力军，企业在基础研究经费支出方面略有不足。从各市来看，济南、青岛基础研究经费支出占 R&D 经费支出的比重超过了全省平均水平。

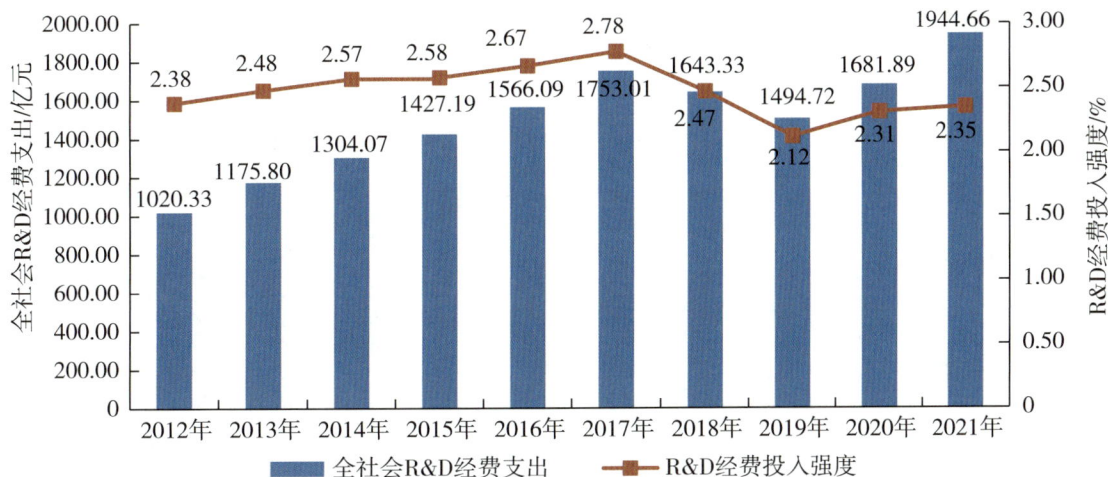

图 1-2　2012—2021 年山东省全社会 R&D 经费支出情况

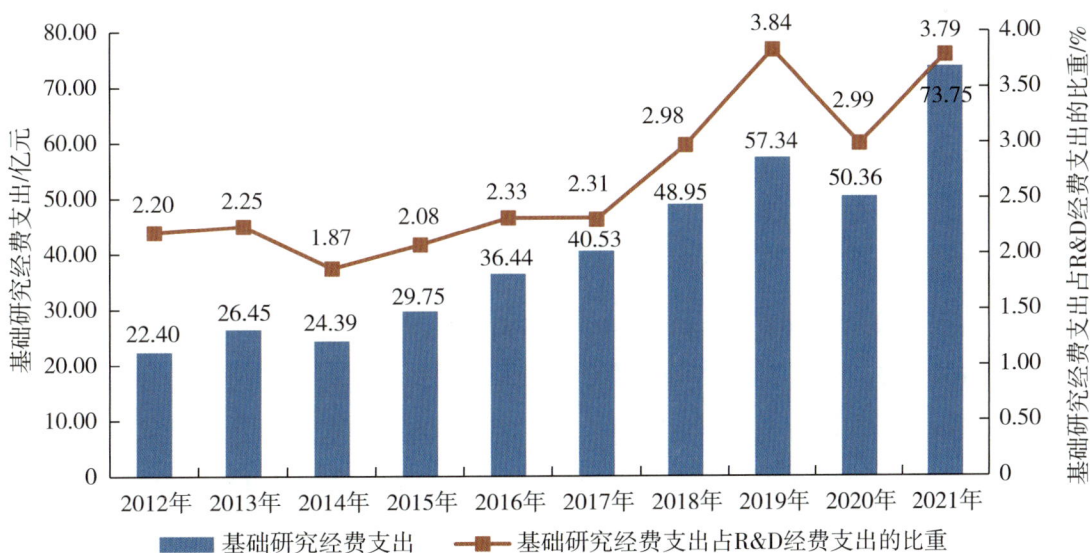

图 1-3　2012—2021 年山东省基础研究经费支出情况

地方财政科技支出稳步增长。2021 年，全省地方财政科技支出为 372.32 亿元，较上年增长 24.68%，是 2012 年的 2.98 倍，地方财政科技支出占一般公共预算支出的比重较上年提升 0.52 个百分点，达到 3.18%，是 2012 年的 1.50 倍（图 1-4）。从各市来看，滨州、烟台、济南地方财政科技支出占一般公共预算支出的比重超过了全省平均水平。

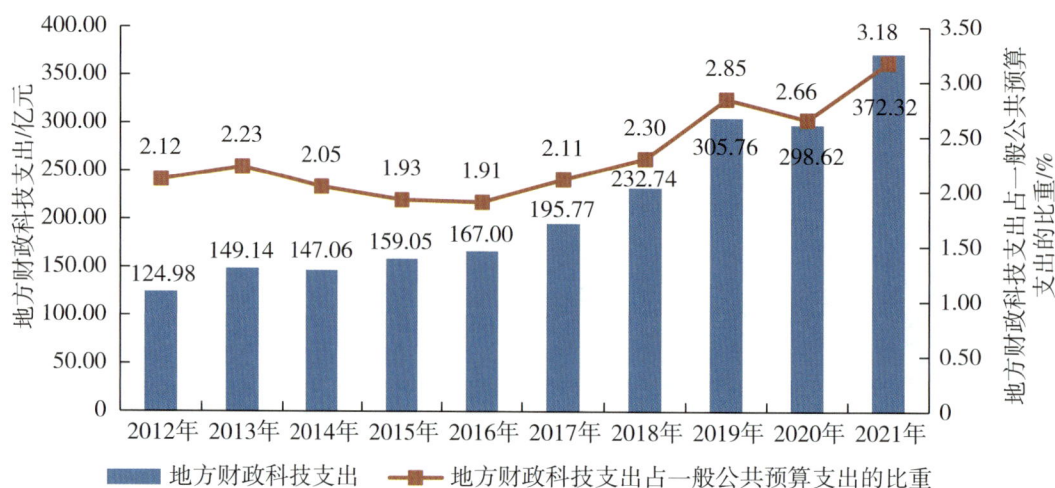

图 1-4　2012—2021 年山东省地方财政科技支出情况

创新人才投入大幅提升。近年来，山东省强化人才引领支撑，重视研发人才培养使用，打造人才创新高地，人才驱动战略成效明显。2021 年，全省 R&D 人员折合全时当量为 44.76 万人年，较上年增长 31.21%；每万名就业人员中研发人员数为 81.75 人年，较上年提高 19.84 人年。高学历人才快速集聚，R&D 人员数量为 69.59 万人，较上年增长 34.10%。其中，博士 4.06 万人、硕士 7.81 万人，分别较上年增长 19.39%、28.75%。R&D 人员中研究人员数量达到 26.05 万人，较上年增长 19.16%。但是，R&D 人员中研究人员占比出现下滑，由 2020 年的 42.13% 下降到 2021 年的 37.43%，下降了 4.69 个百分点（图 1-5）。这一现象说明山东省在科技人才投入的基础方面取得长足进步，科技人才金字塔的"底座"更加坚实。但在吸引高层次人才方面，增长速度略缓，这将会影响山东省科技创新的深度和广度。从各市来看，青岛、济南等 5 个市的每万名就业人员中研发人员数超过 100 人年，济南、青岛、烟台 3 个市 R&D 人员中研究人员占比超过全省平均水平，区位优势在吸引人才方面起着重要作用。

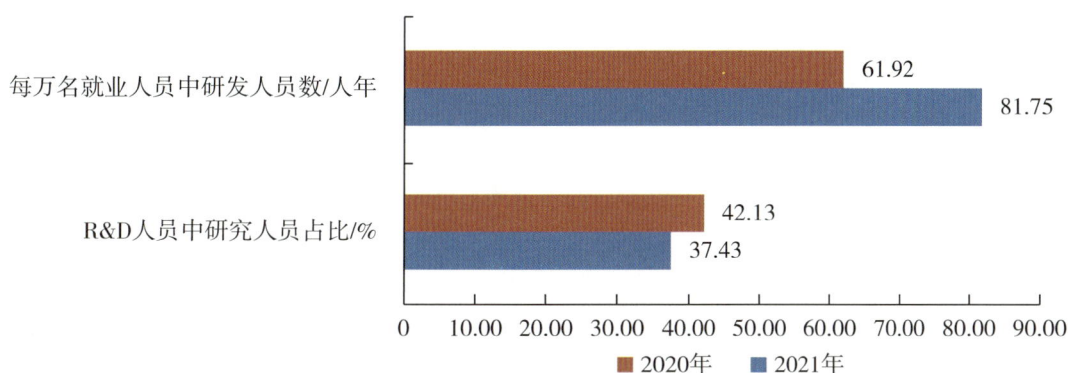

图 1-5 2020—2021 年山东省研发人员投入情况

（二）创新产出应用型特征日益明显

山东省围绕科技创新发展，聚焦基础前沿，推动关键技术突破。2021 年，全省创新产出指数为 54.68%，较上年提高 4.09 个百分点。其中，专利产出增长明显，技术合同成交额提升迅猛，产出成效大幅提升，但论文产出效率略有下降。

技术合同成交额是衡量科技成果转化的重要指标。2021 年，全省登记技术合同数量为 48 271 项，2022 年已达到 55 680 项。2021 年，全省技术合同成交额达到 2564.92 亿元，较上年增长 31.27%，是 2012 年的 17.44 倍，2022 年达到 3256.04 亿元，居全国第 5 位。从近 10 年的发展趋势来看，山东省技术合同成交额稳步增长，近两年呈现出快速增长态势。2021 年，全省每亿元 GDP 技术合同成交额达到 308.67 万元，比 2020 年增长 15.00%，高于全省经济增长速度（图 1-6）。从各市来看，临沂、淄博、济南、滨州、烟台、聊城、济宁 7 个市技术合同成交额同比增速超过全省平均水平。其中，临沂基本实现倍增，同比增速高达 99.28%。

图 1-6 2012—2021 年山东省技术合同成交额及每亿元 GDP 技术合同成交额情况

高价值发明专利拥有量反映了专利资源的技术含量和市场价值，是科技产出绩效的重要体现，是国家"十四五"规划和山东省"十四五"规划中主要预期性指标之一。2021 年，全省专利授权数为 32.98 万件，较上年增长 38.14%，其中，发明专利授权数为 3.63 万件。各类研发主体单位专利所有权转让及许可数、形成国家或行业标准数分别为 8588 件和 4648 项。全省每万人高价值发明专利拥有量达到 4.64 件，较上年提高 0.52 件。发明专利与研发投入密切相关。2021 年，全省每亿元 R&D 经费支出发明专利授权数达到 18.69 件，较上年增长 2.79 件（图 1-7）。从各市来看，青岛、济南每万人高价值发明专利拥有量超过了 10 件，威海、烟台、淄博、东营 4 个市也超过了全省平均水平。

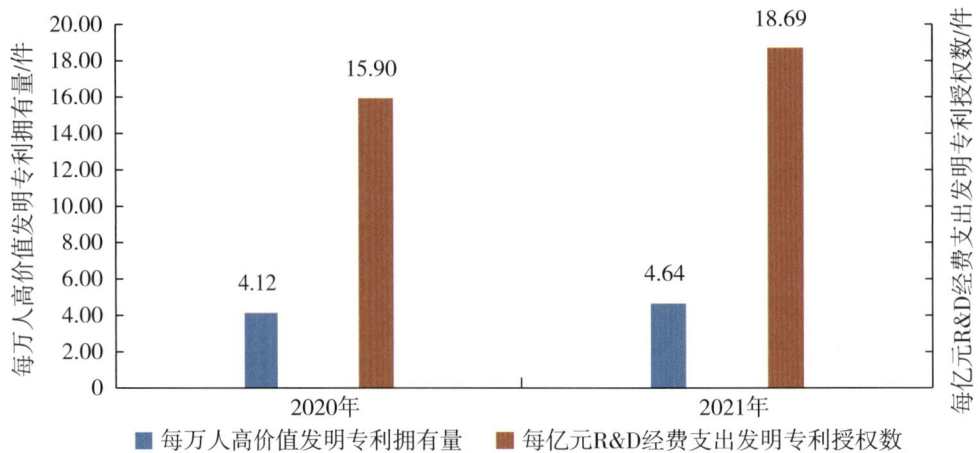

图 1-7 2020—2021 年山东省发明专利情况

科技论文是创新活动中间产出的重要成果形式，反映了基础研究活动的产出水平和效率。2021 年，全省科技论文数量达到 11.21 万篇，较上年增长 5.12%。但万名研究人员科技论文数较上年有所下降，与山东省研究人员数量增长较快有关。青岛、济南因高等院校、科研机构资源丰富，区位优势明显，在科技论文数量方面处于绝对领先地位，从万名研究人员科技论文数方面来看，青岛、济南、泰安超过了全省平均水平，各市差距较明显。

（三）企业创新主体地位进一步巩固

近年来，山东省企业创新主体地位得到大幅提升，构建起科技型企业、高新技术企业、创新型领军企业梯次培育体系，在科技创新中发挥着举足轻重的作用。截至目前，已培育 200 家创新型领军企业、600 家科技型"小巨人"企业，科创板上市企业总数达到 21 家，入库科技型中小企业达到 3.54 万家、高新技术企业达到 2.66 万家。2021 年，全省企业创新指数为 70.39%，较上年提高 10.79 个百分点，在 5 个一级指标中提升最快。

企业研发创新活力持续迸发。有研发活动企业规模快速增加，凝聚形成推动全省创新发展的强大合力。2021 年，有研发活动规上工业企业数达到 1.56 万家，较上年增长 34.84%，约为 2012 年的 5 倍。全省有研发活动规上工业企业占规上工业企业的比重为 47.33%，居全国第 4 位，较上年提高 8.16 个百分点，是 2012 年的近 6 倍（图 1-8）。研发机构建设实现新突破，为高质量发展提供有力支撑。2021 年，

图 1-8　2012—2021 年山东省有研发活动规上工业企业情况

设立研发机构的规上工业企业数较上年增长了 60.62%，达到 6370 家，是 2012 年的 2.64 倍。从各市来看，滨州、威海、济宁、烟台、日照、淄博、青岛、聊城、枣庄 9 个市有研发活动规上工业企业占规上工业企业的比重超过全省平均水平，青岛、潍坊、临沂、烟台、济宁有研发活动规上工业企业数超过 1000 家。

企业创新投入水平进一步提升。2021 年，全省规上工业企业 R&D 经费支出为 1565.34 亿元，较上年增长 14.62%，是 2012 年的 1.73 倍；规上工业企业 R&D 经费支出占营业收入的比重为 1.51%，较上年略有下降（图 1-9）。技术获取和技术改造经费占营业收入的比重达到 0.32%，较上年略有增长。企业 R&D 人员强势增长，规上工业企业 R&D 人员达到 52.95 万人，较上年大幅增长 40.59%，占规上工业企业从业人员的比重达到 9.54%，比 2020 年提高 2.62 个百分点。从各市规上工业企业研发经费投入强度来看，威海、德州、泰安、济南 4 个市超过 2%，青岛、聊城、淄博、临沂、枣庄、烟台 6 个市也超过了全省平均水平。从各市规上工业企业研发人力投入强度来看，淄博、青岛、德州、滨州、日照、济南、威海、烟台 8 个市超过了全省平均水平。

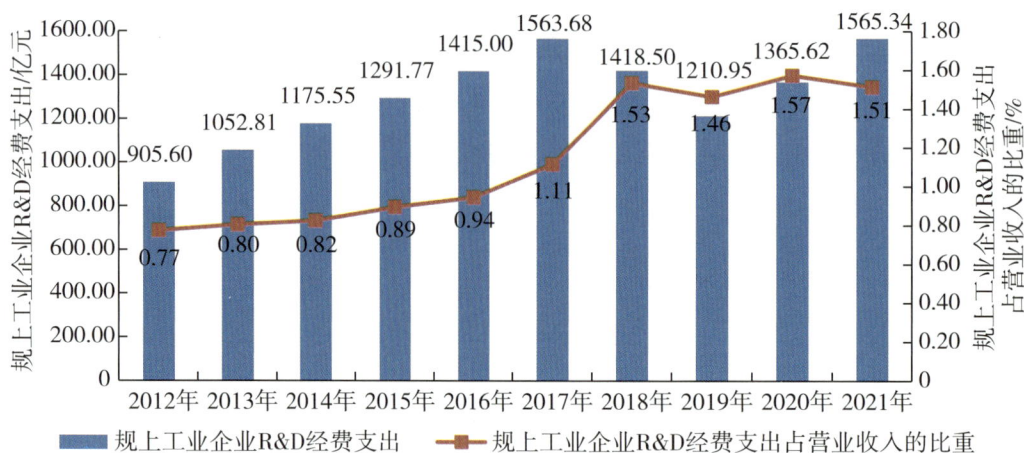

图 1-9　2012—2021 年山东省规上工业企业 R&D 经费支出情况 [①]

[①] 因统计口径的原因，2018 年以前均采用规上工业企业 R&D 经费支出占主营业务收入的比重，图 1-10 同。

企业研发创新能力不断增强。2021年，全省规上工业企业新产品销售收入达到 27 540.30 亿元，较上年增长 61.23%，是 2012 年的 2.13 倍；规上工业企业新产品销售收入占营业收入的比重达到 26.53%，较上年提高 6.93 个百分点（图 1-10）。从各市规上工业企业新产品销售收入占营业收入的比重来看，威海、济南、潍坊、青岛、济宁、德州、滨州、临沂、泰安、淄博 10 个市均超过了全省平均水平，滨州、威海、临沂 3 个市提升幅度较大。

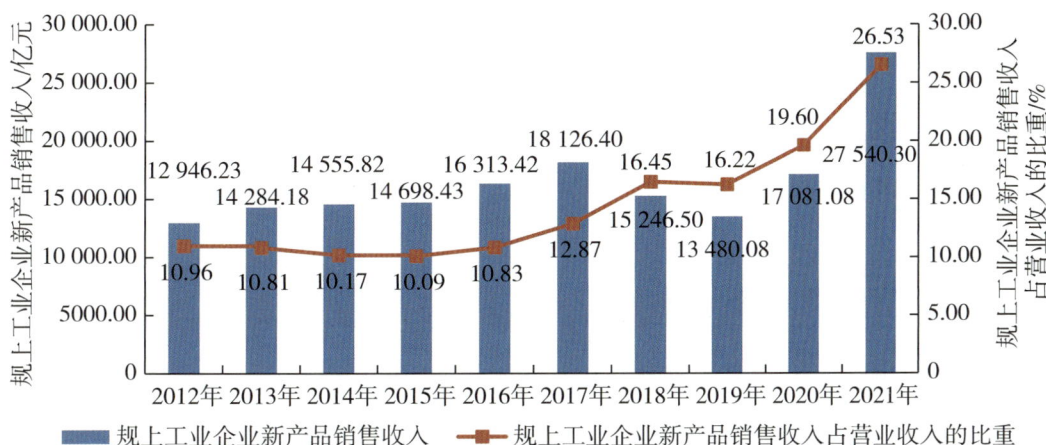

图 1-10　2012—2021 年山东省规上工业企业新产品销售收入情况

企业发明专利拥有量体现了企业知识产权实力和市场竞争力，是衡量企业创新能力的重要指标。2021年，全省规上工业企业发明专利拥有量为 10.34 万件，较上年增长 31.02%，是 2012 年的 6.27 倍。其中，青岛、济南、潍坊 3 个市规上工业企业发明专利拥有量超过了 10 000 件。每万名规上工业企业 R&D 人员发明专利拥有量达到 1953.09 件，较上年略有下降（图 1-11）。从各市来看，济南、青岛、潍坊、东营 4 个市每万名规上工业企业 R&D 人员发明专利拥有量在 2000 件以上，超过全省平均水平。

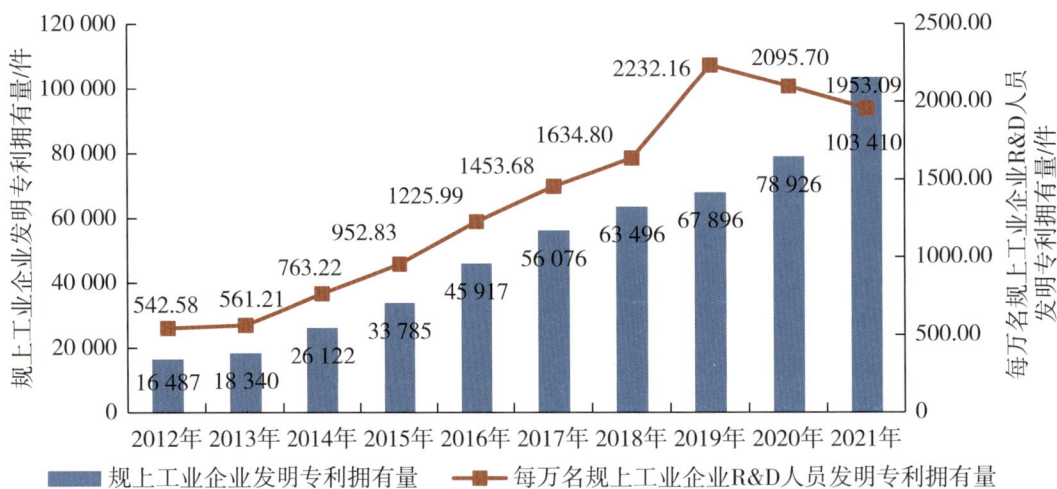

图 1-11　2012—2021 年山东省规上工业企业发明专利拥有量情况

（四）创新环境持续优化

创新能力的提升，离不开创新环境的不断优化。2021 年，山东省委科技创新委员会全面统筹全省的科技创新工作，一系列持续改善创新环境的举措得到有效落实。2021 年，全省创新环境指数为 66.46%，较上年提高 5.84 个百分点。

党的二十大报告明确指出，"教育、科技、人才是全面建设社会主义现代化国家的基础性、战略性支撑"。在党和国家事业发展布局中，首次将教育、科技、人才支撑单列为党代会政治报告的一个部分，深刻阐释了新时代实施科教兴国战略、强化现代化建设人才支撑的总体要求和重点任务，明确了加快建设教育强国、科技强国、人才强国的出发点，具有非常重大的战略意义。2021 年，全省公共预算教育支出为 2411.09 亿元，较上年增长 5.57%，是 2012 年的 1.84 倍；公共预算教育支出占一般公共预算支出的比重达到 20.58%，较上年提高 0.25 个百分点，自 2018 年以来实现了逐年稳步增长，体现了地方政府对教育的重视程度在不断提升。从各市公共预算教育支出占一般公共预算支出的比重来看，威海、临沂、枣庄、济宁、潍坊、日照、泰安、聊城 8 个市超过了全省平均水平。公共预算教育支出占 GDP 的比重是国际通用的衡量教育水平和地位的指标，2021 年全省公共预算教育支出占 GDP 的比重仅为 2.90%，较上年下降了 0.24 个百分点，近 10 年来，仅高于 2014 年水平，与国家 4% 的要求尚有一定差距，需要持续加大全省教育资源投入力度（图 1-12）。

图 1-12　2012—2021 年山东省公共预算教育支出情况

科学研究和技术服务业平均工资水平反映了政府及社会对从事科学研究和技术服务工作的劳动者劳动的认可程度。2021 年，全省科学研究和技术服务业平均工资达到 12.08 万元，高于全省全社会平均工资，较上年增长 7.39%，是 2012 年的 2.27倍（图 1-13）。全省科学研究和技术服务业平均工资比较系数为 127.50%，较上年略有下降。从各市来看，只有青岛、聊城、济南、烟台 4 个市科学研究和技术服务业平均工资比较系数超过全省平均水平。自 2016 年以来，科学研究和技术服务业平均工资年均增速为 8.94%，高于全社会平均工资的年均增速，体现了政府及社会对科学研究和技术服务工作者的重视和认可。

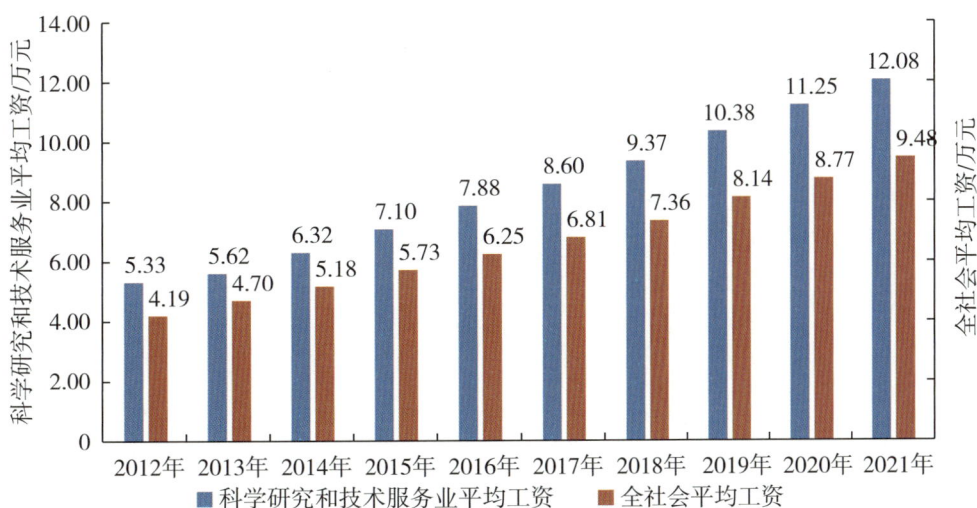

图 1-13　2012—2021 年山东省科学研究和技术服务业平均工资和全社会平均工资情况

随着双创浪潮的推动，创业孵化载体已成为我国实施创新驱动发展战略的重要基础设施，为推动实体经济转型升级和经济高质量发展提供了重要支撑。2021年，全省省级以上科技孵化载体594家，其中，国家级科技企业孵化器103家、众创空间245家。2021年，孵化器累计孵化企业数为1.40万家，较上年增长14.38%，是2016年的2.01倍；每万名就业人员累计孵化企业数提升到2.56家，比2020年提高0.33家，创业孵化效能进一步提升（图1-14）。从各市累计孵化企业数来看，济南、青岛、烟台、东营、济宁5个市均超过了1000家。

图 1-14 2016—2021年全省累计孵化企业数情况

实际使用外资金额占GDP的比重是体现国际化营商环境水平的重要指标。近年来，山东省持续扩大对外开放，外贸出口额屡创历史新高，与RCEP其他成员国间的贸易往来日趋紧密，实际使用外资金额增速居全国前列。2021年，全省实际使用外资金额为215.16亿美元，较上年增长21.92%；实际使用外资金额占GDP的比重达到1.67%，与上年持平（图1-15）。从各市实际使用外资金额占GDP的比重来看，只有青岛、威海、烟台3个市超过全省平均水平，说明沿海城市对外开放的力度大于内陆城市。

图 1-15　2012—2021 年山东省实际使用外资金额情况

高新技术企业培育政策得到有效落实。2021 年，全省高新技术企业数达到 2.04 万家，较上年增长 39.54%，是 2012 年的 7.95 倍；每万家企业法人单位中高新技术企业数为 69.70 家，较上年提高 10.79 家，是 2012 年的近 2 倍（图 1-16）。从各市来看，青岛、济南、烟台、潍坊、临沂、威海、淄博 7 个市高新技术企业数超过了 1000 家。

图 1-16　2012—2021 年山东省高新技术企业数情况

加计扣除减免税政策效果持续显现。随着提高扣除比例、扩大适用范围、优化申报程序等多项政策措施落地落实，企业政策受惠面扩大。2021 年，全省享受研发费用加计扣除减免税政策的规上工业企业数为 6486 家，比上年增长 67.29%，享受研发费用加计扣除减免税政策的规上工业企业占规上工业企业的比重为 19.62%（图 1-17）；加计扣除减免税额为 153.08 亿元，比上年增长 17.76%；高新技术企业减免税额为 156.58 亿元，比上年增长 23.18%。从各市享受研发费用加计扣除减免税政策的规上工业企业占规上工业企业的比重来看，只有济南、淄博、青岛、威海、泰安、济宁、烟台 7 个市超过了全省平均水平。

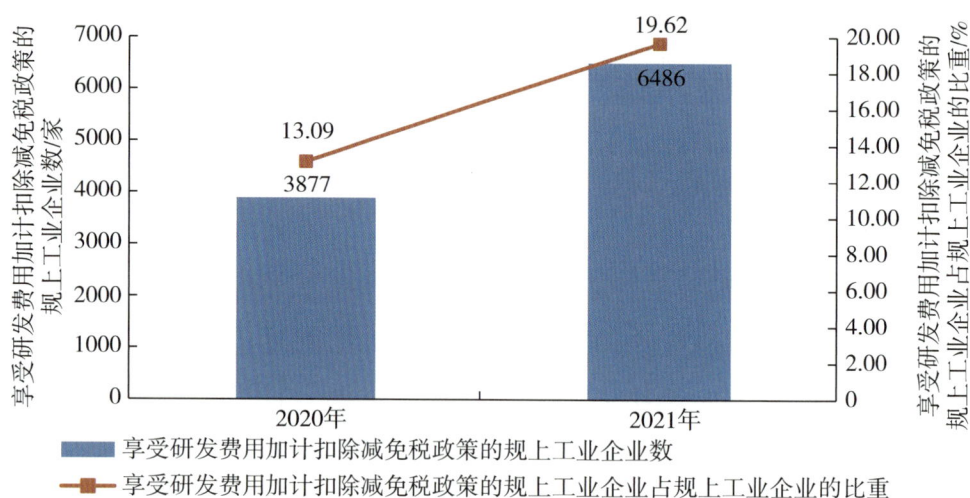

图 1-17　2020—2021 年山东省享受研发费用加计扣除减免税政策的规上工业企业情况

（五）创新驱动高质量发展能力稳步提升

近年来，山东省委、省政府高度重视科技创新工作，山东省《"十大创新" 2022 年行动计划》将"科技研发创新"摆在首位，把创新贯穿经济社会发展的全过程。省级科技创新发展资金投入不断加大，取得明显成效。世界首套时速 600 公里的高速磁浮交通系统、全球首款"国密算法高抗冲突物联网安全芯片"等重大科技创新成果不断涌现。随着经济转向高质量发展，科技创新成为决定经济发展质量效益的关键所在。2021 年，创新驱动指数达到 54.88%，较上年提高 3.59 个百分点。

科技创新的作用体现为对集约型经济发展方式的促进，全员劳动生产率是反映经济增长方式转变的重要指标。2021 年，山东省全员劳动生产率达到 15.18 万元/人，略低于全国平均水平，较上年提高 14.87%，是 2012 年的 2.08 倍（图 1-18）。从各市来看，东营、青岛、济南、烟台、威海、淄博 6 个市全员劳动生产率高于全省平均水平，全社会劳动效率得到进一步提高。

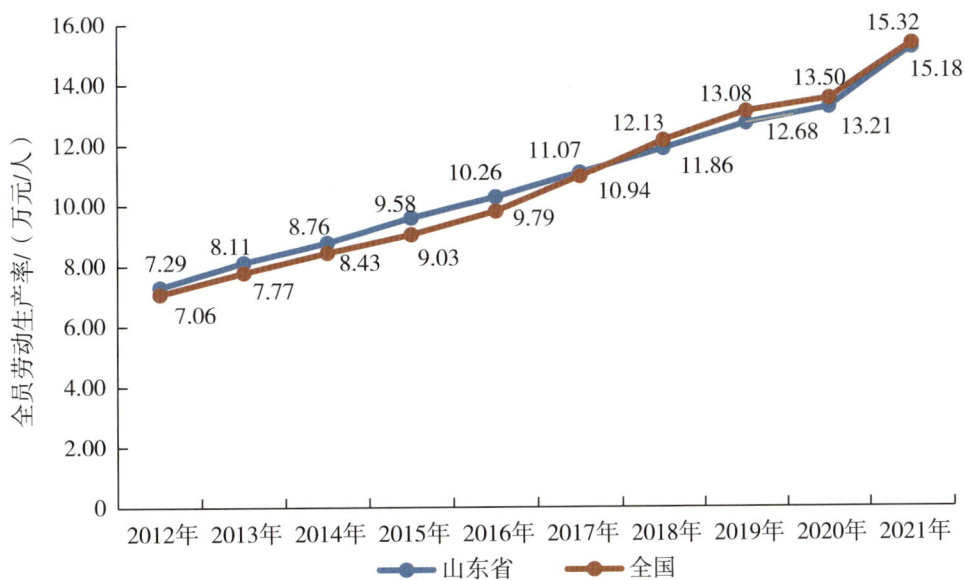

图 1-18 2012—2021 年山东省全员劳动生产率情况

近年来，山东省深入实施科技创新战略，新旧动能转换持续推进，产业转型升级带动作用明显，全省高新技术产业发展态势良好，成为山东省经济发展的主要动能，现代服务业增加值增长明显，数字经济核心产业日益成为国民经济中的核心增长极之一。2021 年，全省规上高新技术产业产值同比增长 19.53%，占规上工业产值比重达到 46.76%，较上年提高 1.65 个百分点，是 2012 年的 1.61 倍；现代服务业增加值达到 22 203.55 亿元，较上年增长 8.82%，占 GDP 比重达到 26.72%。数字经济代表着未来新的经济增长点，而数字经济核心产业增加值占 GDP 比重也首次纳入《"十四五"数字经济发展规划》中。2021 年，全省数字经济核心产业增加值为 5102.30 亿元，占 GDP 比重为 6.14%，比 2020 年提高 1.34 个百分点。山东省积极响应绿色减排行动，经济发展绿色化水平进一步提高。2021 年，万元 GDP 综合能耗较上年降低率为 3.83%（图 1-19）。

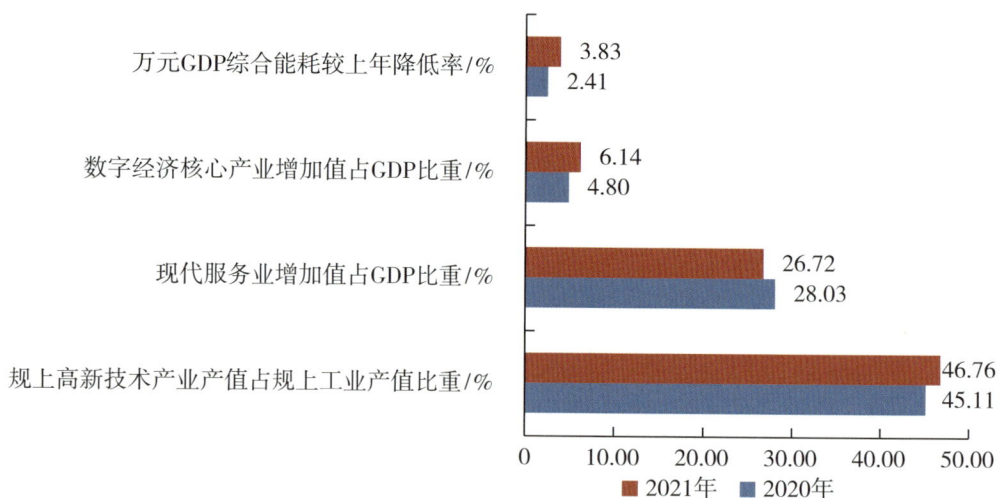

图 1-19　2020—2021 年山东省创新驱动相关指标情况

（六）总体评价中发现的问题

1. 创新产出效率不高

创新产出是衡量地区创新能力的重要方面，从评价结果来看，2021 年山东省创新产出指数是 5 个一级指标中最低的，且较上年提升幅度不高。从国家区域创新评价结果来看，山东省创新产出指数列全国第 14 位。在创新产出上山东省与先进省份差距大。例如，2021 年山东省每万人高价值发明专利拥有量为 4.64 件，低于全国平均水平（7.50 件）2.86 件，仅约为广东省（16.74 件）的 1/4，江苏省（13.99件）、浙江省（12.23 件）的 1/3。山东省 PCT 国际专利申请受理量为 3244 件，仅约为广东省的 1/8，不足江苏省的 1/2。广东省、江苏省技术合同成交额分别是山东省的 1.67 倍、1.17 倍。国外主要检索工具收录我国科技论文数中，山东省为 4.74 万篇，江苏省、广东省分别为山东省的 1.89 倍、1.27 倍。同时，高层次人才方面与先进省份存在着较大差距，直接影响山东省高水平创新成果的产出，创新产出效率总体上不高。

2. 基础研究经费投入依然不足

基础研究是科技强省的重要基石。2021 年，山东省加大对基础研究的投入力度，基础研究经费支出及其占 R&D 经费支出的比重止跌回升，有了较大增长。但与先进省份相比，全省基础研究经费支出总量较小，仅约为广东省的 1/4、江苏省的 1/2；基础研究经费支出占 R&D 经费支出的比重列全国第 26 位，低于全国平均水平（6.50%）2.71 个百分点，比广东省（6.85%）、江苏省（3.95%）分别低 3.06 个百分点、0.16 个百分点。可见，要实现山东省"十四五"末 8% 的目标任务艰巨。

3. 企业研发经费投入强度下降且总量偏低

企业研发经费投入强度是指企业 R&D 经费支出占营业收入的比重，是衡量企业研发经费投入水平的重要指标。一般来说，较高的研发经费投入强度对应较高的利润率。2021 年，全省规上工业企业 R&D 经费支出占 R&D 经费支出的 80.5%，总量较上年有较大增长，但与广东省、江苏省相比总量仍偏低，仅为广东省、江苏省的 53.94%、57.62%。规上工业企业研发经费投入强度仅为 1.51%，较上年下降 0.06 个百分点，虽高于全国平均水平（1.33%）0.18 个百分点，但低于江苏省（1.77%）、广东省（1.67%）、浙江省（1.59%）0.26 个百分点、0.16 个百分点、0.08 个百分点。

4. 高层次研发人员短缺

推进科技自立自强，归根结底需要高水平创新人才。从全省 R&D 人员来看，2021 年山东省硕士以上学历人员占全省 R&D 人员的比重为 17.1%，和江苏省（16.0%）、浙江省（14.5%）相比具有一定优势；但与广东省（20.7%）相比，低 3.6 个百分点。从全省研究机构人员来看，2021 年山东省拥有博士学历人员 2.21 万人、硕士学历人员 4.59 万人，占全省研究机构人员的比重分别为 7.3%、15.2%，与广东省（37.0%、31.8%）相比，存在较大差距。从企业 R&D 人员来看，2021 年山东省规上工业企业 R&D 人员占全省 R&D 人员的比重为 76.08%，但规上工业企业 R&D 人员占规上工业企业从业人员的比重不足 10%，规上工业企业研究人员总量仅约为广东省、江苏省的 1/2；规上工业企业研究人员占规上工业企业 R&D 人员的比重为 27.69%，低于江苏省（28.73%）1.04 个百分点，与广东省（27.20%）基本持平。

2020 年和 2021 年山东省区域科技创新能力评价指标比较如表 1–1 所示。

表 1-1　2020 年和 2021 年山东省区域科技创新能力评价指标比较

指标名称	2020 年	2021 年
综合科技创新水平指数（%）	56.90	63.53
创新投入指数（%）	61.48	69.40
全社会 R&D 经费支出占地区生产总值（GDP）的比重（%）	2.31	2.35
地方财政科技支出占一般公共预算支出的比重（%）	2.66	3.18
基础研究经费支出占 R&D 经费支出的比重（%）	2.99	3.79
每万名就业人员中研发人员数（人年）	61.92	81.75
R&D 人员中研究人员占比（%）	42.13	37.43
创新产出指数（%）	50.58	54.68
每亿元 GDP 技术合同成交额（万元）	268.40	308.67
每万人高价值发明专利拥有量（件）	4.12	4.64
万名研究人员科技论文数（篇）	4876.91	4302.05
每亿元 R&D 经费支出发明专利授权数（件）	15.90	18.69
企业创新指数（%）	59.59	70.39
规上工业企业 R&D 经费支出占营业收入的比重（%）	1.57	1.51
规上工业企业 R&D 人员占规上工业企业从业人员的比重（%）	6.93	9.54
有研发活动规上工业企业占规上工业企业的比重（%）	39.17	47.33
规上工业企业新产品销售收入占营业收入的比重（%）	19.60	26.53
每万名规上工业企业 R&D 人员发明专利拥有量（件）	2095.70	1953.09
创新环境指数（%）	60.62	66.46
公共预算教育支出占一般公共预算支出的比重（%）	20.33	20.58
科学研究和技术服务业平均工资比较系数（%）	128.22	127.50
每万名就业人员累计孵化企业数（家）	2.23	2.56
每万家企业法人单位中高新技术企业数（家）	58.91	69.70
实际使用外资金额占 GDP 的比重（%）	1.67	1.67
享受研发费用加计扣除减免税政策的规上工业企业占规上工业企业的比重（%）	13.09	19.62
创新驱动指数（%）	51.30	54.88
全员劳动生产率（万元／人）	13.21	15.18
规上高新技术产业产值占规上工业产值比重（%）	45.11	46.76
现代服务业增加值占 GDP 比重（%）	28.03	26.72
数字经济核心产业增加值占 GDP 比重（%）	4.80	6.14
万元 GDP 综合能耗较上年降低率（%）	2.41	3.83

二、区域综合科技创新水平评价

（一）各市综合科技创新水平评价

随着新时代社会主义现代化强省建设的不断推进，山东省大力实施科教强鲁人才兴鲁战略、创新驱动发展战略，科技创新水平得到进一步提升。从 16 个市的综合科技创新水平指数来看，2021 年综合科技创新水平指数超过全省平均水平的有 4 个市，分别为济南、青岛、威海、淄博（图 1-20）。

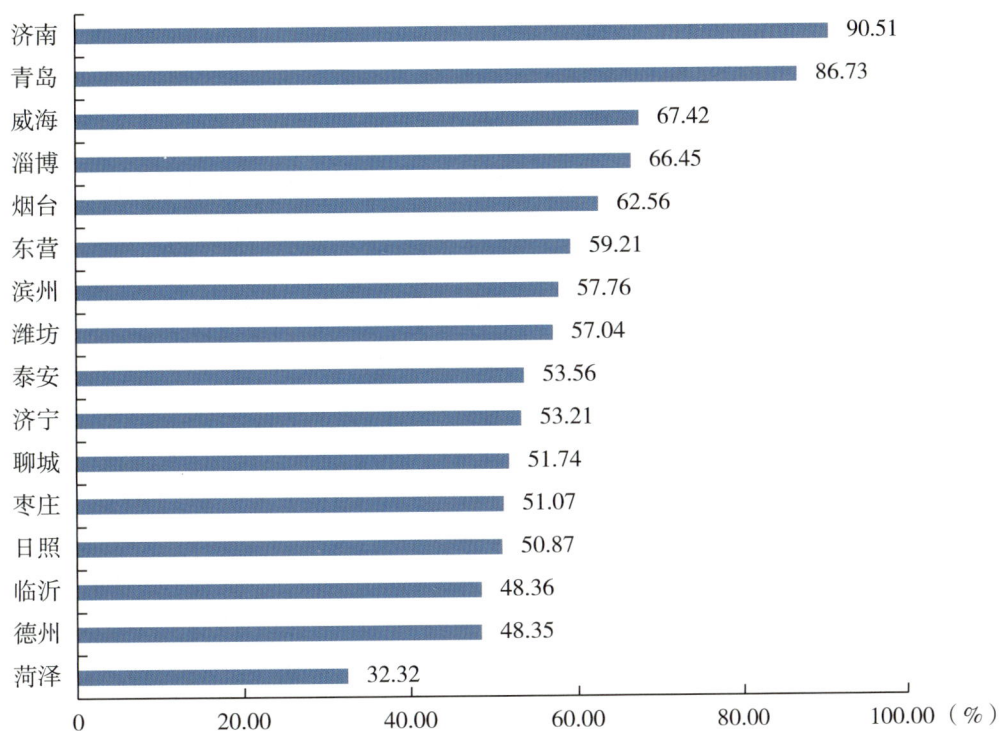

图 1-20　当年各市综合科技创新水平指数

据各市综合科技创新水平指数高低，可以将 16 个市划分为 4 类。

第一类：济南、青岛。这两个市综合科技创新水平指数远超其他市，"双核"效应明显，但 2021 年青岛增速低于济南，致使两者差距拉大。

第二类：威海、淄博。虽然这两个市综合科技创新水平指数也超过全省平均水平，但与济南、青岛存在着较为明显的差距。2021 年淄博增速较快，使得其与威海的差距进一步缩小。

第三类：烟台、东营、滨州、潍坊、泰安、济宁、聊城、枣庄、日照。这9个市综合科技创新水平指数虽未达到全省平均水平，但高于50%。滨州综合科技创新水平指数增幅居全省首位，说明山东省科技创新发展潜力巨大，中坚力量日益增强。

第四类：临沂、德州、菏泽。这3个市综合科技创新水平指数在50%以下，其中，菏泽连续两年综合科技创新水平指数低于40%。德州是16个市中综合科技创新水平指数唯一下降的市，致使其总排名出现大幅下滑。

从区域综合科技创新水平发展变化来看，16个市间综合科技创新水平差异系数由2020年的24.88%下降到2021年的24.73%，说明16个市之间综合科技创新水平的差距缩小。从三大经济圈来看，2021年省会经济圈差异系数为23.30%，较上年提高1.36个百分点；胶东经济圈差异系数为21.05%，较上年提高0.93个百分点；鲁南经济圈差异系数最小，为20.54%，较上年提高3.56个百分点（表1-2）。这说明三大经济圈内部各市离散程度均有扩大，协同创新仍需加强。

表1-2　区域差异系数

地区	差异系数（%）	
	当年	上年
各市之间	24.73	24.88
省会经济圈	23.30	21.94
胶东经济圈	21.05	20.12
鲁南经济圈	20.54	16.98

（二）三大经济圈综合科技创新水平评价

2023年1月，山东省委、省政府印发《山东省建设绿色低碳高质量发展先行区三年行动计划（2023—2025年）》，提出了推动省会、胶东、鲁南经济圈特色化一体化发展的目标，制定了做强省会经济圈、提升胶东经济圈、振兴鲁南经济圈的发展思路。

1. 省会经济圈科技创新能力进一步提升

2019 年 9 月，黄河流域生态保护和高质量发展正式上升为重大国家战略，沿黄九市中有 7 个市属于省会经济圈。借助黄河流域国家战略发展契机，省会经济圈各市发展机遇前所未有，科技创新能力进一步提升。

黄河流域生态保护和高质量发展、中国（山东）自由贸易试验区、济南新旧动能转换起步区三大国家战略交汇叠加济南，"强省会"战略深入实施，使其综合科技创新水平指数远超其他市，且 2021 年实现较大幅度增长。淄博列全省第 4 位，综合科技创新水平指数超过 60%；东营、滨州、泰安、聊城综合科技创新水平指数为 50%～60%；德州综合科技创新水平指数低于 50%，且成为省会经济圈内唯一指数下降的市。

在创新投入方面，2021 年省会经济圈全社会 R&D 经费支出达到 860.78 亿元，占全省的 44.26%，较上年增长 13.03%；全社会 R&D 经费支出占地区生产总值（GDP）的比重达到 2.78%，高于全省平均水平。地方财政科技支出达到 96.68 亿元，较上年大幅增长 12.62%，占一般公共预算支出的比重达到 2.46%，略低于全省平均水平。基础研究经费支出较上年增长 47.31%，达到 36.50 亿元，占全省总量的近一半；基础研究经费支出占 R&D 经费支出的比重达到 4.24%，超过全省平均水平。研发人员全时当量较上年增长 22.28%，达到 17.74 万人年，每万名就业人员中研发人员数达到 91.74 人年。

在创新产出方面，2021 年省会经济圈技术合同成交额较上年大幅增长 38.45%，达到 1187.95 亿元，占全省的 46.32%；每亿元 GDP 技术合同成交额达到 382.29 万元，远高于全省平均水平。但是，在专利产出方面，每亿元 R&D 经费支出发明专利授权数低于全省平均水平，值得引起重视。

在企业创新方面，2021 年省会经济圈规上工业企业 R&D 经费支出较上年增长 12.93%，达到 679.45 亿元；规上工业企业 R&D 经费支出占营业收入的比重达到 1.56%，高于全省平均水平 0.05 个百分点。有研发活动规上工业企业数达到 5308 家，较上年增长 17.96%，占规上工业企业的比重达到 46.80%，低于全省平均水平。

在创新环境方面，2021 年省会经济圈高新技术企业数较上年增长 44.94%，达到 7676 家，每万家企业法人单位中高新技术企业数达到 73.77 家。享受研发费用加计扣除减免税政策的规上工业企业数较上年增长 67.33%，达到 2448 家，占规上工业企业的比重达到 21.58%，略高于全省平均水平。

在创新驱动方面，2021 年省会经济圈现代服务业增加值较上年增长 8.96%，达到 8792.87 亿元，占 GDP 比重为 28.30%，居三大经济圈首位。数字经济核心产业增加值达到 2084.0 亿元，占 GDP 比重达到 6.71%，总量及占比均高于其他两个经济圈。

综上所述，省会经济圈科技创新能力有较大提升，济南省会首位度更加明显，对周边城市的辐射带动作用进一步增强。但是，该经济圈专利产出效率不高，7 个市之间差异系数有所扩大，协同创新有待加强。

2. 胶东经济圈科技创新协同发展进一步增强

胶东经济圈地处我国对日韩开放的最前沿，是山东省开放程度最高、经济活力最强、发展潜力最大的区域，随着青岛国家实验室等高端平台创新赋能，各类海洋高端人才、涉海高端平台加速集聚，成为山东省高质量发展和国家海洋战略的强劲引擎。2021 年，胶东经济圈 5 个市实现地区生产总值 35 534.70 亿元，对全省经济增长的贡献率达到 44.13%。随着新发展格局的构建，胶东经济圈独特的区位优势进一步凸显。胶东经济圈 5 个市，五指成拳，协同创新，联动发展，2021 年青岛综合科技创新水平指数列全省第 2 位，5 个市中 4 个市综合科技创新水平指数列全省前 10 位，科技创新协同发展进一步增强。

在创新投入方面，2021 年胶东经济圈全社会 R&D 经费支出达到 829.49 亿元，较上年增长 17.60%；全社会 R&D 经费支出占地区生产总值（GDP）的比重达到 2.34%，略低于全省平均水平。地方财政科技支出达到 119.99 亿元，较上年增长 3.89%，占一般公共预算支出的比重达到 3.00%。基础研究经费支出达到 31.67 亿元，较上年增长 40.62%，占 R&D 经费支出的比重达到 3.82%。研发人员全时当量达到 20.18 万人年，较上年增长 35.99%，每万名就业人员中研发人员数达到 110.75 人年，居三大经济圈首位。

在创新产出方面，2021 年胶东经济圈技术合同成交额达到 943.88 亿元，较上年增长 20.64%；每亿元 GDP 技术合同成交额达到 265.62 万元。在专利产出方面，发明专利授权数较上年增长 22.14%，达到 17 740 件，每亿元 R&D 经费支出发明专利授权数达到 21.39 件，高于其他两大经济圈。

在企业创新方面，2021 年胶东经济圈规上工业企业 R&D 经费支出达到 654.67

亿元，较上年增长 15.93%，占营业收入的比重达到 1.68%。有研发活动规上工业企业数达到 6496 家，较上年增长 44.36%，占规上工业企业的比重达到 51.21%，总量及占比均高于全省平均水平。

在创新环境方面，2021 年胶东经济圈高新技术企业数为 10 026 家，较上年增长 32.74%，约占全省总数的 50%，每万家企业法人单位中高新技术企业数达到 83.24 家，高于其他两大经济圈。实际使用外资金额占全省总额的 56.29%。科技企业孵化器累计孵化企业数为 5667 家，占全省的比重为 40.38%。享受研发费用加计扣除减免税政策的规上工业企业数为 2643 家，较上年增长 54.92%，占规上工业企业的比重达到 20.83%，略高于全省平均水平。

在创新驱动方面，2021 年规上高新技术产业产值占规上工业产值比重超过全省平均水平的 8 个市中，胶东经济圈占 4 席，其中威海、青岛、烟台分列全省前 3 位。胶东经济圈现代服务业增加值较上年增长 9.15%，达到 9309.27 亿元，占 GDP 比重为 26.20%。数字经济核心产业增加值达到 2103.2 亿元，占 GDP 比重达到 5.92%，低于全省平均水平。

综上所述，胶东经济圈创新实力较强，企业创新、创新产出方面整体优于省会经济圈，对外开放和吸引人才方面优势明显。在研发经费投入方面略逊于省会经济圈，尤其是基础研究经费支出占 R&D 经费支出的比重低于省会经济圈 0.42 个百分点，在成果转化方面需要进一步加强。

3. 鲁南经济圈科技创新能力提升较快

鲁南经济圈坚持创新在发展中的核心地位，聚力打造鲁南科技大走廊，为高质量一体化发展注入强劲动能。2021 年，鲁南经济圈科技创新能力有较大增长，提升速度较快。但是，相较于其他两个经济圈，该经济圈经济发展相对较弱，成为影响科技发展的主要因素。

在创新投入方面，2021 年鲁南经济圈全社会 R&D 经费支出达到 254.39 亿元，较上年增长 18.33%，增幅在三大经济圈中最高；全社会 R&D 经费支出占地区生产总值（GDP）的比重仅为 1.54%，低于全省平均水平。地方财政科技支出为 22.04 亿元，较上年增长 3.14%，占一般公共预算支出的比重仅为 0.90%。基础研究经费支出为 5.57 亿元，较上年大幅增长 85.58%，占 R&D 经费支出的比重为 2.19%。研发人员全时当量达到 6.84 万人年，较上年大幅增长 43.50%，每万名就业人员中研发人员数为 39.80 人年，列三大经济圈末位。

在创新产出方面，2021 年鲁南经济圈技术合同成交额为 433.09 亿元，较上年增长 38.15%。在专利产出方面，发明专利授权数为 4155 件，较上年增长 83.93%，增速远超其他两大经济圈，每亿元 R&D 经费支出发明专利授权数为 16.33 件，较上年提高 5.83 件。

在企业创新方面，2021 年鲁南经济圈规上工业企业 R&D 经费支出为 231.21 亿元，较上年增长 16.03%，占营业收入的比重为 1.29%，低于全省平均水平。有研发活动规上工业企业数达到 3843 家，较上年大幅增长 47.58%，占规上工业企业的比重为 42.58%。

在创新环境方面，2021 年鲁南经济圈高新技术企业数为 2711 家，较上年增长 52.30%，每万家企业法人单位中高新技术企业数为 39.64 家，远低于全省平均水平。享受研发费用加计扣除减免税政策的规上工业企业数较上年大幅增长 97.03%，数量达到 1395 家，占规上工业企业的比重为 15.46%，低于全省平均水平 4.16 个百分点。

在创新驱动方面，2021 年鲁南经济圈现代服务业增加值较上年增长 7.85%，达到 4102.25 亿元，占 GDP 比重为 24.92%。数字经济核心产业增加值仅为 257.1 亿元，占 GDP 比重为 1.56%，远低于全省平均水平。

综上所述，鲁南经济圈创新实力依然偏弱，创新投入较低，但发展潜力较大。鲁南经济圈应紧抓其突出的区位优势和良好的产业基础，发挥创新联盟作用，加快产业转型升级，营造良好的创新创业生态，支撑经济高质量发展，突破菏泽应是下一步重点任务（表 1-3）。

表 1-3　2021 年三大经济圈主要创新指标比较

指标名称	省会经济圈	胶东经济圈	鲁南经济圈
全社会 R&D 经费支出（亿元）	860.78	829.49	254.39
全社会 R&D 经费支出占地区生产总值（GDP）的比重（%）	2.78	2.34	1.54
全社会 R&D 经费支出较上年增长率（%）	13.03	17.60	18.33
地方财政科技支出（亿元）	98.68	119.99	22.04
地方财政科技支出占一般公共预算支出的比重（%）	2.46	3.00	0.90
地方财政科技支出较上年增长率（%）	12.62	3.89	3.14
基础研究经费支出（亿元）	36.50	31.67	5.57
基础研究经费支出占 R&D 经费支出的比重（%）	4.24	3.82	2.19
基础研究经费支出较上年增长率（%）	47.31	40.26	85.58
研发人员全时当量（万人年）	17.74	20.18	6.84
每万名就业人员中研发人员数（人年）	91.74	110.75	39.80
研发人员全时当量较上年增长率（%）	22.28	35.99	43.50
技术合同成交额（亿元）	1187.95	943.88	433.09
每亿元 GDP 技术合同成交额（万元）	382.29	265.62	263.06
技术合同成交额较上年增长率（%）	38.45	20.64	38.15
发明专利授权数（件）	14 450	17 740	4155
每亿元 R&D 经费支出发明专利授权数（件）	16.79	21.39	16.33
发明专利授权数较上年增长率（%）	45.05	22.14	83.93
规上工业企业 R&D 经费支出（亿元）	679.45	654.67	231.21
规上工业企业 R&D 经费支出占营业收入的比重（%）	1.56	1.68	1.29
规上工业企业 R&D 经费支出较上年增长率（%）	12.93	15.93	16.03
有研发活动规上工业企业数（家）	5308	6496	3843
有研发活动规上工业企业占规上工业企业的比重（%）	46.80	51.21	42.58
有研发活动规上工业企业数较上年增长率（%）	17.96	44.36	47.58
高新技术企业数（家）	7676	10 026	2711
每万家企业法人单位中高新技术企业数（家）	73.77	83.24	39.64
高新技术企业数较上年增长率（%）	44.94	32.74	52.30
享受研发费用加计扣除减免税政策的规上工业企业数（家）	2448	2643	1395
享受研发费用加计扣除减免税政策的规上工业企业占规上工业企业的比重（%）	21.58	20.83	15.46
享受研发费用加计扣除减免税政策的规上工业企业数较上年增长率（%）	67.33	54.92	97.03
全员劳动生产率（万元/人）	16.07	19.50	9.57
现代服务业增加值（亿元）	8792.87	9309.27	4102.25
现代服务业增加值占 GDP 比重（%）	28.30	26.20	24.92
现代服务业增加值较上年增长率（%）	8.96	9.15	7.85
数字经济核心产业增加值（亿元）	2084.0	2103.2	257.1
数字经济核心产业增加值占 GDP 比重（%）	6.71	5.92	1.56

三、区域科技创新总体特征

（一）16个市之间综合科技创新水平差异进一步缩小

通过测算可以看出，2021年16个市之间综合科技创新水平差异系数有所缩小，5个一级指标中，除了创新投入略有拉大外，其他4个一级指标差异系数均呈现收窄态势，表明山东省在科技创新区域协调发展中取得明显成效。

（二）三大经济圈科技创新能力稳步增强，协同性各具特色

通过评价可以看出，省会经济圈科技创新能力稳步增长，济南科技创新能力远超其他市；胶东经济圈科技创新能力最为强劲，区域协同表现优异，均衡发展程度良好；鲁南经济圈科技创新能力提升较快，区域协同表现一般，突破菏泽应该作为下一步重点任务。

（三）创新型城市建设实现新突破

国家创新型城市建设数量达到11个，列全国第2位，仅次于江苏省（13个）。青岛入选2021年度魅力中国——外国专家眼中最具吸引力的十大中国城市，济南、烟台入选2021年度魅力中国——外国专家眼中最具潜力的十大中国城市。2021年，11个城市的研发经费投入强度达到2.38%，高于全省平均水平0.03个百分点；贡献了全省83.81%的R&D经费支出、92.36%的基础研究经费支出、83.78%的研发人员、89.96%的发明专利授权数、90.32%的高新技术企业，创新型城市成为科技创新和经济高质量发展的重要阵地。

（四）沿黄九市科技创新步伐加快

2021年，沿黄九市中综合科技创新水平指数居全省前10位的有6个。研发经费投入强度达到2.43%，高于全省平均水平0.08个百分点。基础研究经费支出达39.65亿元，较上年增长50.68%，高于全省增速4.25个百分点。技术合同成交额达1411.91亿元，较上年增长36.43%，高于全省增速5.16个百分点。发明专利授权数达16 287件，较上年增长48.16%，高于全省增速12.26个百分点。高新技术企业数增长较快，2021年达到8935家，较上年增长45.69%，高于全省增速6.15个百分点。

（五）全省科技创新亮点突出，但在重点领域与先进省份存在一定差距

近年来，全省科技创新工作全面推进，财力保障进一步增强，全社会研发投入进入强势增长阶段，科技平台承载力全面提升。国家实验室创建取得重大突破，省实验室总数达到 9 家，首批 11 家全国重点实验室成功获批，"1313"实验室体系不断健全。产业创新平台成效明显，科技引领产业发展能力不断提高。加快推进关键核心技术攻关，推动重点产业转型升级。世界首颗量子微纳卫星"济南一号"成功发射；首台国产化 30 兆瓦燃气发生器成功试车。全省科技型中小企业入库超过 3.5 万家，高新技术企业超过 2.6 万家。但是，也应该充分认识到山东省在一些领域与先进省份仍存在较大差距。例如，全社会研发投入尚未进入 2000 亿元级"俱乐部"，研发经费投入强度方面未达到全国平均水平，基础研究经费支出占比偏低，高新技术企业数与先进省份差距较大，缺乏国家重大科技基础设施布局等，需要在未来的工作中加大力度，稳步推进创新型省份建设。

第二部分 区域科技创新各级指标评价

一、区域科技创新一级指标评价

（一）创新投入评价

2021 年，全省创新投入指数达 69.40%，其中，济南、青岛、滨州、烟台、淄博超过该水平，居全省前 5 位（图 2-1）。

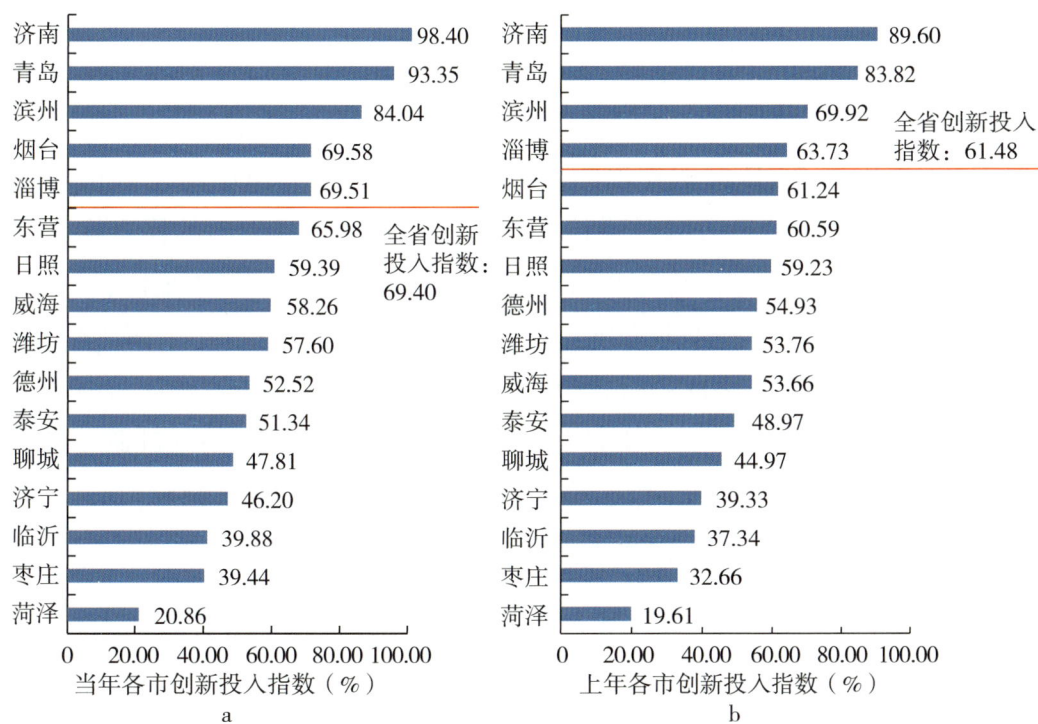

图 2-1 区域创新投入指数

相较于上年，全省仅有德州创新投入指数出现了下降的情况，其余 15 个市创新投入指数均高于上年水平，其中，滨州提高幅度最大，超过 10 个百分点（图 2-2）。

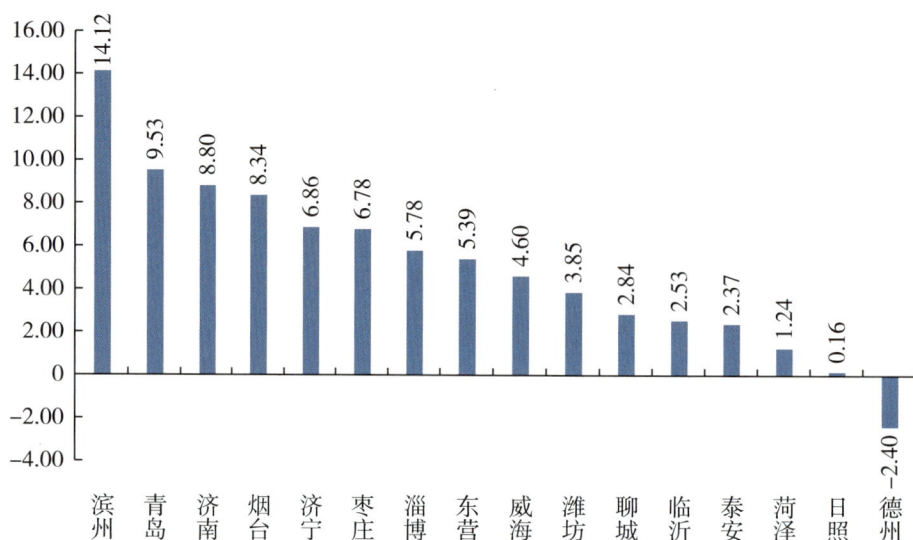

图 2-2　当年区域创新投入指数较上年提高百分点

与上年相比，威海和烟台创新投入指数位次略有上升，分别较上年上升 2 位和 1 位。原因分别是：威海全社会 R&D 经费支出占地区生产总值（GDP）的比重、基础研究经费支出占 R&D 经费支出的比重、每万名就业人员中研发人员数的位次均较上年有所上升；烟台地方财政科技支出占一般公共预算支出的比重提高幅度较大，提高幅度列全省第 2 位，同时 R&D 人员中研究人员占比位次较上年上升 2 位。

创新投入指数位次较上年下降的是德州和淄博，分别较上年下降 2 位和 1 位。原因分别是：德州全社会 R&D 经费支出占地区生产总值（GDP）的比重位次较上年下降 2 位，每万名就业人员中研发人员数提高幅度全省最小；淄博基础研究经费支出占 R&D 经费支出的比重较上年下降，位次由上年的第 6 位下降至第 9 位。

其余 12 个市创新投入指数位次无变化。

（二）创新产出评价

2021 年，全省创新产出指数达 54.68%，济南、青岛、淄博、枣庄超过该水平，居全省前 4 位（图 2-3）。

图a（当年各市创新产出指数）：

城市	指数
济南	92.26
青岛	89.27
淄博	60.47
枣庄	55.20
东营	48.93
潍坊	46.42
威海	45.93
烟台	45.70
聊城	44.92
济宁	44.88
日照	39.06
泰安	38.52
滨州	35.89
临沂	30.71
菏泽	26.35
德州	21.56

全省创新产出指数：54.68

当年各市创新产出指数（％）
a

图b（上年各市创新产出指数）：

城市	指数
青岛	85.11
济南	82.35
东营	63.81
淄博	54.80
枣庄	47.53
潍坊	44.58
威海	41.72
日照	40.77
聊城	39.36
烟台	39.31
济宁	37.51
滨州	34.62
泰安	32.24
菏泽	25.84
临沂	22.66
德州	20.53

全省创新产出指数：50.58

上年各市创新产出指数（％）
b

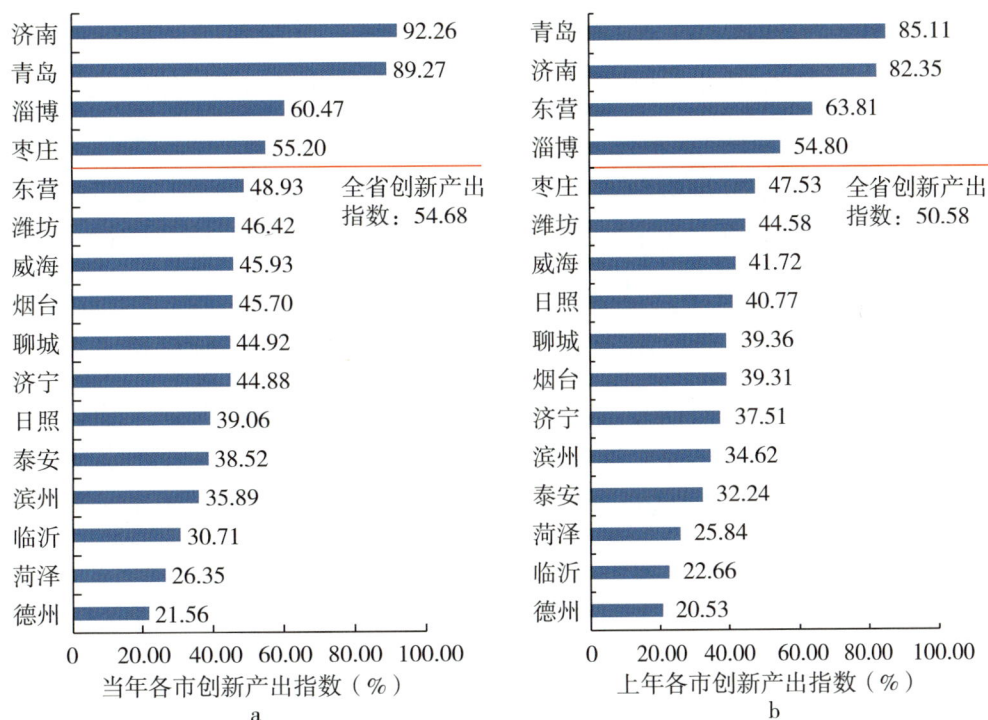

图 2-3 区域创新产出指数

相较于上年，日照和东营 2 个市创新产出指数下降，其余 14 个市创新产出指数均较上年实现增长，其中，济南的创新产出指数提高幅度最大，接近 10 个百分点（图 2-4）。

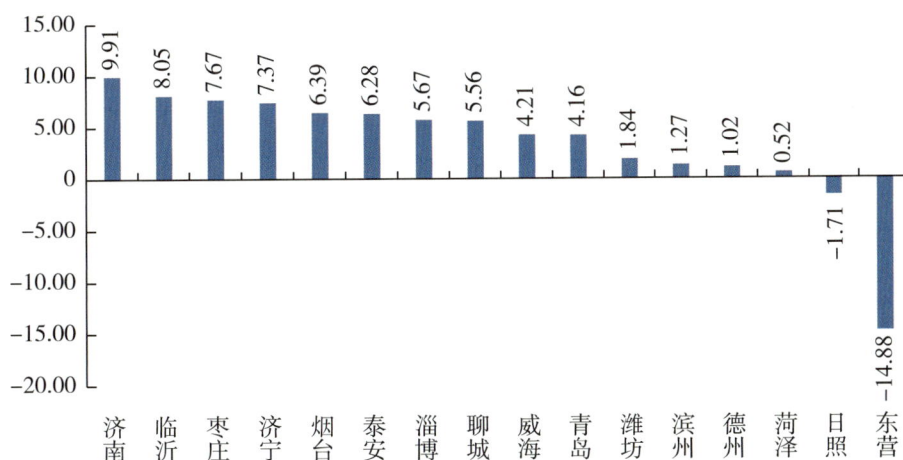

城市	提高百分点
济南	9.91
临沂	8.05
枣庄	7.67
济宁	7.37
烟台	6.39
泰安	6.28
淄博	5.67
聊城	5.56
威海	4.21
青岛	4.16
潍坊	1.84
滨州	1.27
德州	1.02
菏泽	0.52
日照	-1.71
东营	-14.88

图 2-4 当年区域创新产出指数较上年提高百分点

与上年相比，烟台创新产出指数位次提升 2 位，主要原因是烟台每亿元 GDP 技术合同成交额、万名研究人员科技论文数位次均较上年上升 2 位。济南、淄博、枣庄、济宁、泰安和临沂的创新产出指数位次较上年均上升 1 位。泰安每亿元 GDP 技术合同成交额、每亿元 R&D 经费支出发明专利授权数位次均较上年上升 3 位；济南、淄博每亿元 GDP 技术合同成交额位次均较上年上升 1 位，淄博上升至全省首位；枣庄每亿元 R&D 经费支出发明专利授权数实现较大提升，提高幅度居全省第 2 位；济宁每万人高价值发明专利拥有量、万名研究人员科技论文数、每亿元 R&D 经费支出发明专利授权数位次均较上年有所提升；临沂每亿元 GDP 技术合同成交额、万名研究人员科技论文数、每亿元 R&D 经费支出发明专利授权数位次均较上年提升，其中，每亿元 R&D 经费支出发明专利授权数位次上升 5 位，居全省第 7 位。

日照创新产出指数位次较上年下降 3 位，由上年的第 8 位下降至当年的第 11 位，主要原因是每亿元 R&D 经费支出发明专利授权数位次较上年下降 10 位，每亿元 GDP 技术合同成交额位次较上年下降 1 位。东营创新产出指数位次较上年下降 2 位，主要原因是万名研究人员科技论文数位次较上年下降 10 位。青岛、滨州和菏泽的创新产出指数位次均较上年下降 1 位。

潍坊、威海、德州和聊城创新产出指数位次无变动。

（三）企业创新评价

2021 年，全省企业创新指数达 70.39%，济南、青岛、威海、淄博、德州、烟台、济宁、潍坊、滨州超过该水平，居全省前 9 位（图 2-5）。

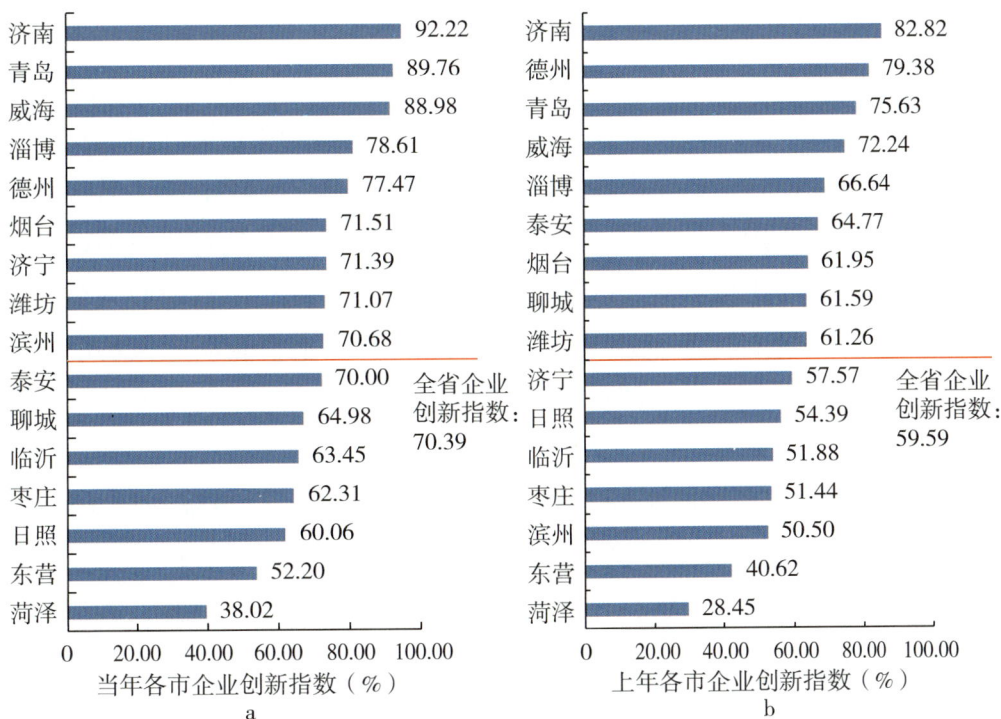

图 2-5　区域企业创新指数

相较于上年，全省除德州外，其余15个市企业创新指数均出现上升，其中，滨州的提高幅度最大，其企业创新指数较上年提高超过20个百分点（图2-6）。

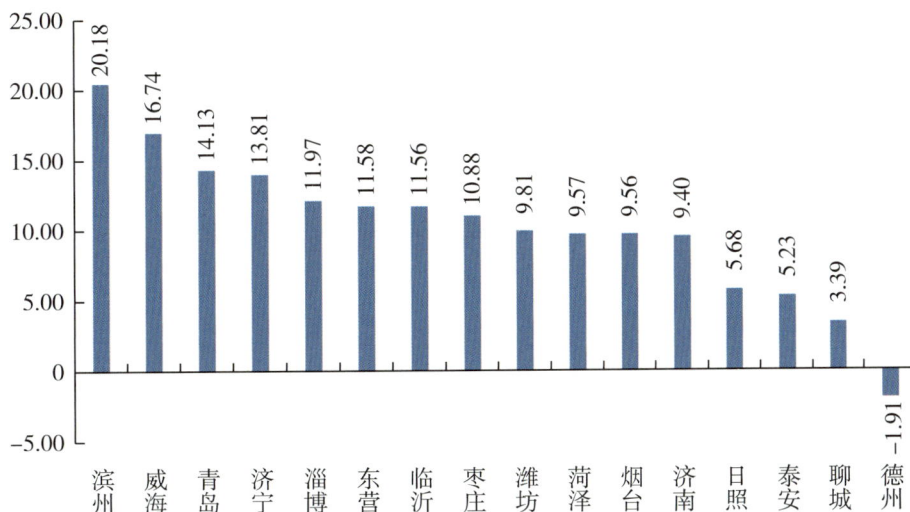

图 2-6　当年区域企业创新指数较上年提高百分点

与上年相比，滨州企业创新指数位次上升 5 位，主要原因是规上工业企业新产品销售收入占营业收入的比重位次由上年的第 13 位上升至当年的第 7 位，规上工业企业 R&D 人员占规上工业企业从业人员的比重位次由上年的第 8 位上升至第 4 位，有研发活动规上工业企业占规上工业企业的比重位次较上年上升 1 位，居全省首位。济宁企业创新指数位次较上年上升 3 位，主要原因是有研发活动规上工业企业占规上工业企业的比重和规上工业企业新产品销售收入占营业收入的比重位次均较上年上升 4 位，规上工业企业 R&D 人员占规上工业企业从业人员的比重位次较上年上升 2 位。青岛、威海、淄博、烟台和潍坊企业创新指数位次均较上年上升 1 位。

企业创新指数位次下降最多的是泰安，由上年的第 6 位下降至第 10 位，主要原因是规上工业企业 R&D 人员占规上工业企业从业人员的比重和有研发活动规上工业企业占规上工业企业的比重位次均较上年下降 3 位，规上工业企业新产品销售收入占营业收入的比重位次较上年下降 2 位。聊城、德州和日照企业创新指数位次均较上年下降 3 位。聊城位次下降的主要原因是规上工业企业新产品销售收入占营业收入的比重、有研发活动规上工业企业占规上工业企业的比重、规上工业企业 R&D 人员占规上工业企业从业人员的比重位次均较上年有所下降，分别下降 9 位、4 位、2 位。德州位次下降的主要原因是有研发活动规上工业企业占规上工业企业的比重位次由上年的第 1 位下降至第 10 位，规上工业企业 R&D 人员占规上工业企业从业人员的比重、规上工业企业 R&D 经费支出占营业收入的比重位次分别较上年下降 2 位和 1 位。日照位次下降的主要原因是规上工业企业 R&D 人员占规上工业企业从业人员的比重、有研发活动规上工业企业占规上工业企业的比重位次分别较上年下降 3 位、2 位。

济南、临沂、枣庄、东营和菏泽企业创新指数位次无变动。

（四）创新环境评价

2021 年，全省创新环境指数达 66.46%，青岛、济南、威海、东营、烟台超过该水平，居全省前 5 位（图 2-7）。

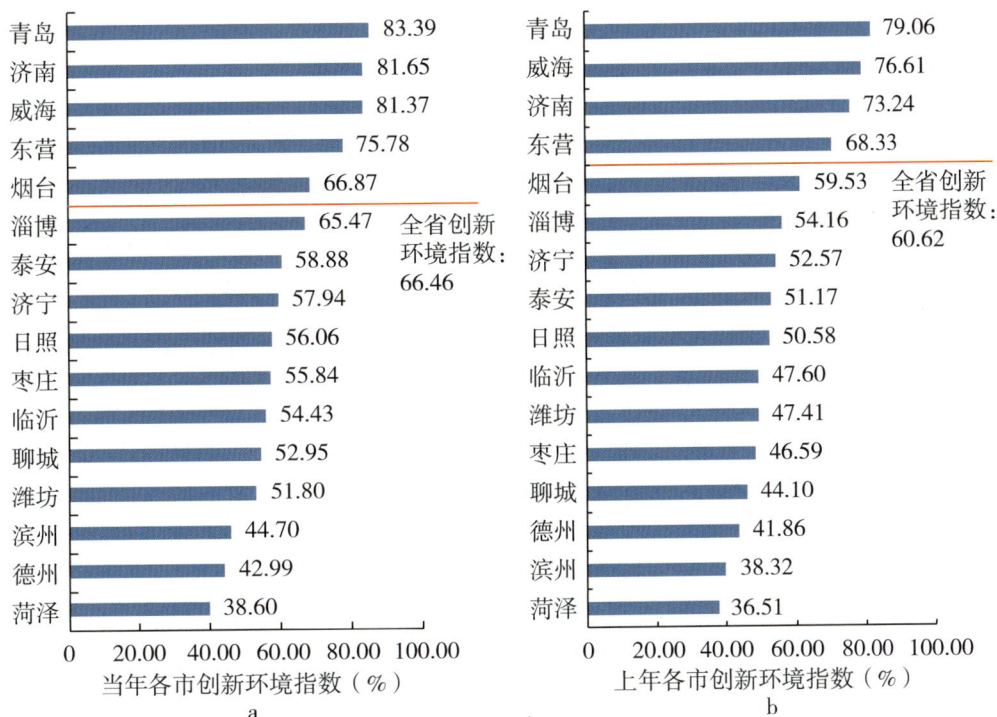

图 2-7 区域创新环境指数

相较于上年，全省各市创新环境全面优化，创新环境指数均实现不同程度的提高，其中，淄博的提高幅度最大，其创新环境指数较上年提高超过 10 个百分点（图 2-8）。

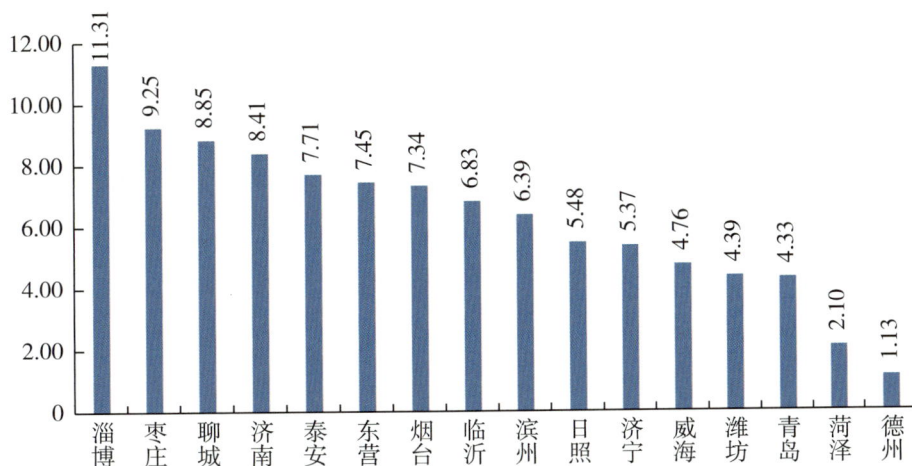

图 2-8 当年区域创新环境指数较上年提高百分点

　　与上年相比，枣庄创新环境指数位次上升 2 位，主要原因是科学研究和技术服务业平均工资比较系数位次提升较多，由上年的第 14 位上升至第 7 位，实际使用外资金额占 GDP 的比重、公共预算教育支出占一般公共预算支出的比重位次分别较上年上升 3 位和 1 位。济南、泰安、聊城和滨州创新环境指数位次均较上年上升 1 位。其中，济南每万家企业法人单位中高新技术企业数较上年提高幅度较大，由上年的第 3 位上升至第 1 位；泰安公共预算教育支出占一般公共预算支出的比重、科学研究和技术服务业平均工资比较系数、享受研发费用加计扣除减免税政策的规上工业企业占规上工业企业的比重位次均较上年上升 2 位；聊城科学研究和技术服务业平均工资比较系数、实际使用外资金额占 GDP 的比重位次均较上年上升 1 位；滨州享受研发费用加计扣除减免税政策的规上工业企业占规上工业企业的比重位次较上年上升 2 位。

　　潍坊创新环境指数位次较上年下降 2 位，主要原因是公共预算教育支出占一般公共预算支出的比重、实际使用外资金额占 GDP 的比重位次均较上年下降 2 位，每万家企业法人单位中高新技术企业数位次较上年下降 1 位。威海、济宁、临沂和德州创新环境指数位次均较上年下降 1 位。

　　青岛、东营、烟台、淄博、日照和菏泽创新环境指数位次无变动。

（五）创新驱动评价

　　2021 年，全省创新驱动指数达 54.88%，济南、青岛、威海、烟台、潍坊、淄博超过该水平，居全省前 6 位（图 2-9）。

　　相较于上年，淄博、济宁、烟台、临沂、威海、枣庄、东营、济南和滨州 9 个市创新驱动指数实现增长。其中，淄博的创新驱动指数提高幅度最大，接近 10 个百分点。泰安、菏泽、日照、聊城、德州、青岛和潍坊 7 个市创新驱动指数较上年有所下降。其中，泰安的创新驱动指数下降幅度最大，超过 12 个百分点（图 2-10）。

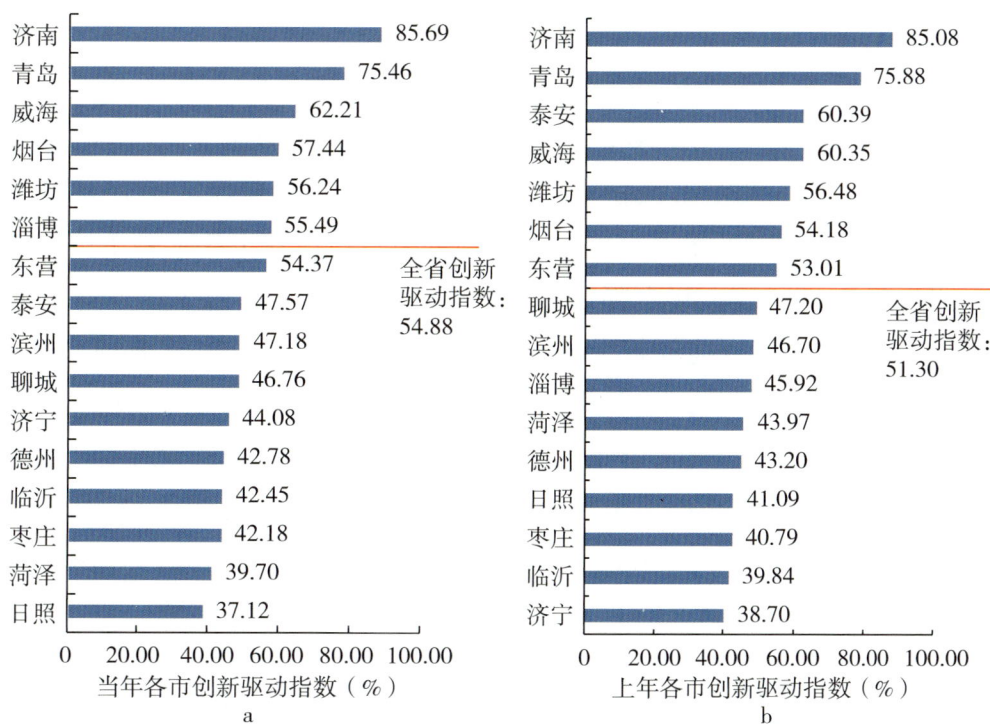

当年各市创新驱动指数（%）
a

上年各市创新驱动指数（%）
b

图 2-9　区域创新驱动指数

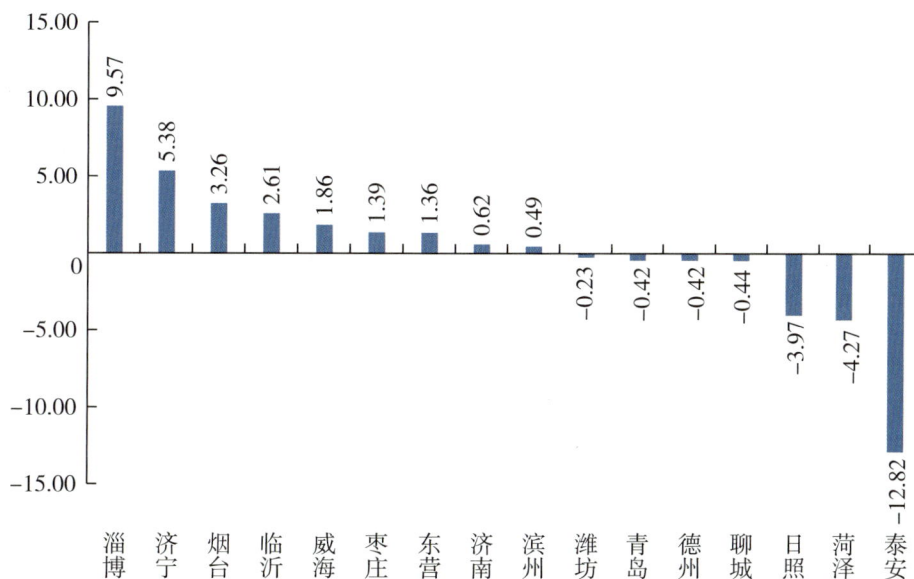

图 2-10　当年区域创新驱动指数较上年提高百分点

与上年相比，济宁创新驱动指数位次上升最多，由上年的第 16 位上升至第 11 位，其次是淄博，由上年的第 10 位上升至第 6 位，烟台和临沂创新驱动指数位次均较上年上升 2 位，这几个市创新驱动指数位次上升的主要原因是万元 GDP 综合能耗较上年降低率位次有所上升。威海创新驱动指数位次较上年上升 1 位。

创新驱动指数位次较上年下降最多的是泰安，由上年的第 3 位下降至第 8 位，主要原因是万元 GDP 综合能耗较上年降低率位次下降较多。其次是菏泽，创新驱动指数位次较上年下降 4 位，主要原因是万元 GDP 综合能耗较上年降低率、规上高新技术产业产值占规上工业产值比重位次分别较上年下降 2 位和 1 位。日照创新驱动指数位次较上年下降 3 位，主要原因是全员劳动生产率、万元 GDP 综合能耗较上年降低率位次均较上年有所下降，分别下降 1 位、2 位。聊城创新驱动指数位次较上年下降 2 位，主要原因是万元 GDP 综合能耗较上年降低率、现代服务业增加值占 GDP 比重位次均较上年有所下降，分别由上年的第 3 位下降至第 6 位、由上年的第 6 位下降至第 8 位。

济南、青岛、潍坊、东营、滨州、德州和枣庄创新驱动指数位次无变动。

二、区域科技创新一级指标相关性分析

（一）创新投入与创新产出

图 2-11 中，纵横两条红线和蓝线分别为 2020 年和 2021 年全省的创新投入指数和创新产出指数平均水平线，它们分别将散点图划分为 4 个象限：位于第 I 象限的地区为创新投入指数和创新产出指数均高于全省平均水平的地区；位于第 II 象限的地区为创新投入指数低于全省平均水平，但创新产出指数高于全省平均水平的地区；位于第 III 象限的地区为创新投入指数和创新产出指数均低于全省平均水平的地区；位于第 IV 象限的地区为创新投入指数高于全省平均水平，但创新产出指数低于全省平均水平的地区。

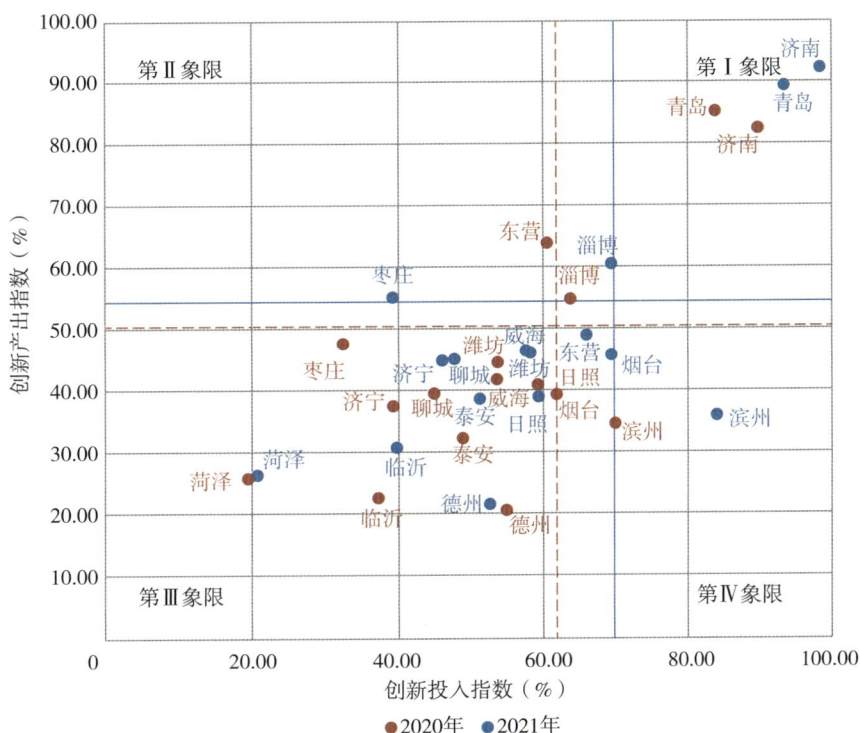

图 2-11 创新投入与创新产出示意

通过图 2-11 可以发现，2021 年位于第 I 象限的有济南、青岛、淄博，与上年保持一致，且 3 个市在两个方面的指数均实现了增长。其中，济南创新产出指数提高幅度相对更大，青岛创新投入指数提高幅度更大，而淄博两个指数提高幅度相对均衡。2021 年位于第 II 象限的仅有枣庄 1 个市，两个指数均实现了较大幅度增长，从而从上年的第 III 象限跃升到此象限。

2021 年位于第 III 象限的市最多，达到 10 个。其中，东营、日照创新产出指数出现负增长，致使东营由第 II 象限跌落至第 III 象限。德州创新投入指数出现负增长。其他市虽然两个指数均实现了增长，但由于幅度有限，并未脱离第 III 象限。2021 年位于第 IV 象限的有滨州、烟台，其中烟台创新投入指数实现大幅增长，由第 III 象限转为第 IV 象限。

（二）创新投入与企业创新

图 2-12 中，纵横两条红线和蓝线分别为 2020 年和 2021 年全省的创新投入指数和企业创新指数平均水平线，它们分别将散点图划分为 4 个象限：位于第 I 象限的地区为创新投入指数和企业创新指数均高于全省平均水平的地区；位于第 II 象限

的地区为创新投入指数低于全省平均水平，但企业创新指数高于全省平均水平的地区；位于第Ⅲ象限的地区为创新投入指数和企业创新指数均低于全省平均水平的地区；位于第Ⅳ象限的地区为创新投入指数高于全省平均水平，但企业创新指数低于全省平均水平的地区。

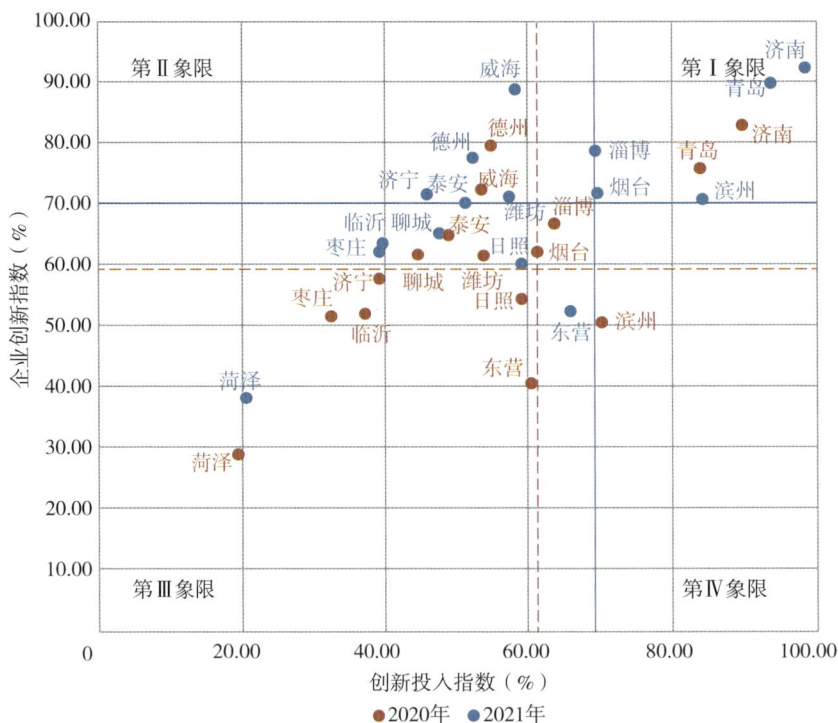

图 2-12　创新投入与企业创新示意

通过图 2-12 可以发现，2021 年位于第Ⅰ象限的市明显增多，达到 5 个，分别是济南、青岛、淄博、烟台、滨州，比 2020 年增加了烟台、滨州。2021 年位于第Ⅱ象限的有 4 个市，分别是威海、德州、济宁、潍坊。其中，威海两个指数均实现增长，尤其是企业创新指数提高幅度位居 16 个市第二；德州两个指数则均出现了小幅的负增长，也是 16 个市中唯一出现负增长的市；济宁由于企业创新指数实现大幅增长，由第Ⅲ象限上升到第Ⅱ象限；潍坊这两年均保持在第Ⅱ象限。

2021 年处于第Ⅲ象限的市为 7 个，分别是泰安、聊城、临沂、枣庄、日照、东营、菏泽，两个指数均较上年实现了一定幅度的增长。其中，菏泽虽然在企业创新指数方面得到较大幅度的增长，但与其他市仍存在较大差距。由于滨州的跃升，2021 年没有一个市位于第Ⅳ象限。

（三）创新投入与创新环境

图 2-13 中，纵横两条红线和蓝线分别为 2020 年和 2021 年全省的创新投入指数和创新环境指数平均水平线，它们分别将散点图划分为 4 个象限：位于第 I 象限的地区为创新投入指数和创新环境指数均高于全省平均水平的地区；位于第 II 象限的地区为创新投入指数低于全省平均水平，但创新环境指数高于全省平均水平的地区；位于第 III 象限的地区为创新投入指数和创新环境指数均低于全省平均水平的地区；位于第 IV 象限的地区为创新投入指数高于全省平均水平，但创新环境指数低于全省平均水平的地区。

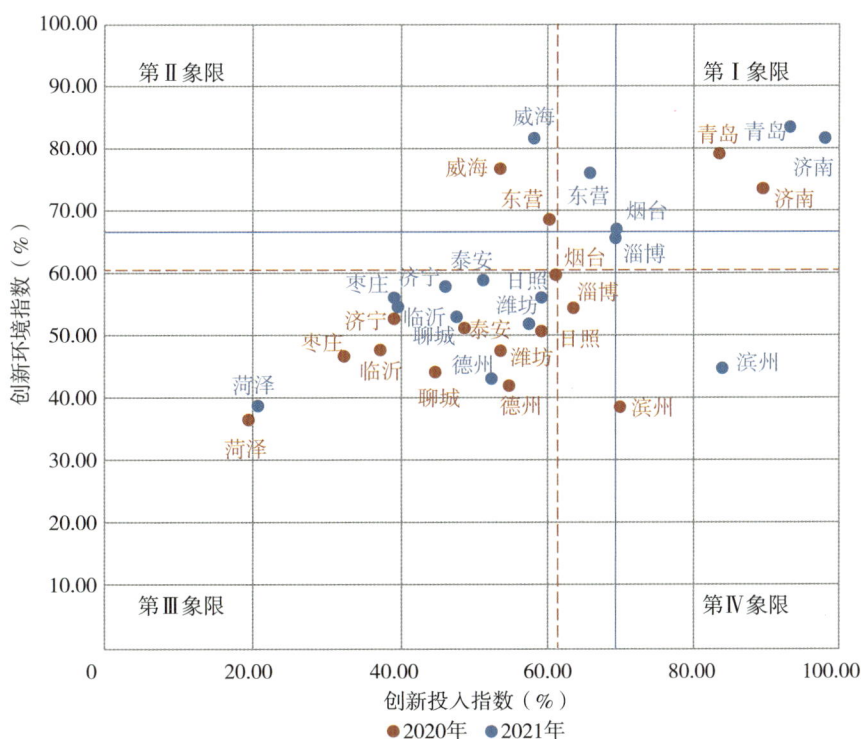

图 2-13 创新投入与创新环境示意

通过图 2-13 可以发现，2021 年位于第 I 象限的市有 3 个，分别是济南、青岛、烟台，其中，烟台从 2020 年的第 III 象限实现跃升。2021 年位于第 II 象限的市有威海和东营，与上年保持一致。

2021 年位于第 III 象限的市最多，达到 9 个，分别是泰安、济宁、枣庄、日照、潍坊、临沂、聊城、德州、菏泽，除德州创新投入指数出现负增长，其他市两个指数均实现提升，菏泽创新投入指数与其他市差距较大。2021年淄博、滨州位于第Ⅳ象限，与上年保持一致。

（四）创新投入与创新驱动

图 2-14 中，纵横两条红线和蓝线分别为 2020 年和 2021 年全省的创新投入指数和创新驱动指数平均水平线，它们分别将散点图划分为 4 个象限：位于第Ⅰ象限的地区为创新投入指数和创新驱动指数均高于全省平均水平的地区；位于第Ⅱ象限的地区为创新投入指数低于全省平均水平，但创新驱动指数高于全省平均水平的地区；位于第Ⅲ象限的地区为创新投入指数和创新驱动指数均低于全省平均水平的地区；位于第Ⅳ象限的地区为创新投入指数高于全省平均水平，但创新驱动指数低于全省平均水平的地区。

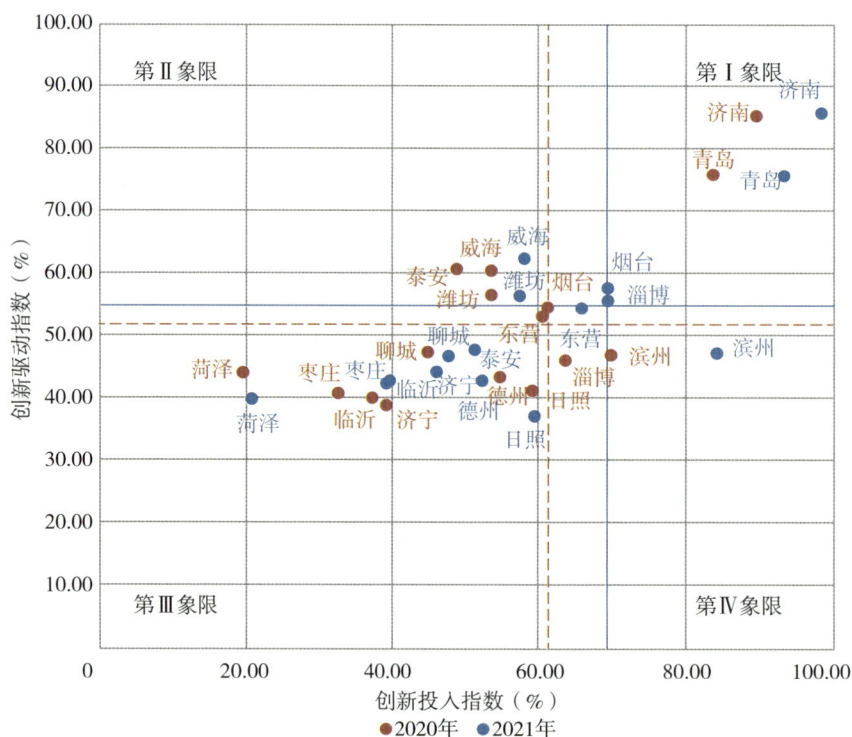

图 2-14 创新投入与创新驱动示意

通过图 2-14 可以发现，2021 年位于第Ⅰ象限的有济南、青岛、烟台、淄博 4 个市，其中，淄博创新驱动指数实现大幅提升，由第Ⅳ象限跃升至第Ⅰ象限。2021 年位于第Ⅱ象限的有威海、潍坊两个市。

2021 年位于第Ⅲ象限的市有 9 个，分别是东营、聊城、泰安、枣庄、临沂、济宁、德州、日照、菏泽，部分市出现了创新驱动指数降低的情况，其中泰安下降幅度最大，致使其由第Ⅱ象限跌落到第Ⅲ象限。2021 年位于第Ⅳ象限的仅滨州一个市。

（五）创新产出与企业创新

图 2-15 中，纵横两条红线和蓝线分别为 2020 年和 2021 年全省的创新产出指数和企业创新指数平均水平线，它们分别将散点图划分为 4 个象限：位于第Ⅰ象限的地区为创新产出指数和企业创新指数均高于全省平均水平的地区；位于第Ⅱ象限的地区为创新产出指数低于全省平均水平，但企业创新指数高于全省平均水平的地区；位于第Ⅲ象限的地区为创新产出指数和企业创新指数均低于全省平均水平的地区；位于第Ⅳ象限的地区为创新产出指数高于全省平均水平，但企业创新指数低于全省平均水平的地区。

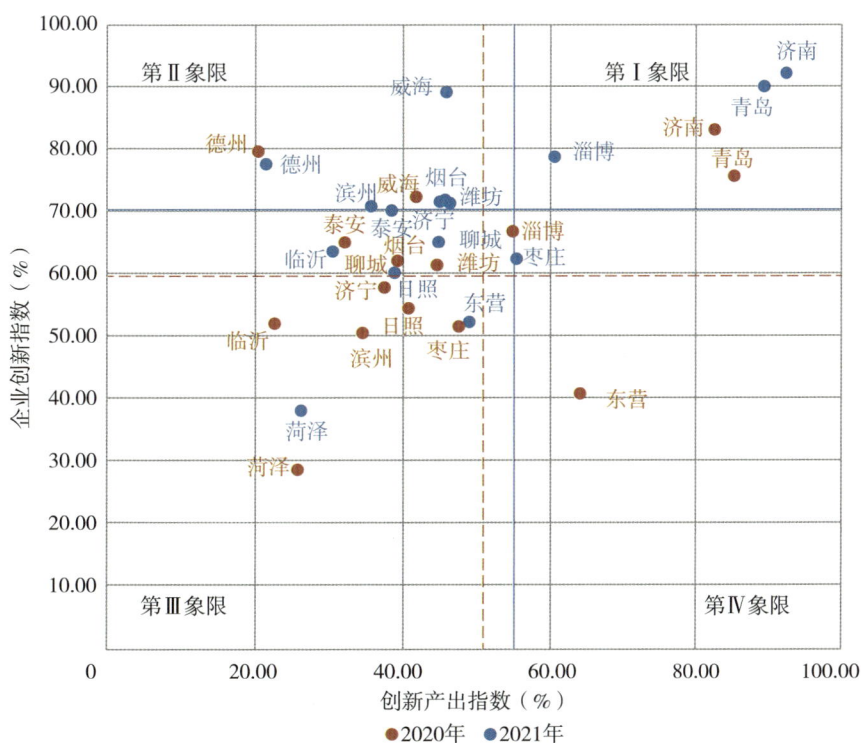

图 2-15 创新产出与企业创新示意

通过图 2-15 可以发现，2021 年位于第Ⅰ象限的市有济南、青岛、淄博，与上年保持一致。2021 年，位于第Ⅱ象限的市有威海、德州、滨州、济宁、烟台、潍坊，位于第Ⅲ象限的有泰安、临沂、聊城、日照、东营、菏泽 6 个市。两年内这两个象限的城市出现了比较大的变动，其中，滨州、济宁由于企业创新指数大幅提升，从第Ⅲ象限转为第Ⅱ象限；而聊城、泰安则由于企业创新指数提升幅度有限，由第Ⅱ象限变为第Ⅲ象限。2021 年第Ⅳ象限中仅有枣庄一个市，且是由第Ⅲ象限跃升到此象限。东营则由于创新产出指数下降，由第Ⅳ象限跌落至第Ⅲ象限。

（六）创新产出与创新环境

图 2-16 中，纵横两条红线和蓝线分别为 2020 年和 2021 年全省的创新产出指数和创新环境指数平均水平线，它们分别将散点图划分为 4 个象限：位于第Ⅰ象限的地区为创新产出指数和创新环境指数均高于全省平均水平的地区；位于第Ⅱ象限的地区为创新产出指数低于全省平均水平，但创新环境指数高于全省平均水平的地区；位于第Ⅲ象限的地区为创新产出指数和创新环境指数均低于全省平均水平的地区；位于第Ⅳ象限的地区为创新产出指数高于全省平均水平，但创新环境指数低于全省平均水平的地区。

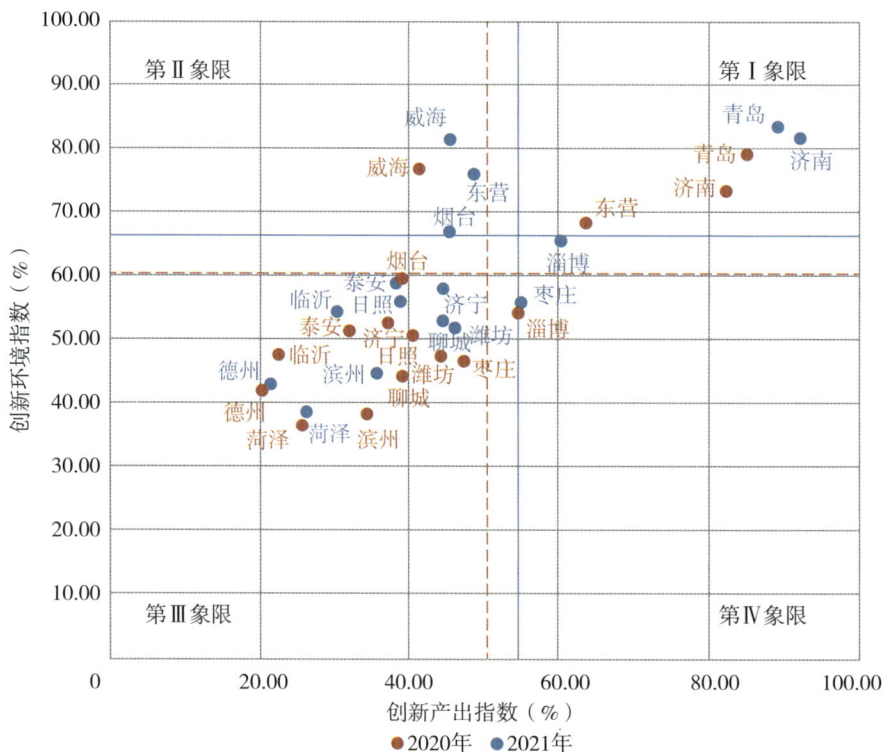

图 2-16 创新产出与创新环境示意

通过图 2-16 可以发现，2021 年位于第 I 象限的有济南、青岛，这两个市创新产出指数和创新环境指数均实现了增长，相比较而言，济南两个指数提高幅度更大。2021 年位于第 II 象限的有东营、烟台和威海 3 个市，其中，东营由于创新产出指数下降而创新环境指数实现较大增长，由第 I 象限转为第 II 象限，烟台两个指数增长态势较好，由第 III 象限转为第 II 象限。

2021 年位于第 III 象限的市有 9 个，分别是潍坊、济宁、泰安、日照、临沂、德州、聊城、滨州和菏泽，这些市所处象限与上年保持一致。2021 年位于第 IV 象限的有枣庄和淄博，这两个市创新产出指数和创新环境指数均实现增长，其中，枣庄创新产出指数超过全省平均水平，由第 III 象限跃升至此象限。

（七）创新产出与创新驱动

图 2-17 中，纵横两条红线和蓝线分别为 2020 年和 2021 年全省的创新产出指数和创新驱动指数平均水平线，它们分别将散点图划分为 4 个象限：位于第 I 象限的地区为创新产出指数和创新驱动指数均高于全省平均水平的地区；位于第 II 象限的地区为创新产出指数低于全省平均水平，但创新驱动指数高于全省平均水平的地区；位于第 III 象限的地区为创新产出指数和创新驱动指数均低于全省平均水平的地区；位于第 IV 象限的地区为创新产出指数高于全省平均水平，但创新驱动指数低于全省平均水平的地区。

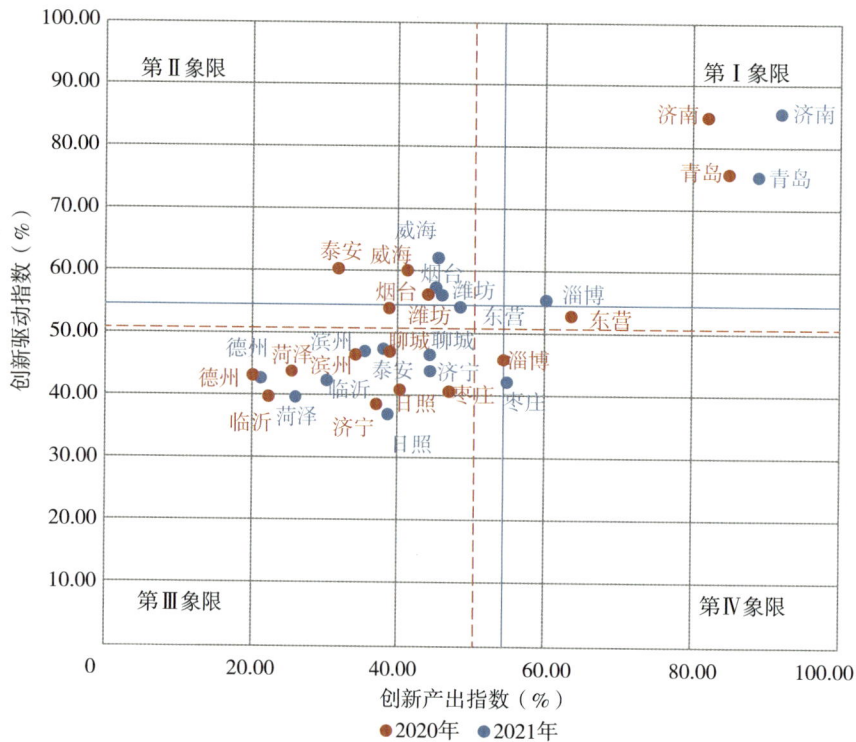

图 2-17　创新产出与创新驱动示意

通过图 2-17 可以发现，2021 年位于第 Ⅰ 象限的有济南、青岛和淄博 3 个市，其中，淄博由第 Ⅳ 象限跃升至此象限，济南、青岛所处象限与上年保持一致。2021 年位于第 Ⅱ 象限的有潍坊、烟台和威海 3 个市，其中，威海、烟台创新产出指数与创新驱动指数均较上年提升，潍坊创新产出指数增长但创新驱动指数出现下降。

2021 年位于第 Ⅲ 象限的市有 9 个，包括东营、济宁、泰安、日照、临沂、德州、聊城、滨州和菏泽，其中，由于东营创新产出指数下降较多，泰安创新驱动指数下降较多，这两个市分别由第 Ⅰ 象限、第 Ⅱ 象限跌落至此象限，其他 7 个市所处象限与上年保持一致。2021 年，枣庄由于创新产出指数增长较多，由第 Ⅲ 象限转为第 Ⅳ 象限。

（八）企业创新与创新环境

图 2-18 中，纵横两条红线和蓝线分别为 2020 年和 2021 年全省的企业创新指数和创新环境指数平均水平线，它们分别将散点图划分为 4 个象限：位于第 Ⅰ 象限

的地区为企业创新指数和创新环境指数均高于全省平均水平的地区；位于第Ⅱ象限的地区为企业创新指数低于全省平均水平，但创新环境指数高于全省平均水平的地区；位于第Ⅲ象限的地区为企业创新指数和创新环境指数均低于全省平均水平的地区；位于第Ⅳ象限的地区为企业创新指数高于全省平均水平，但创新环境指数低于全省平均水平的地区。

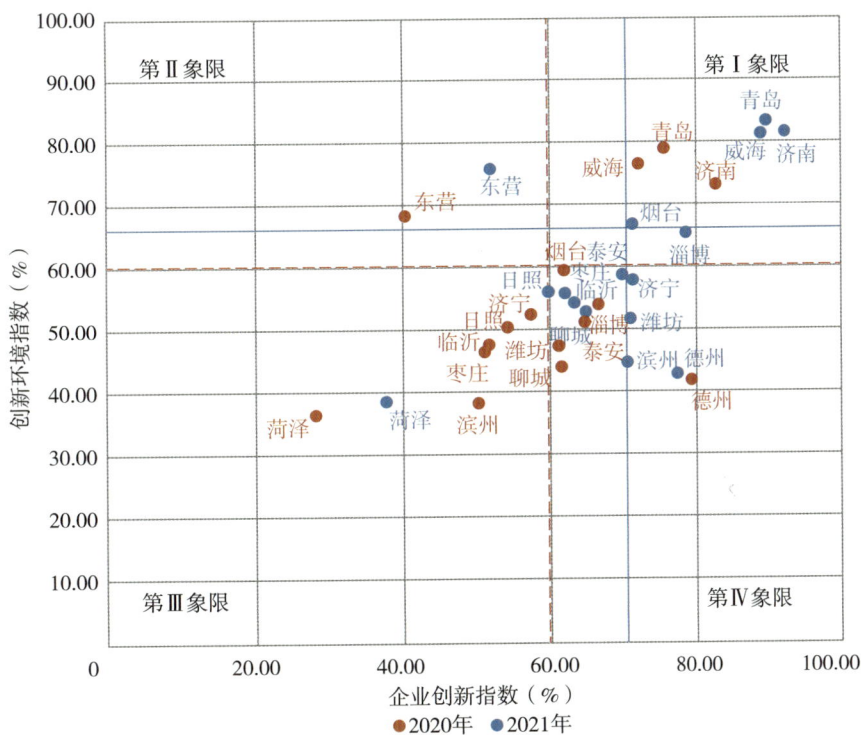

图 2-18 企业创新与创新环境示意

通过图 2-18 可以发现，2021 年位于第Ⅰ象限的有济南、青岛、烟台和威海 4 个市，其中，烟台由于创新环境指数超过全省平均水平，由第Ⅳ象限跃升至第Ⅰ象限，另外 3 个市所处象限与上年保持一致。2021 年位于第Ⅱ象限的只有东营一个市，且与上年保持一致。

2021 年位于第Ⅲ象限的市有 6 个，包括枣庄、泰安、日照、临沂、聊城和菏泽，其中，泰安、聊城由于企业创新指数提高幅度较小，由第Ⅳ象限跌落至此象限。2021 年位于第Ⅳ象限的市有淄博、潍坊、济宁、德州和滨州，其中济宁和滨州因为企业创新指数提高幅度较大，由第Ⅲ象限跃升至此象限。

（九）企业创新与创新驱动

图 2-19 中，纵横两条红线和蓝线分别为 2020 年和 2021 年全省的企业创新指数和创新驱动指数平均水平线，它们分别将散点图划分为 4 个象限：位于第 I 象限的地区为企业创新指数和创新驱动指数均高于全省平均水平的地区；位于第 II 象限的地区为企业创新指数低于全省平均水平，但创新驱动指数高于全省平均水平的地区；位于第 III 象限的地区为企业创新指数和创新驱动指数均低于全省平均水平的地区；位于第 IV 象限的地区为企业创新指数高于全省平均水平，但创新驱动指数低于全省平均水平的地区。

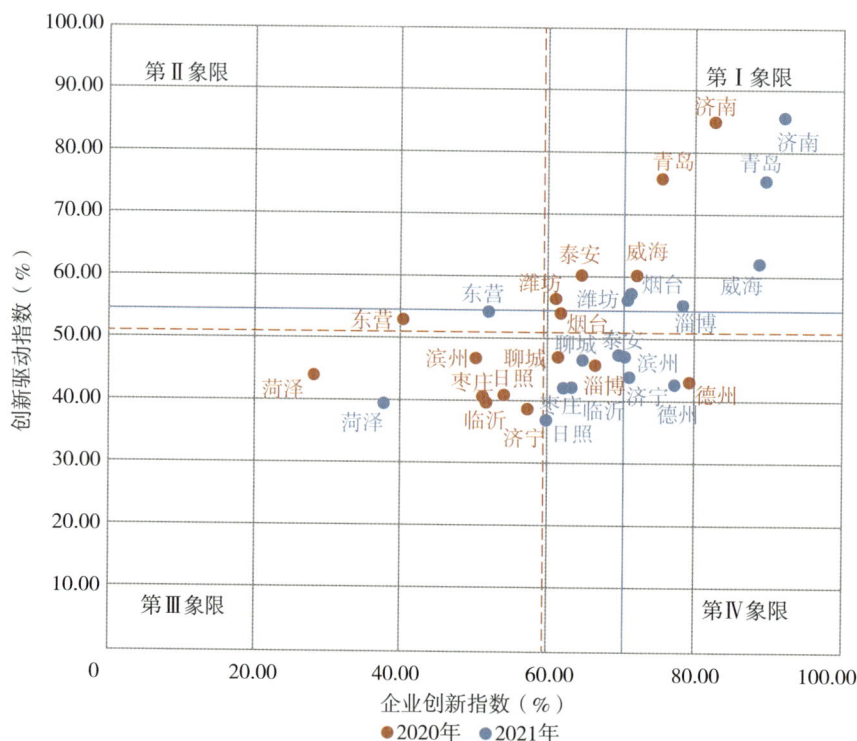

图 2-19　企业创新与创新驱动示意

通过图 2-19 可以发现，2021 年位于第 I 象限的有济南、青岛、淄博、潍坊、烟台和威海，其中，只有淄博由第 IV 象限跃升至此象限，其他市所处象限与上年保持一致。2021 年没有一个市位于第 II 象限。

2021 年位于第 III 象限的市有 7 个，包括枣庄、东营、泰安、日照、临沂、聊城和菏泽，其中聊城、东营和泰安分别由第 IV 象限、第 II 象限和第 I 象限转为此象限。2021 年位于第Ⅳ象限的有济宁、德州和滨州 3 个市，其中，济宁和滨州由第Ⅲ象限转为此象限，德州虽然企业创新指数和创新驱动指数均出现负增长，但因下降幅度有限仍停留在第Ⅳ象限。

（十）创新环境与创新驱动

图 2-20 中，纵横两条红线和蓝线分别为 2020 年和 2021 年全省的创新环境指数和创新驱动指数平均水平线，它们分别将散点图划分为 4 个象限：位于第Ⅰ象限的地区为创新环境指数和创新驱动指数均高于全省平均水平的地区；位于第Ⅱ象限的地区为创新环境指数低于全省平均水平，但创新驱动指数高于全省平均水平的地区；位于第Ⅲ象限的地区为创新环境指数和创新驱动指数均低于全省平均水平的地区；位于第Ⅳ象限的地区为创新环境指数高于全省平均水平，但创新驱动指数低于全省平均水平的地区。

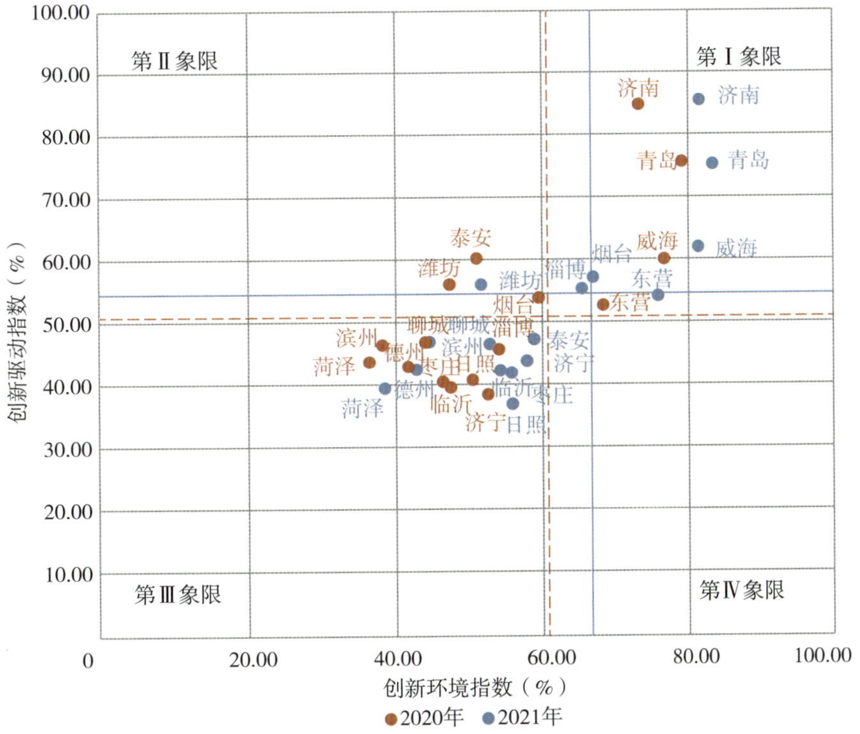

图 2-20　创新环境与创新驱动示意

通过图 2-20 可以发现，2021 年位于第 I 象限的有济南、青岛、烟台和威海，其中，烟台由于创新环境指数提高幅度较大，由第 II 象限转为此象限，其他 3 个市所处象限与上年保持一致。2021 年位于第 II 象限的有淄博和潍坊，其中淄博由第 III 象限跃升至此象限，潍坊尽管创新驱动指数出现负增长，但并未跌出第 II 象限。

2021 年位于第 III 象限的市有 9 个，包括枣庄、济宁、泰安、日照、临沂、德州、聊城、滨州和菏泽，其中，泰安创新驱动指数下降幅度较大，由第 II 象限跌落至此象限。2021 年位于第 IV 象限的市只有东营。

三、区域科技创新二级指标评价

（一）全社会 R&D 经费支出占地区生产总值（GDP）的比重

2021 年，全省全社会 R&D 经费支出占地区生产总值（GDP）的比重为 2.35%，较上年提高 0.04 个百分点。从各市来看，滨州、日照、聊城、德州、淄博、济南、青岛、威海、泰安、东营 10 个市该指标值高于全省平均水平。与上年相比，滨州、聊城、烟台、济宁、枣庄、威海、青岛、济南、淄博、临沂、泰安、菏泽 12 个市该指标值有所提升，德州、东营、潍坊、日照 4 个市该指标值出现下降（图 2-21 至图 2-23）。

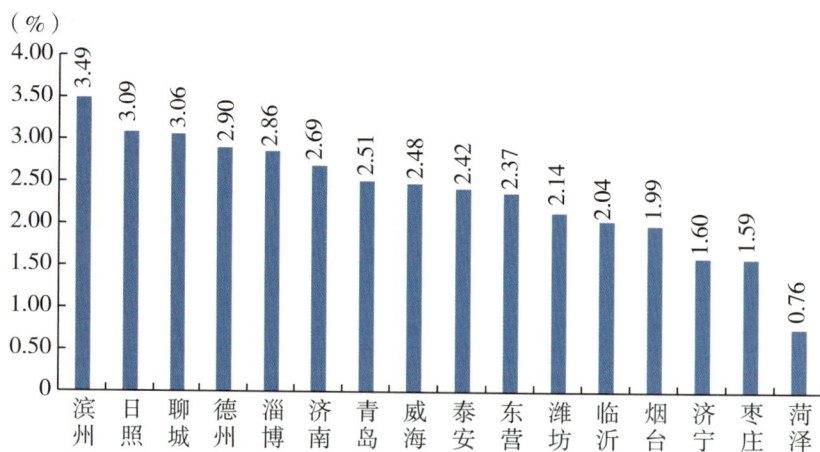

图 2-21 当年指标值

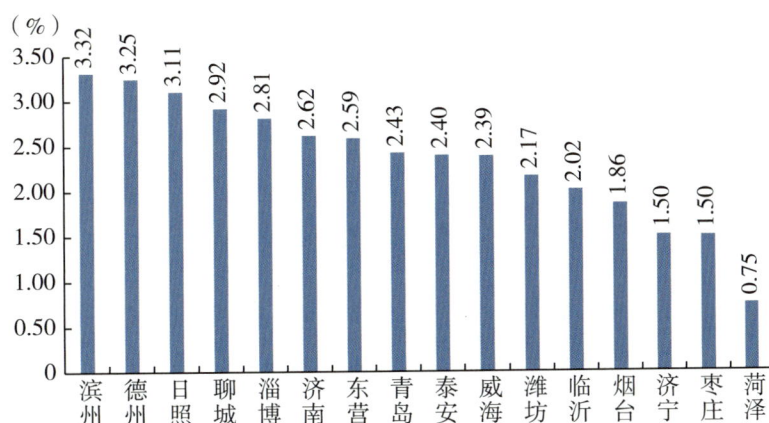

图 2-22 上年指标值

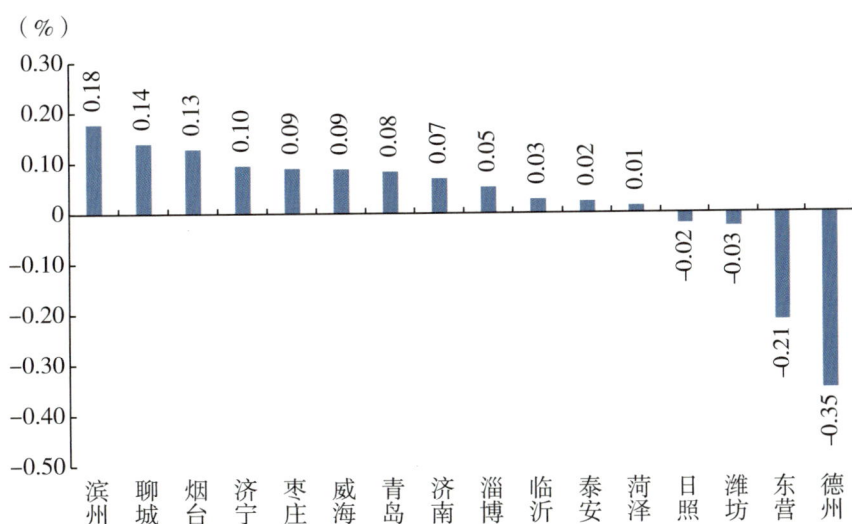

图 2-23 当年指标值与上年指标值之差

（二）地方财政科技支出占一般公共预算支出的比重

2021 年，全省地方财政科技支出占一般公共预算支出的比重为 3.18%，较上年提高 0.52 个百分点。从各市来看，滨州、烟台、济南 3 个市该指标值高于全省平均水平。与上年相比，滨州、烟台、济南、临沂、泰安、东营、青岛、菏泽、德州、淄博 10 个市该指标值实现不同程度提升，其中，滨州提高了 1.68 个百分点，远超其他市，日照、潍坊、威海、枣庄、济宁、聊城 6 个市该指标值有所下降（图 2-24 至图 2-26）。

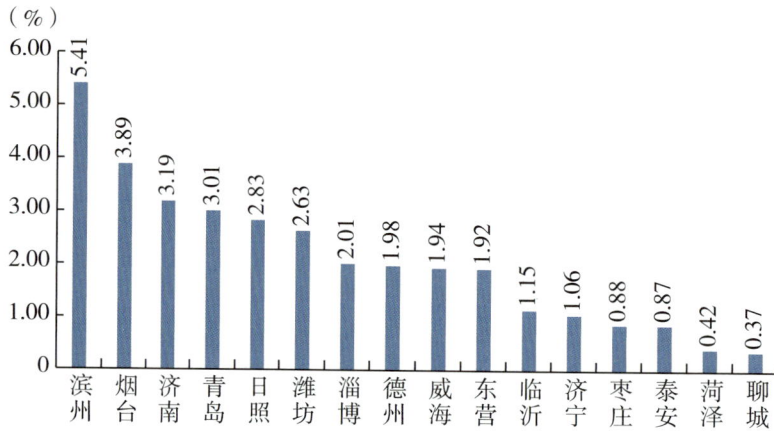

图 2-24　当年指标值

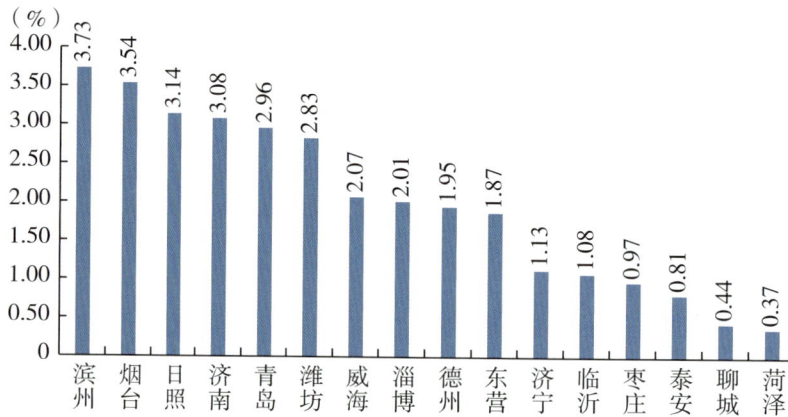

图 2-25　上年指标值

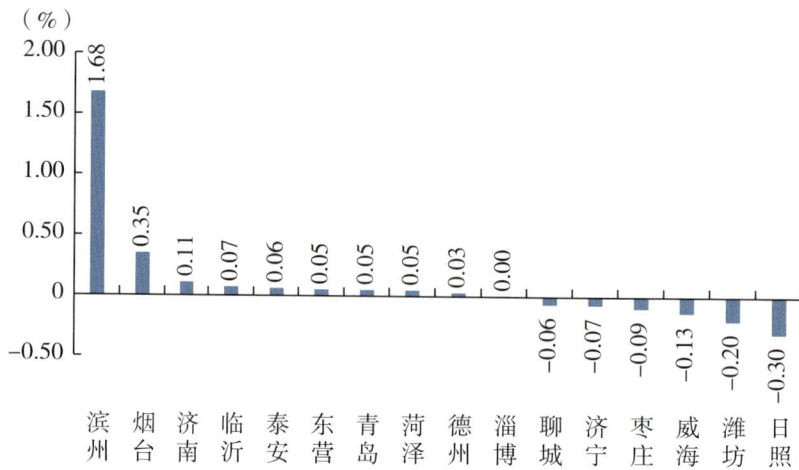

图 2-26　当年指标值与上年指标值之差

（三）基础研究经费支出占 R&D 经费支出的比重

2021 年，全省基础研究经费支出占 R&D 经费支出的比重为 3.79%，较上年提高 0.80 个百分点。从各市来看，各市之间差距较大，济南、青岛该指标值分别达到 8.72%、6.90%，其他市该指标值均低于全省平均水平。与上年相比，东营、济南、枣庄、济宁、烟台、青岛、聊城、滨州、潍坊、临沂、菏泽、威海、泰安、德州 14 个市该指标值有所提升，其中，东营、济南、枣庄、济宁 4 个市该指标值提高超过 1.5 个百分点，日照、淄博 2 个市该指标值下降（图 2-27 至图 2-29）。

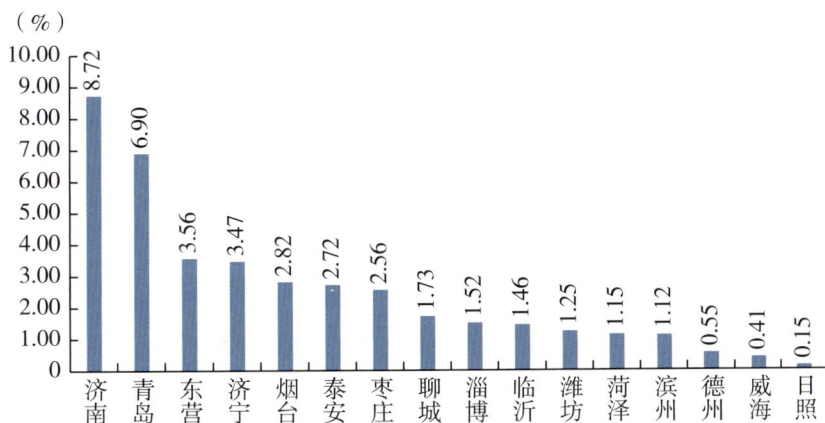

图 2-27　当年指标值

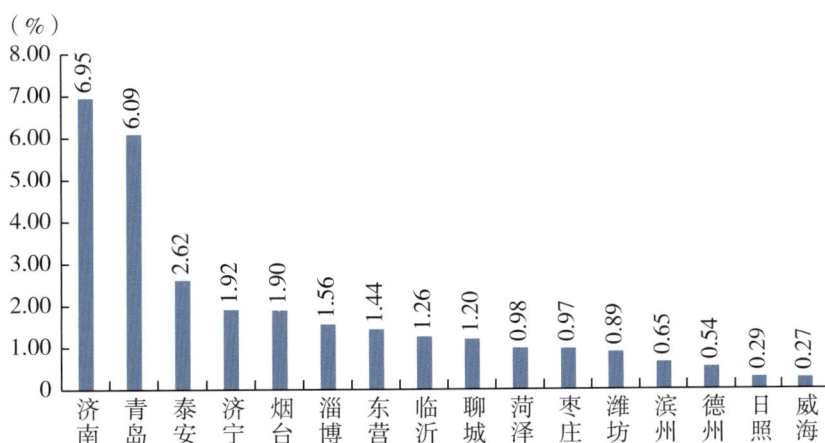

图 2-28　上年指标值

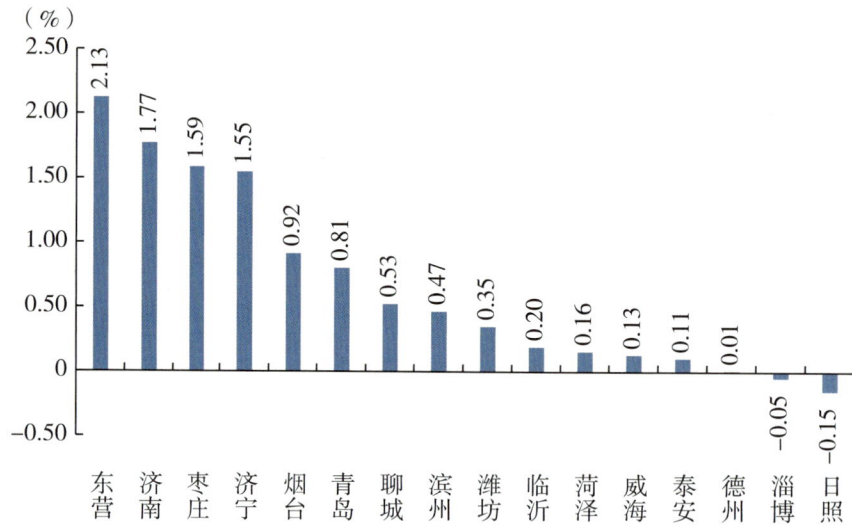

图 2-29 当年指标值与上年指标值之差

（四）每万名就业人员中研发人员数

2021 年，全省每万名就业人员中研发人员数为 81.75 人年，较上年增长了 19.84 人年。从各市来看，青岛、淄博、济南、威海、东营、滨州、烟台、潍坊 8 个市该指标值高于全省平均水平，其中，青岛、淄博、济南均超过 130 人年。与上年相比，16 个市该指标值均实现增长，青岛、淄博、威海、潍坊 4 个市增长超过 20 人年（图 2-30 至图 2-32）。

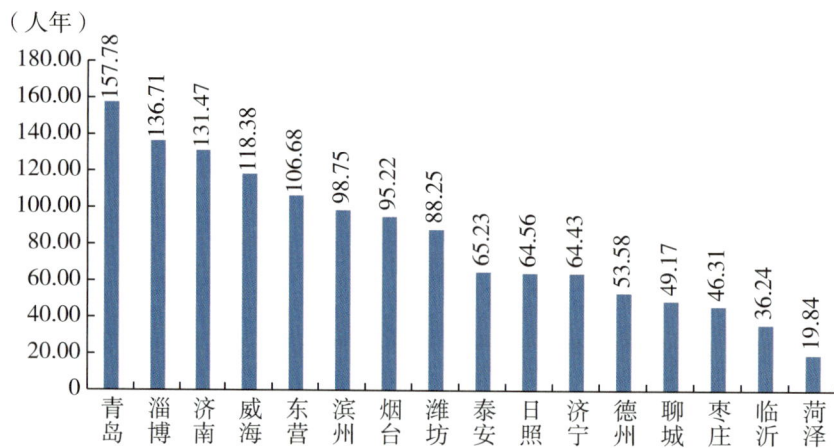

图 2-30 当年指标值

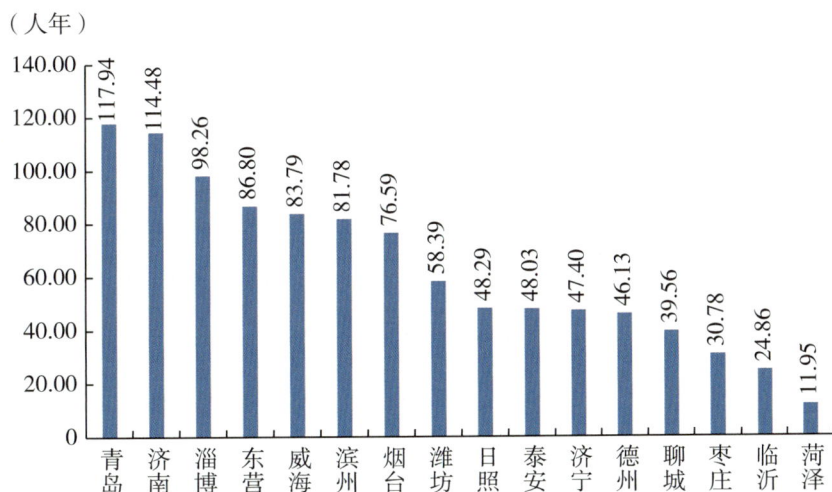

图 2-31　上年指标值

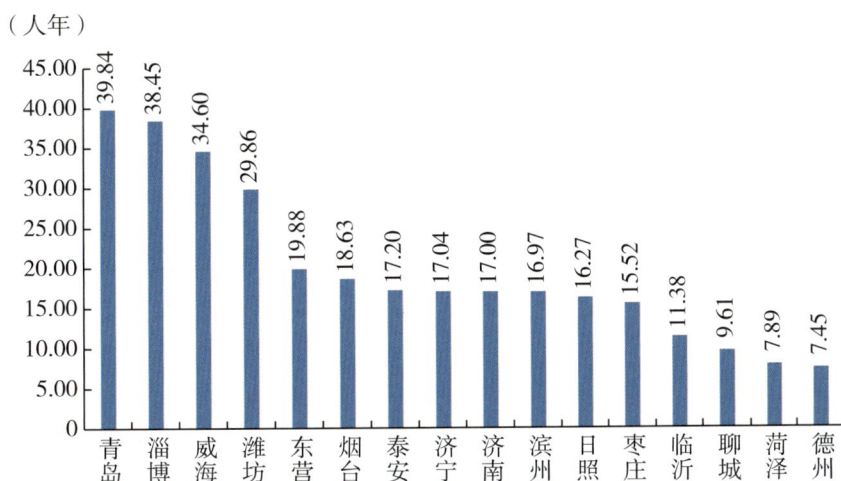

图 2-32　当年指标值与上年指标值之差

（五）R&D 人员中研究人员占比

2021 年，全省 R&D 人员中研究人员占比为 37.43%，较上年下降 4.69 个百分点。从各市来看，济南、青岛、烟台 3 个市该指标值高于全省平均水平。与上年相比，16 个市该指标值均有所下降，其中东营下降最多，超过了 10 个百分点（图 2-33 至图 2-35）。

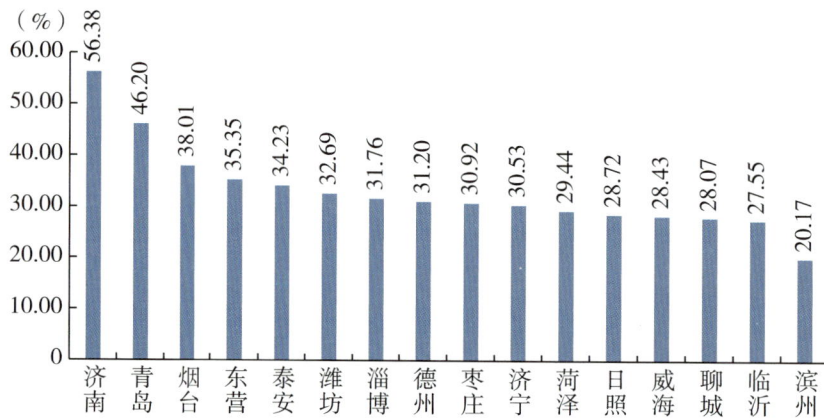

图 2-33　当年指标值

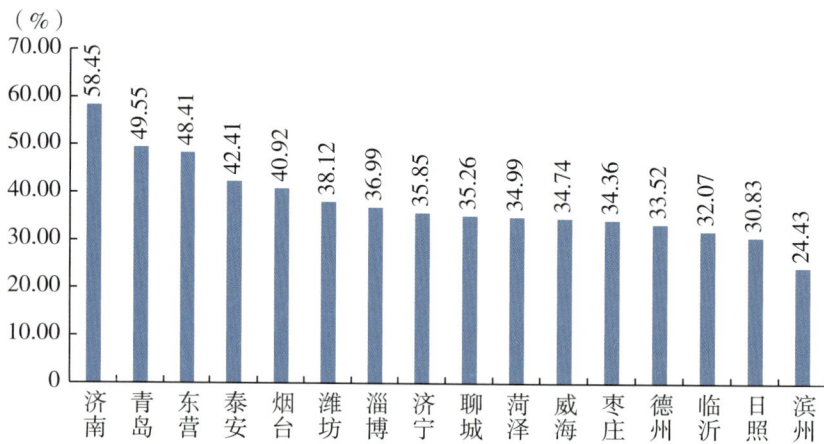

图 2-34　上年指标值

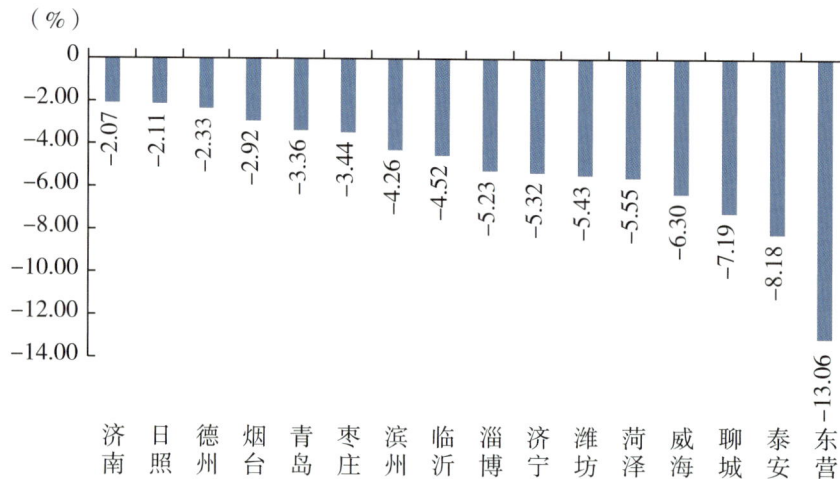

图 2-35　当年指标值与上年指标值之差

（六）每亿元 GDP 技术合同成交额

2021 年，全省每亿元 GDP 技术合同成交额为 308.67 万元，较上年提高 40.27 万元。从各市来看，淄博、枣庄、聊城、日照、济南、威海、滨州 7 个市该指标值高于全省平均水平，其中，淄博、枣庄每亿元 GDP 技术合同成交额超过 500 万元。与上年相比，淄博、临沂、济南、聊城、滨州、烟台、枣庄、泰安、日照、济宁、威海、东营、菏泽 13 个市该指标值有所提升，其中，淄博每亿元 GDP 技术合同成交额增长超过 150 万元，青岛、潍坊、德州 3 个市该指标值下降（图 2-36 至图 2-38）。

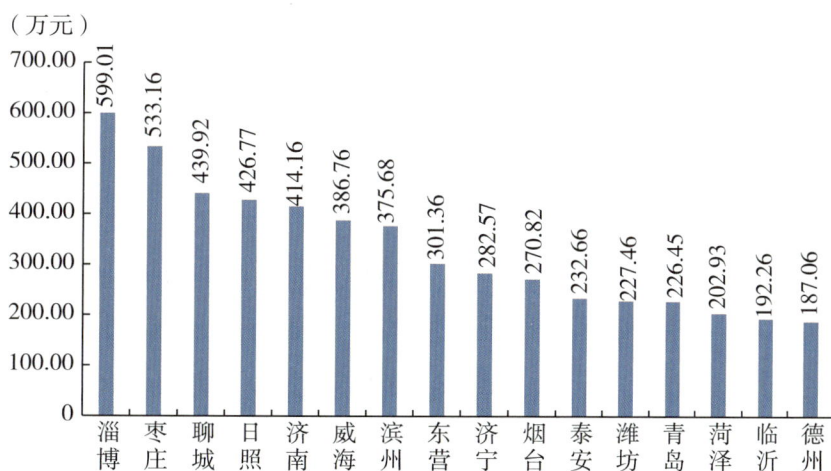

（万元）

淄博 599.01
枣庄 533.16
聊城 439.92
日照 426.77
济南 414.16
威海 386.76
滨州 375.68
东营 301.36
济宁 282.57
烟台 270.82
泰安 232.66
潍坊 227.46
青岛 226.45
菏泽 202.93
临沂 192.26
德州 187.06

图 2-36 当年指标值

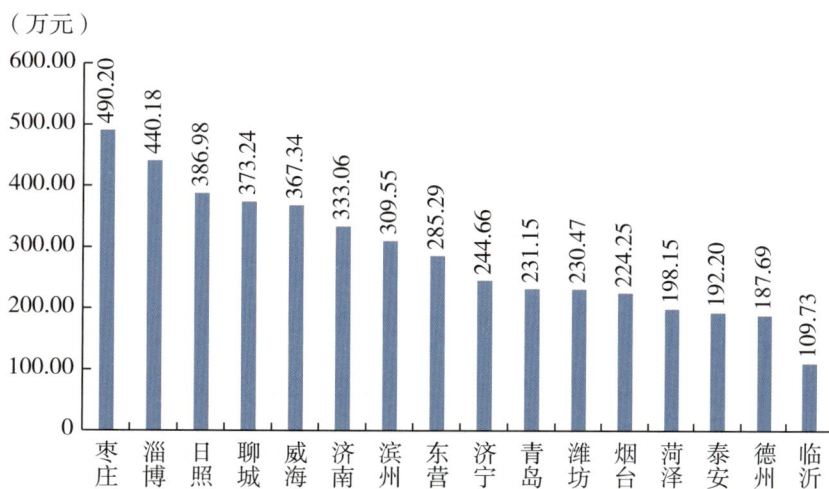

（万元）

枣庄 490.20
淄博 440.18
日照 386.98
聊城 373.24
威海 367.34
济南 333.06
滨州 309.55
东营 285.29
济宁 244.66
青岛 231.15
潍坊 230.47
烟台 224.25
菏泽 198.15
泰安 192.20
德州 187.69
临沂 109.73

图 2-37 上年指标值

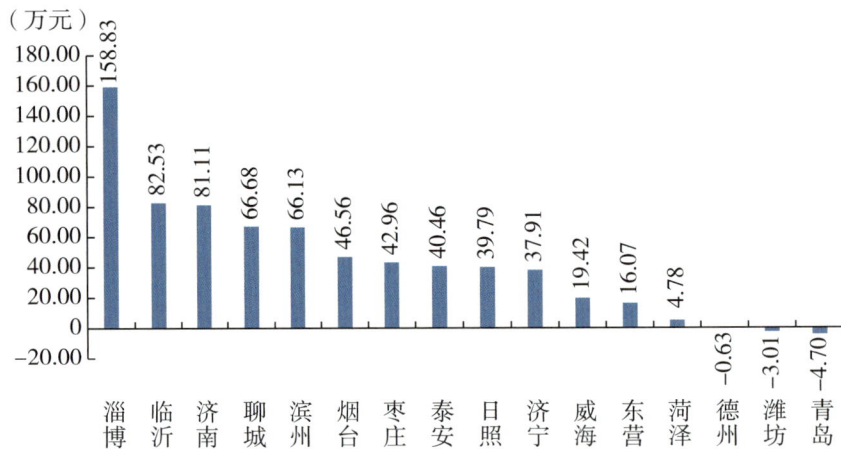

图 2-38　当年指标值与上年指标值之差

（七）每万人高价值发明专利拥有量

2021年，全省每万人高价值发明专利拥有量为4.64件，较上年增加0.52件。从各市来看，青岛、济南、威海、烟台、淄博、东营6个市该指标值高于全省平均水平，其中，青岛、济南每万人高价值发明专利拥有量超过10件，遥遥领先于其他市。与上年相比，青岛、济南、烟台、东营、威海、潍坊、泰安、济宁、日照、枣庄、德州、临沂、滨州、聊城14个市该指标值有所提升，其中，青岛、济南、烟台每万人高价值发明专利拥有量增长1件以上，淄博、菏泽2个市该指标值下降（图2-39至图2-41）。

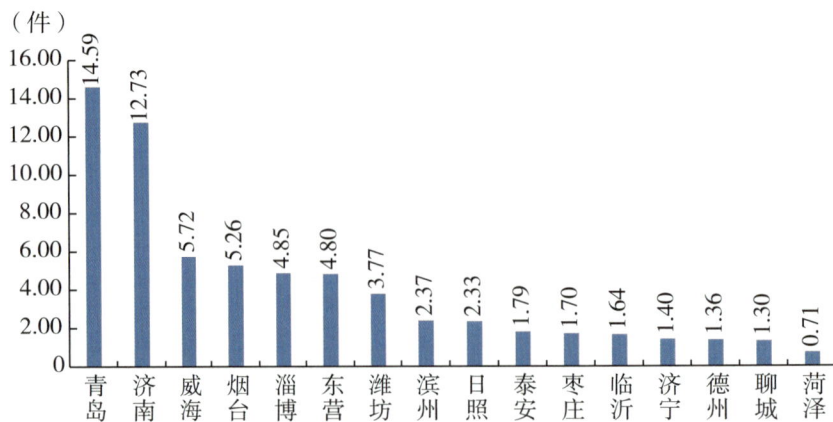

图 2-39　当年指标值

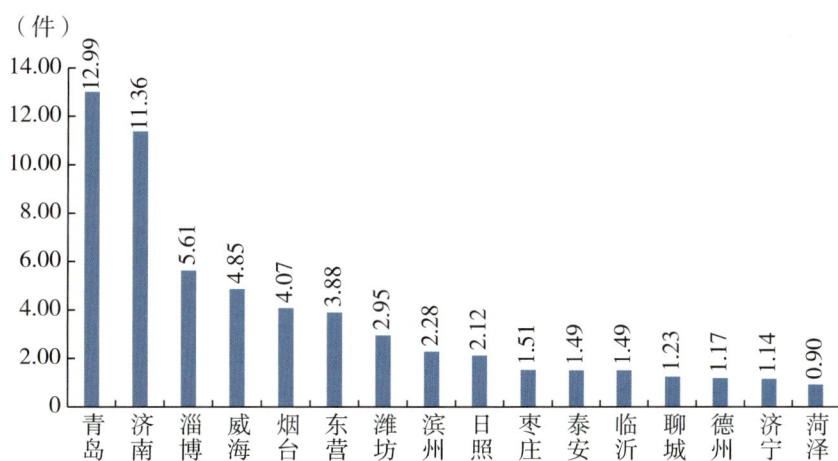

（件）

图 2-40　上年指标值

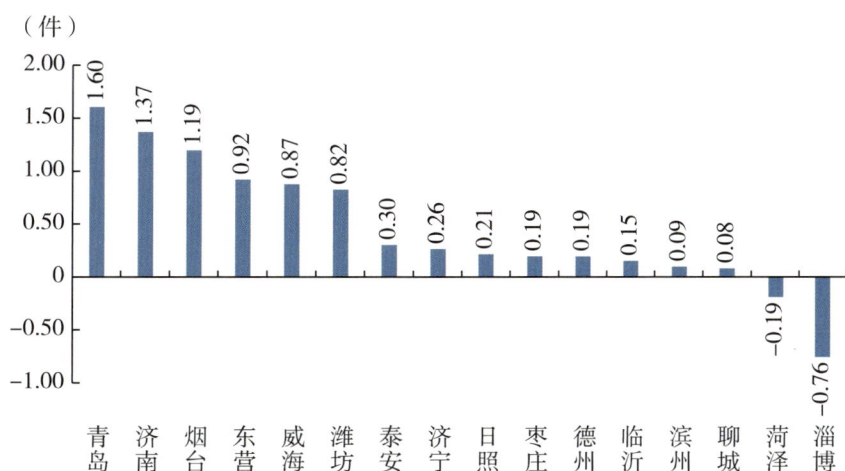

（件）

图 2-41　当年指标值与上年指标值之差

（八）万名研究人员科技论文数

2021 年，全省万名研究人员科技论文数为 4302.05 篇，较上年下降 574.86 篇。从各市来看，青岛、济南、泰安 3 个市该指标值高于全省平均水平，其中，青岛和济南该指标值均超过 6000 篇，远超于其他市。与上年相比，青岛、日照、聊城、泰安 4 个市该指标值有所提升，其余 12 个市该指标值出现不同程度下降（图 2-42 至图 2-44）。

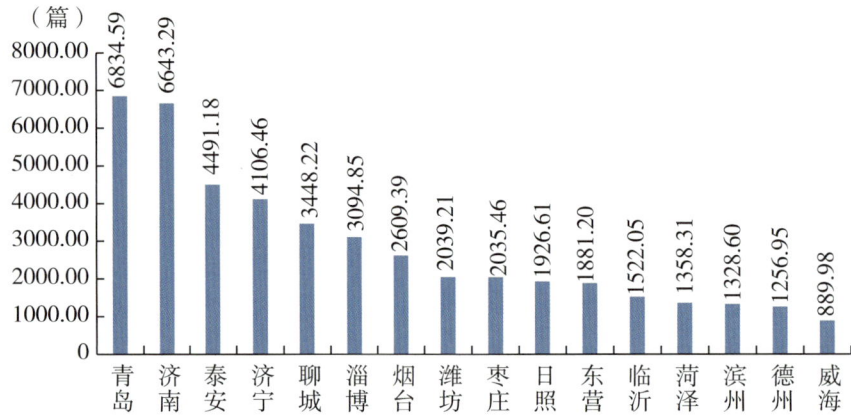

图 2-42 当年指标值

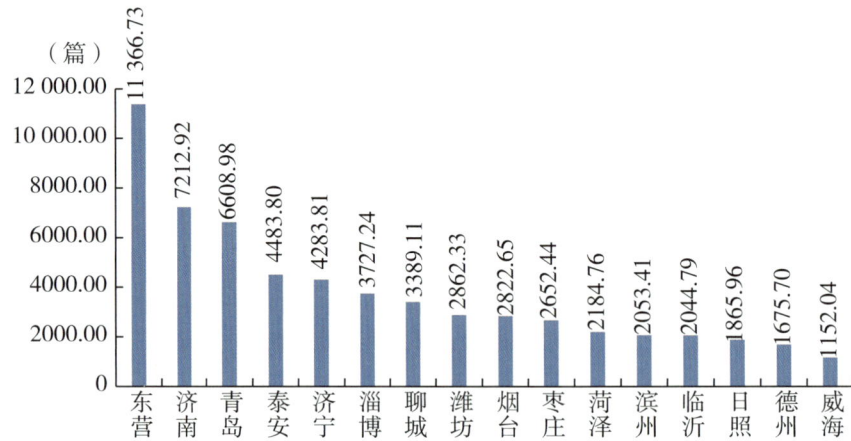

图 2-43 上年指标值

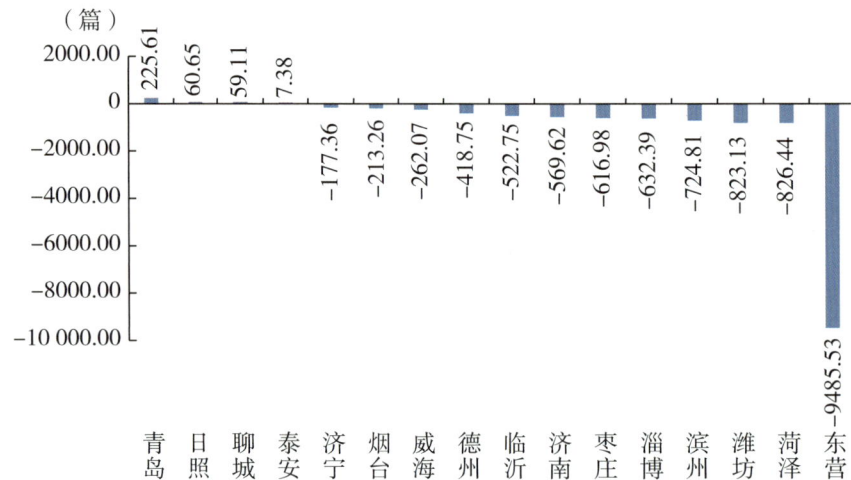

图 2-44 当年指标值与上年指标值之差

（九）每亿元 R&D 经费支出发明专利授权数

2021 年，全省每亿元 R&D 经费支出发明专利授权数为 18.69 件，较上年提高 2.79 件。从各市来看，青岛、济南、潍坊、枣庄、东营 5 个市该指标值高于全省平均水平。与上年相比，东营、枣庄、济宁、临沂、济南、泰安、菏泽、潍坊、威海、烟台、聊城、德州、淄博、青岛 14 个市该指标值有所提升，其中，东营、枣庄、济宁、临沂 4 个市该指标值增长 5 件以上，日照、滨州 2 个市该指标值下降（图 2-45 至图 2-47）。

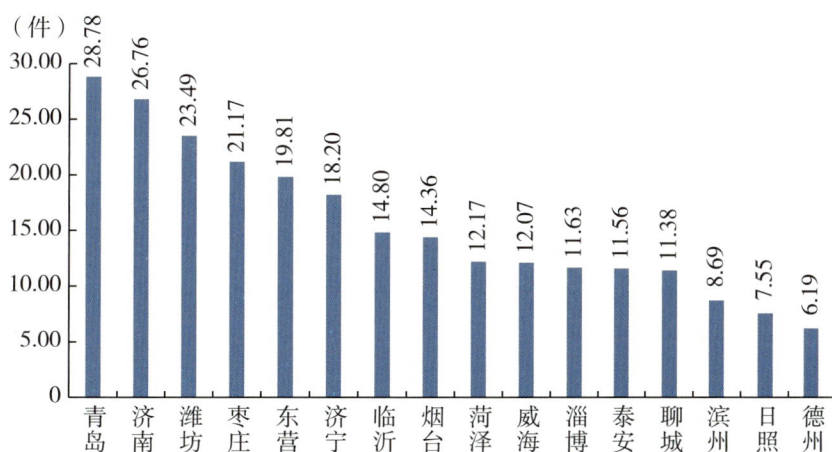

（件）

图 2-45　当年指标值

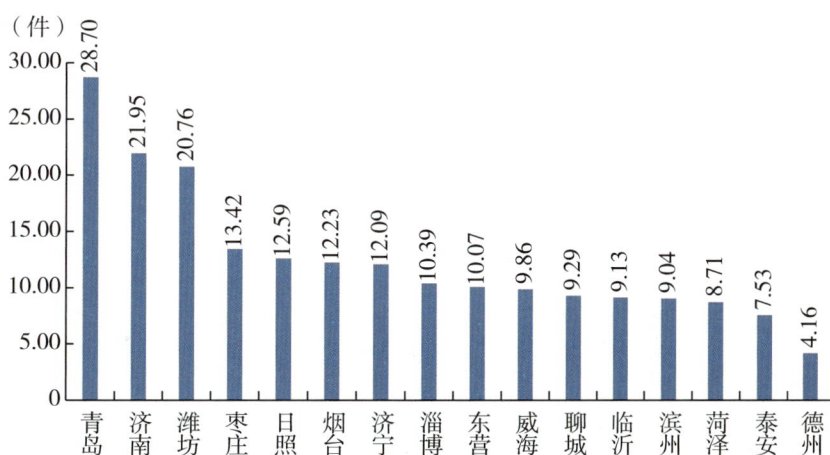

图 2-46　上年指标值

（件）

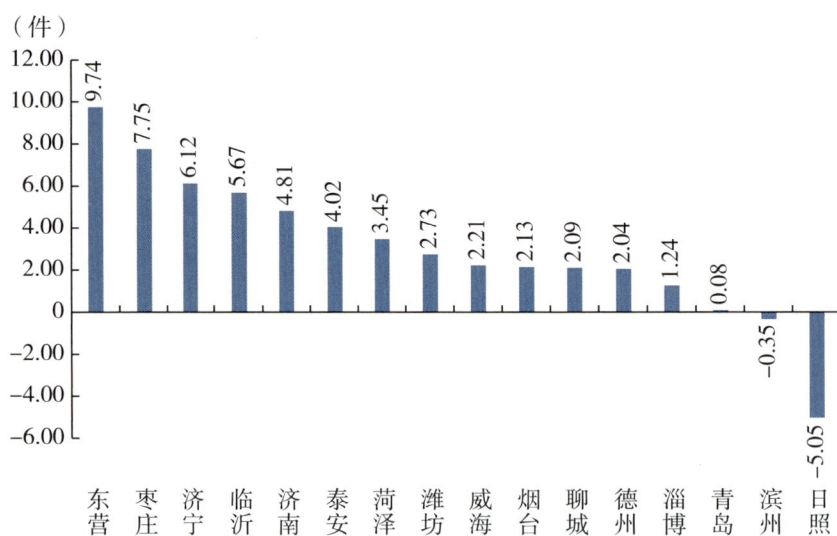

图 2-47　当年指标值与上年指标值之差

（十）规上工业企业 R&D 经费支出占营业收入的比重

2021 年，全省规上工业企业 R&D 经费支出占营业收入的比重为 1.51%，较上年下降 0.06 个百分点。从各市来看，威海、德州、泰安、济南、青岛、聊城、淄博、临沂、枣庄、烟台 10 个市该指标值高于全省平均水平，其中，威海、德州、泰安、济南 4 个市该指标值超过 2%。与上年相比，烟台、日照、威海、滨州、济南 5 个市该指标值有所提高，其余 11 个市该指标值出现不同程度下降（图 2-48 至图 2-50）。

（%）

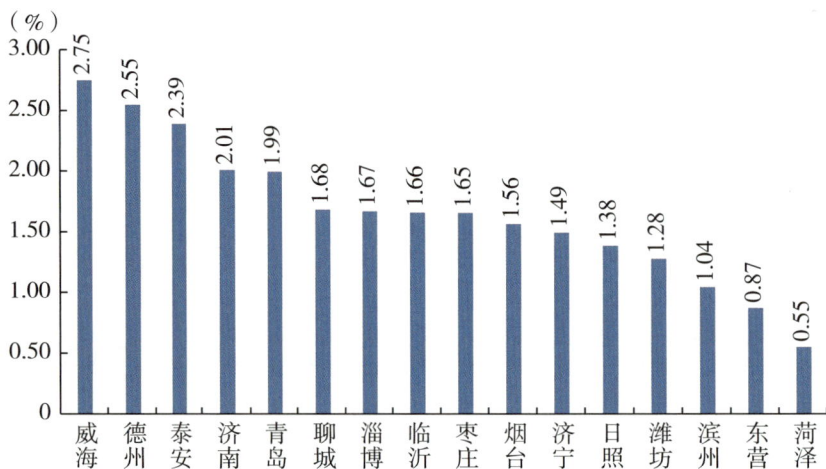

图 2-48　当年指标值

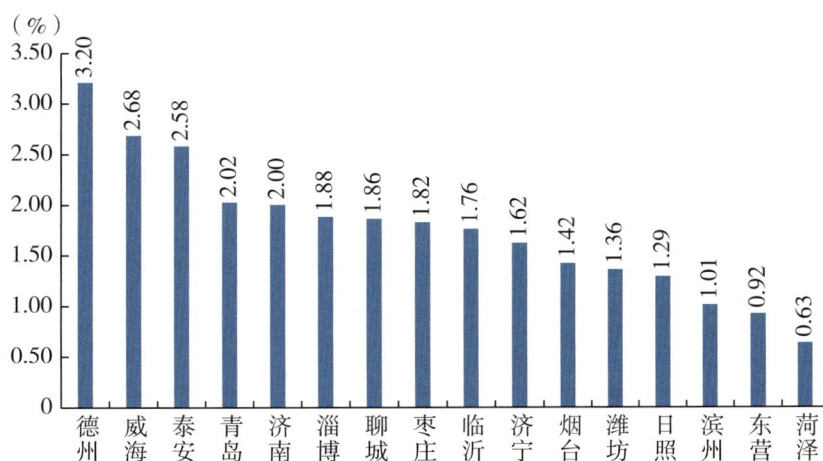

图 2-49　上年指标值

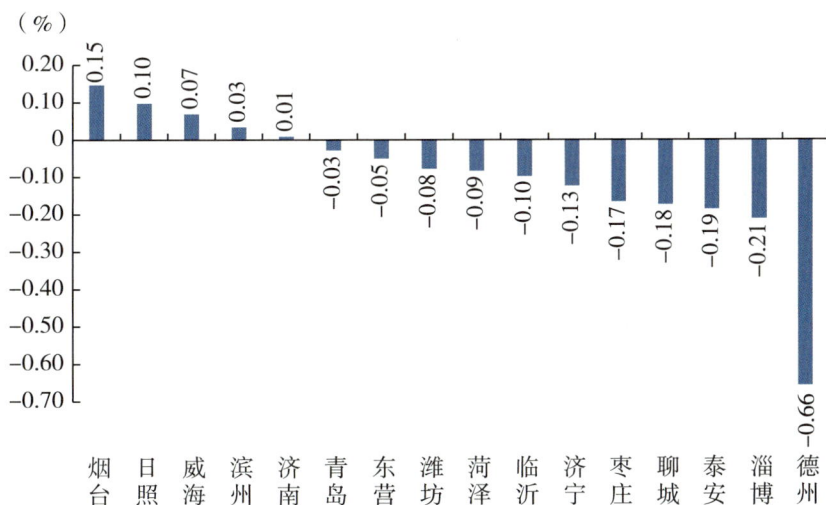

图 2-50　当年指标值与上年指标值之差

（十一）规上工业企业 R&D 人员占规上工业企业从业人员的比重

2021 年，全省规上工业企业 R&D 人员占规上工业企业从业人员的比重为 9.54%，较上年提高 2.62 个百分点。从各市来看，淄博、青岛、德州、滨州、日照、济南、威海、烟台 8 个市该指标值高于全省平均水平。与上年相比，16 个市该指标值均有不同程度提升，淄博、青岛、威海、滨州提高超过 3 个百分点（图 2-51 至图 2-53）。

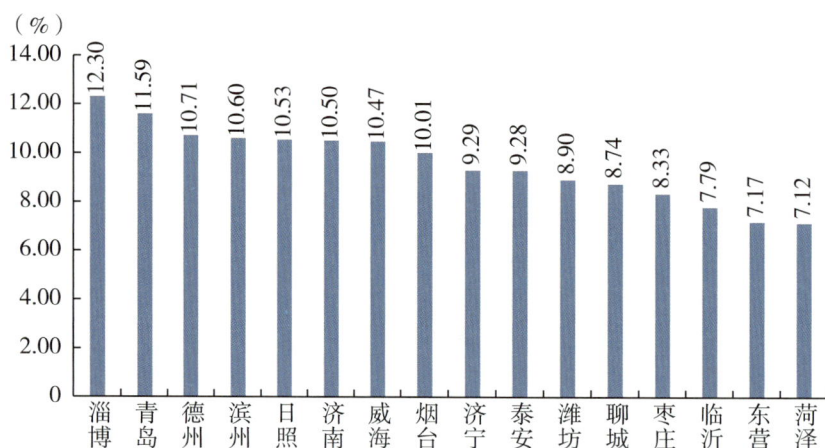

图 2-51　当年指标值

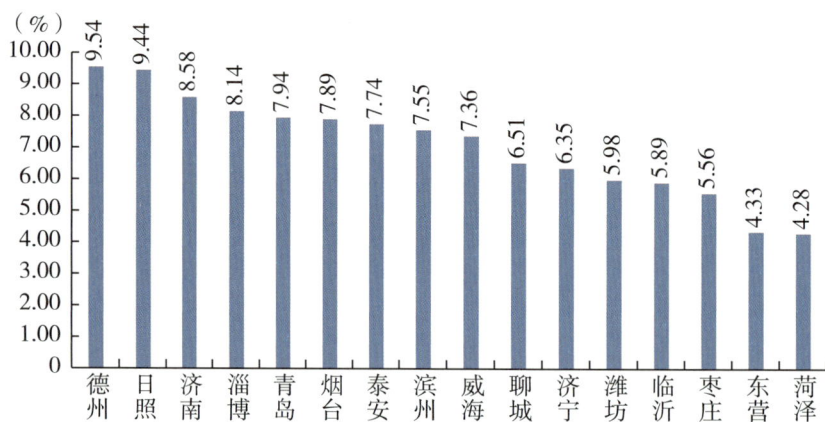

图 2-52　上年指标值

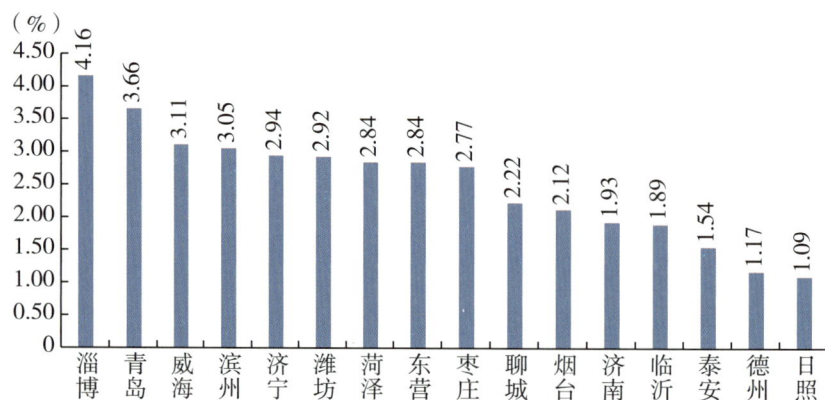

图 2-53　当年指标值与上年指标值之差

（十二）有研发活动规上工业企业占规上工业企业的比重

2021 年，全省有研发活动规上工业企业占规上工业企业的比重为 47.33%，较上年提高 8.16 个百分点。从各市来看，滨州、威海、济宁、烟台、日照、淄博、青岛、聊城、枣庄 9 个市该指标值高于全省平均水平，其中，滨州、威海该指标值超过 60%。与上年相比，15 个市该指标值实现增长，仅德州出现下降，且下降幅度超过了 15 个百分点（图 2-54 至图 2-56）。

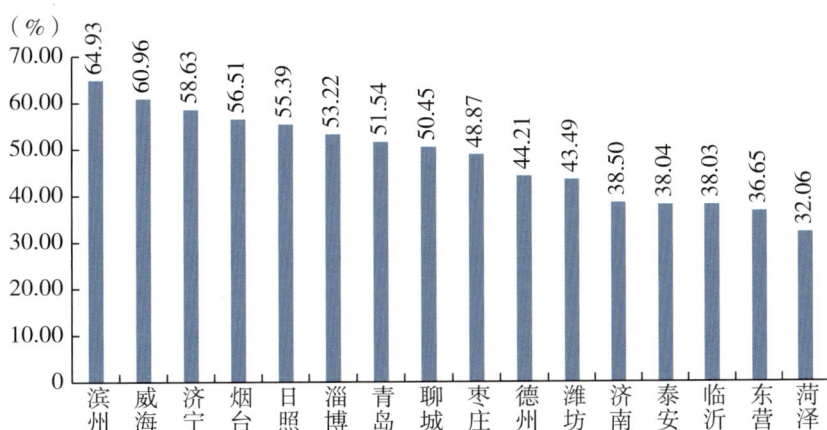

图 2-54　当年指标值

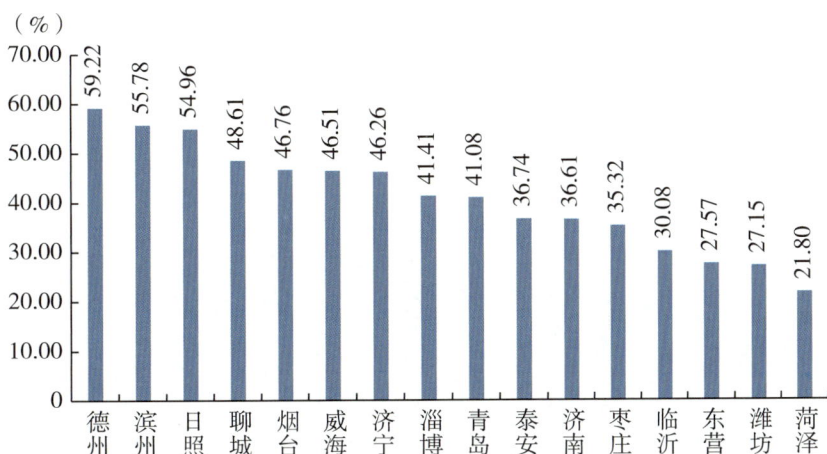

图 2-55　上年指标值

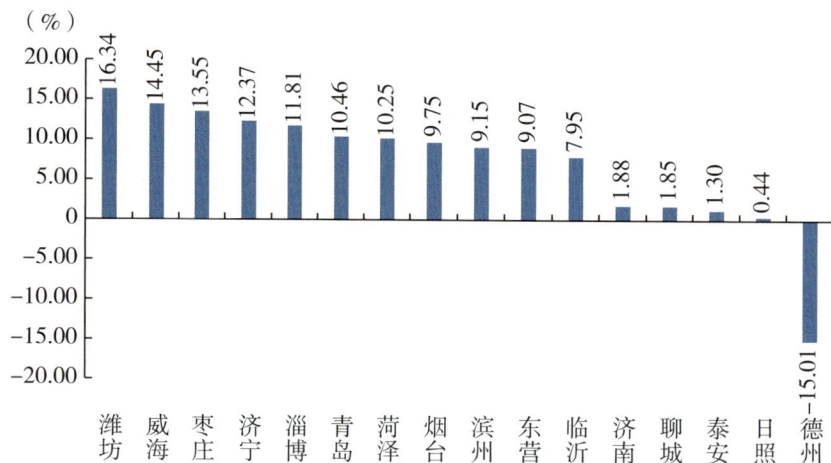

图 2-56 当年指标值与上年指标值之差

（十三）规上工业企业新产品销售收入占营业收入的比重

2021 年，全省规上工业企业新产品销售收入占营业收入的比重为 26.53%，较上年提高 6.93 个百分点。从各市来看，威海、济南、潍坊、青岛、济宁、德州、滨州、临沂、泰安、淄博 10 个市该指标值高于全省平均水平，其中，威海该指标值超过 40%，达 42.32%。与上年相比，除济南、聊城该指标值下降外，其余 14 个市该指标值均有不同程度提高，其中，滨州该指标值提高 20.90 个百分点，威海、临沂该指标值提高幅度也在 10 个百分点以上（图 2-57 至图 2-59）。

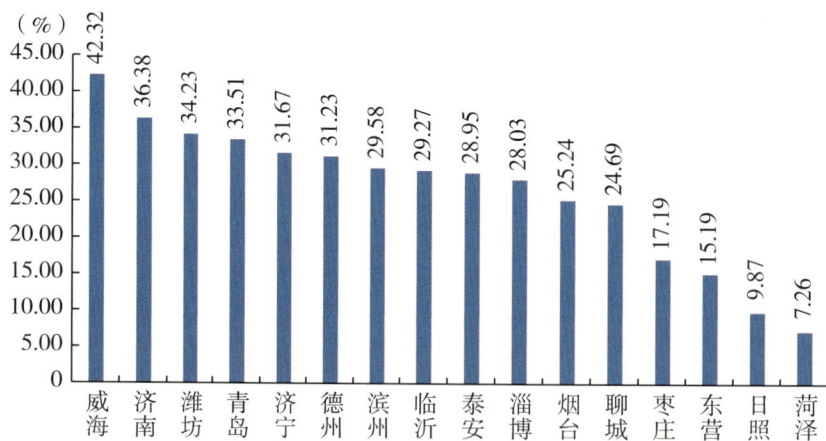

图 2-57 当年指标值

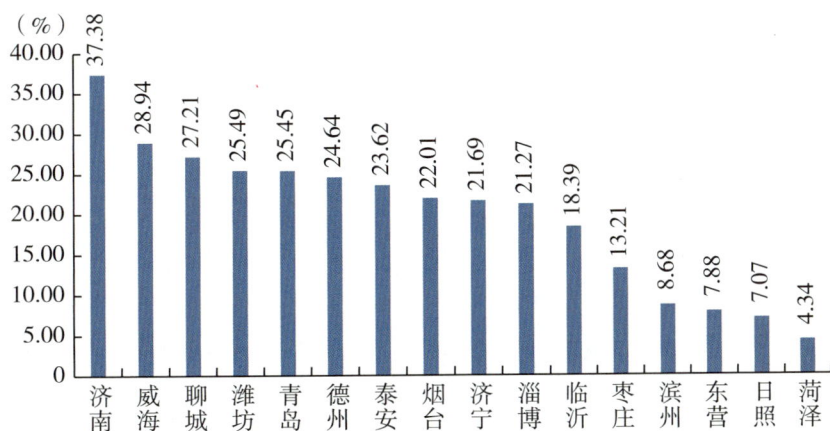

图 2-58 上年指标值

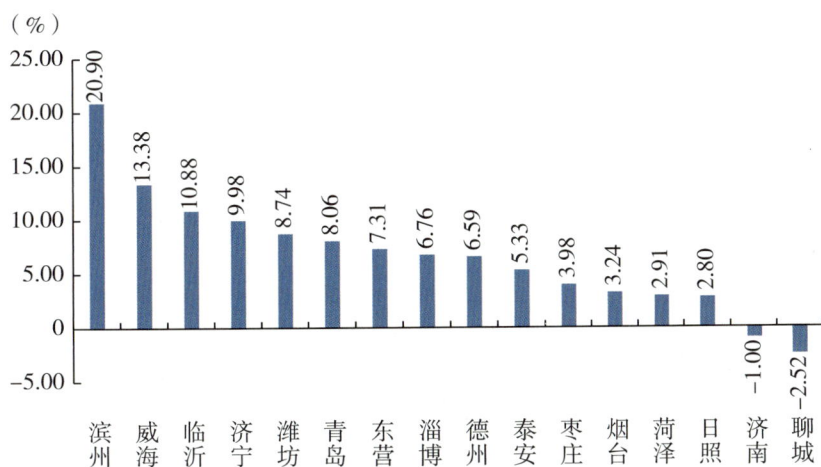

图 2-59 当年指标值与上年指标值之差

（十四）每万名规上工业企业 R&D 人员发明专利拥有量

2021 年，全省每万名规上工业企业 R&D 人员发明专利拥有量为 1953.09 件，较上年下降 142.60 件。从各市来看，济南、青岛、潍坊、东营 4 个市该指标值高于全省平均水平，其中，济南、青岛遥遥领先，分别达 4559.94 件、3199.66 件。与上年相比，济南、德州、日照、聊城 4 个市该指标值有所提升，其中，济南该指标值提升 943.50 件，其余 12 个市该指标值下降（图 2-60 至图 2-62）。

（件）

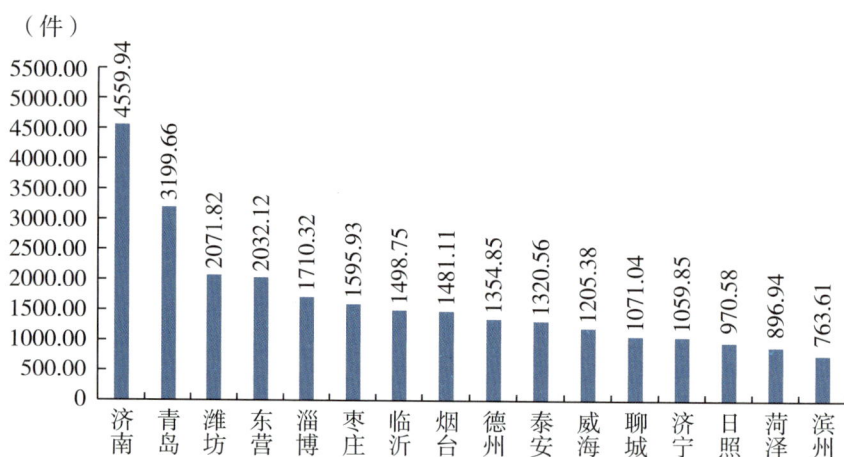

图 2-60　当年指标值

（件）

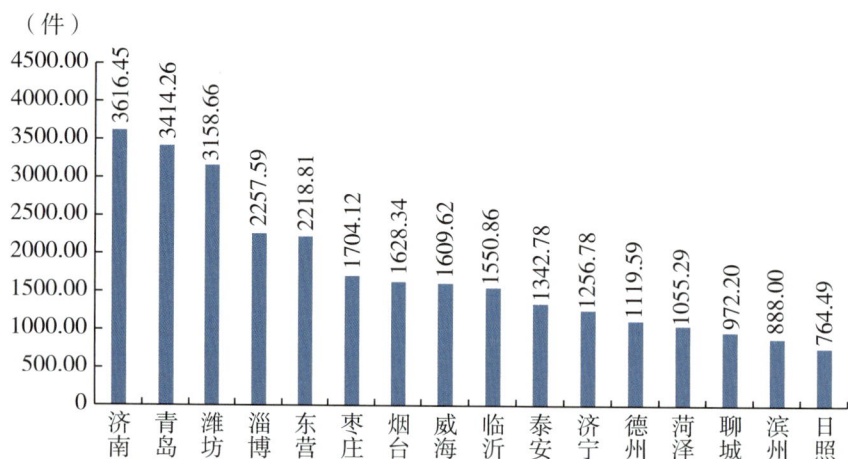

图 2-61　上年指标值

（件）

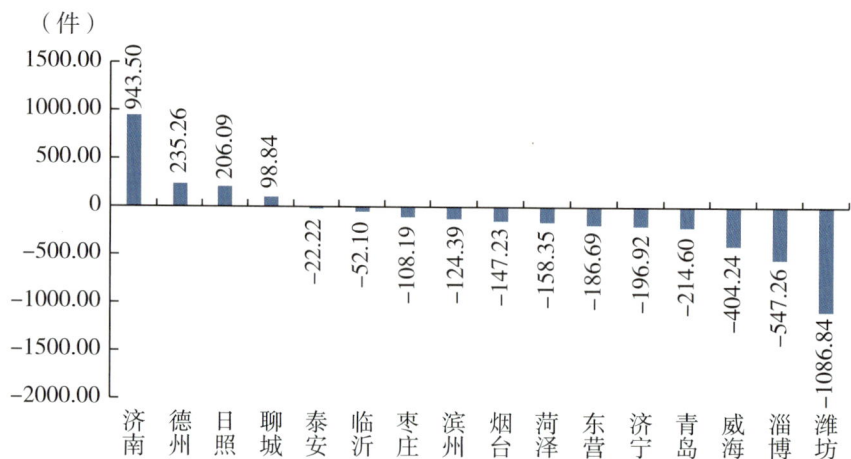

图 2-62　当年指标值与上年指标值之差

（十五）公共预算教育支出占一般公共预算支出的比重

2021 年，全省公共预算教育支出占一般公共预算支出的比重为 20.58%，较上年提高 0.25 个百分点。从各市来看，威海、临沂、枣庄、济宁、潍坊、日照、泰安、聊城 8 个市该指标值高于全省平均水平。与上年相比，除潍坊、菏泽、青岛、济南 4 个市该指标值有所下降外，其余 12 个市该指标值均实现不同程度提升，其中，日照、泰安、德州、烟台该指标值提高幅度超过 1 个百分点（图 2-63 至图 2-65）。

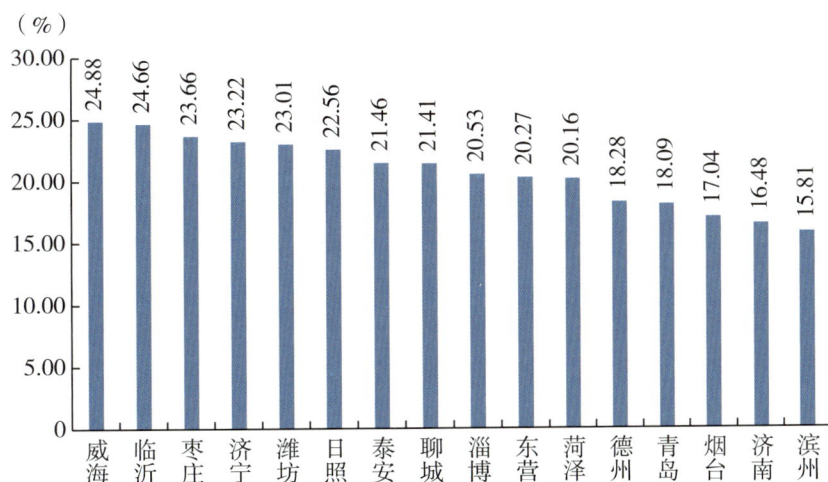

图 2-63 当年指标值

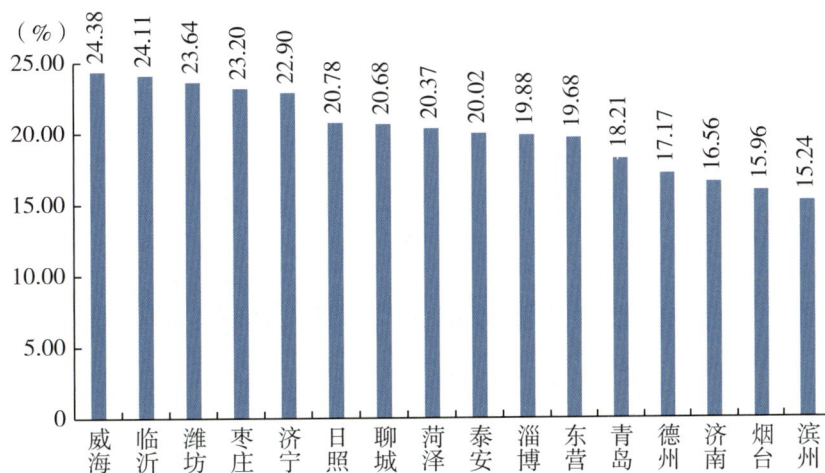

图 2-64 上年指标值

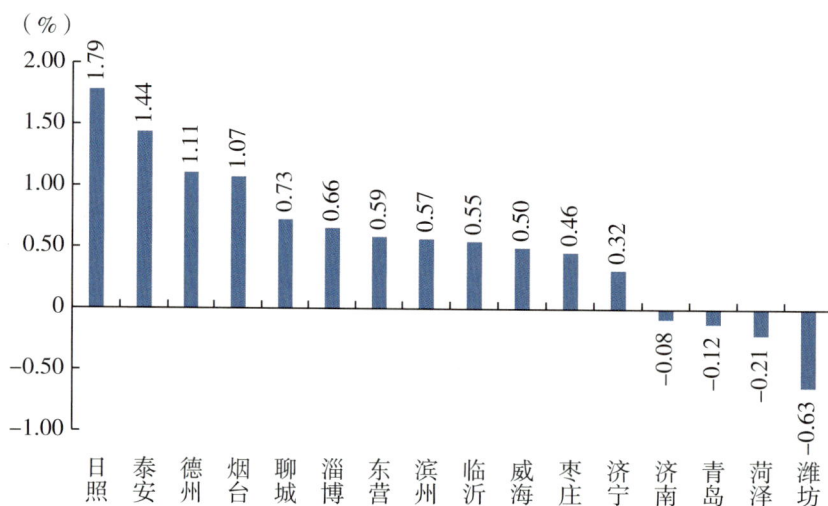

图 2-65 当年指标值与上年指标值之差

（十六）科学研究和技术服务业平均工资比较系数

2021 年，全省科学研究和技术服务业平均工资比较系数为 127.50%，较上年降低 0.72 个百分点。从各市来看，青岛、聊城、济南、烟台 4 个市该指标值高于全省平均水平。与上年相比，泰安、聊城、枣庄、烟台、淄博、临沂 6 个市该指标值有所提升，其中，泰安该指标值提高超过 30 个百分点，德州、威海、日照、东营、济宁、菏泽、济南、青岛、滨州、潍坊 10 个市该指标值有所下降（图 2-66 至图 2-68）。

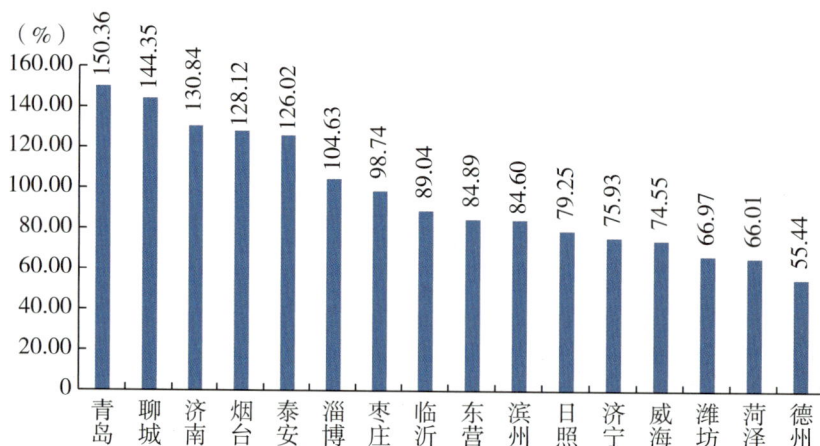

图 2-66 当年指标值

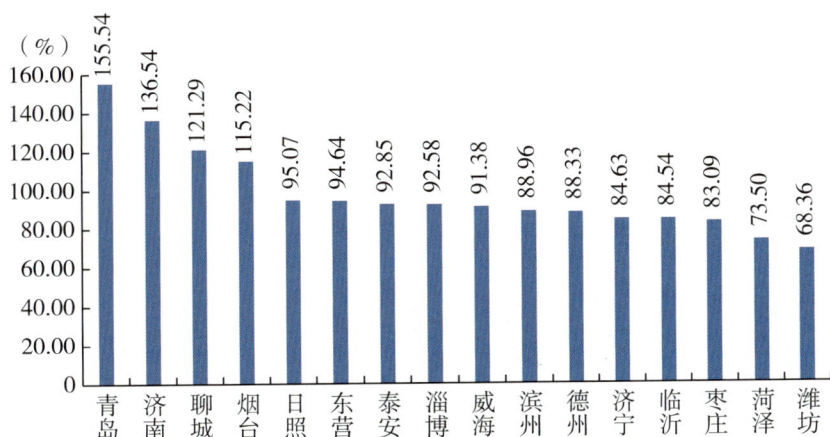

图 2-67　上年指标值

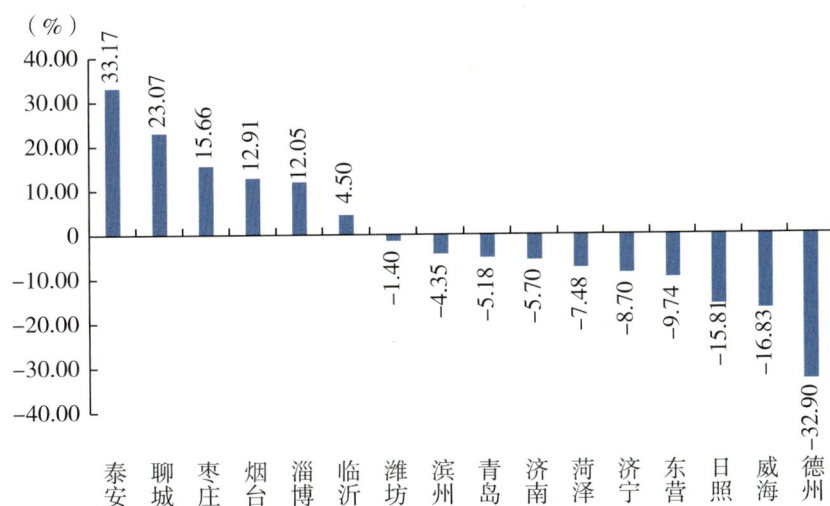

图 2-68　当年指标值与上年指标值之差

（十七）每万名就业人员累计孵化企业数

2021 年，全省每万名就业人员累计孵化企业数为 2.56 家，较上年提高 0.33 家。从各市来看，东营、济南、威海、青岛、烟台、日照、济宁 7 个市该指标值高于全省平均水平，其中，东营每万名就业人员累计孵化企业数达到 12.25 家，远超其他市。与上年相比，16 个市该指标值均实现不同程度增长（图 2-69 至图 2-71）。

（家）

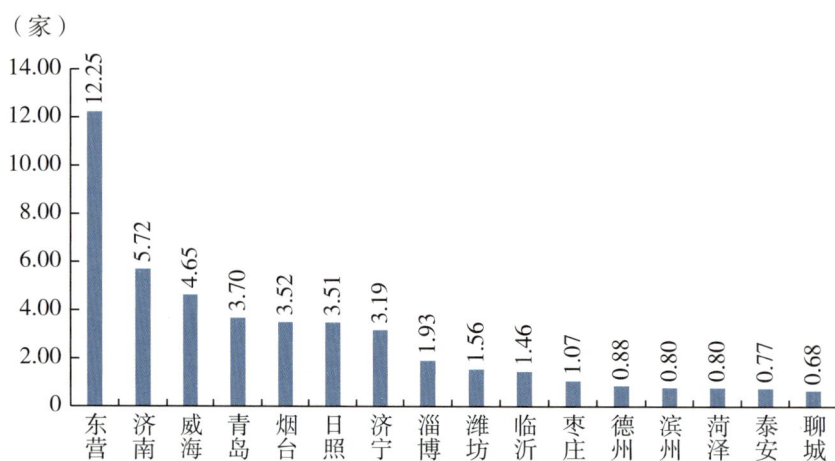

图 2-69　当年指标值

（家）

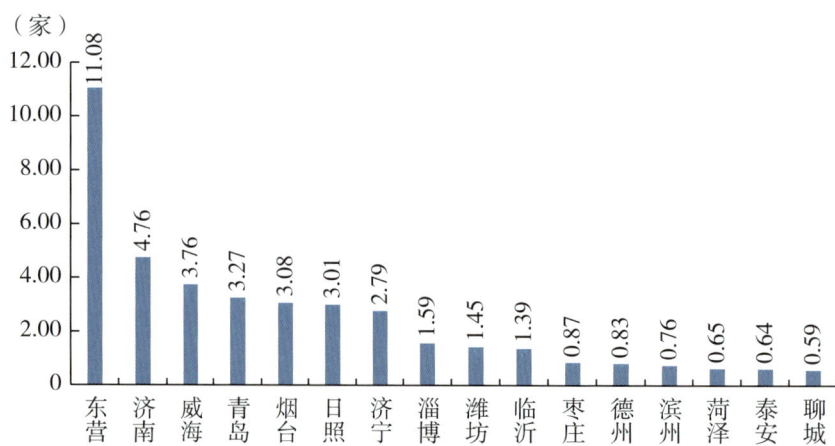

图 2-70　上年指标值

（家）

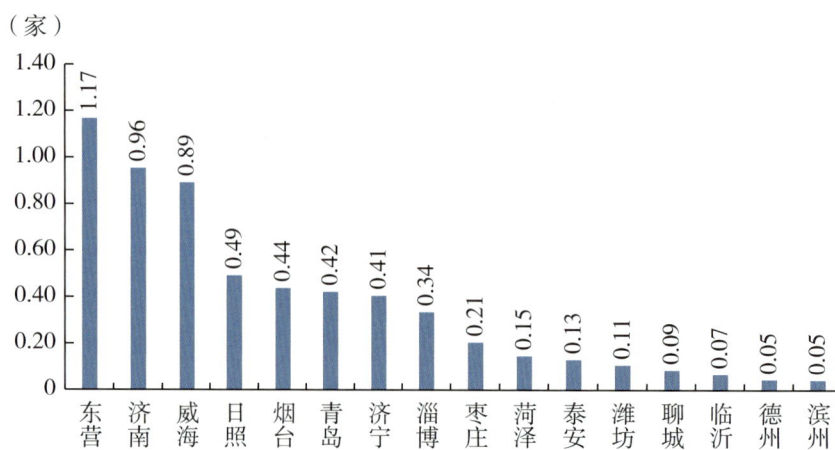

图 2-71　当年指标值与上年指标值之差

（十八）每万家企业法人单位中高新技术企业数

2021 年，全省每万家企业法人单位中高新技术企业数为 69.70 家，较上年增加 10.79 家。从各市来看，济南、威海、青岛、淄博 4 个市该指标值高于全省平均水平。与上年相比，16 个市该指标值均有提升，其中，济南每万家企业法人单位中高新技术企业数增加 20 余家，威海、日照、淄博、青岛、烟台 5 个市增加 10 家以上（图 2-72 至图 2-74）。

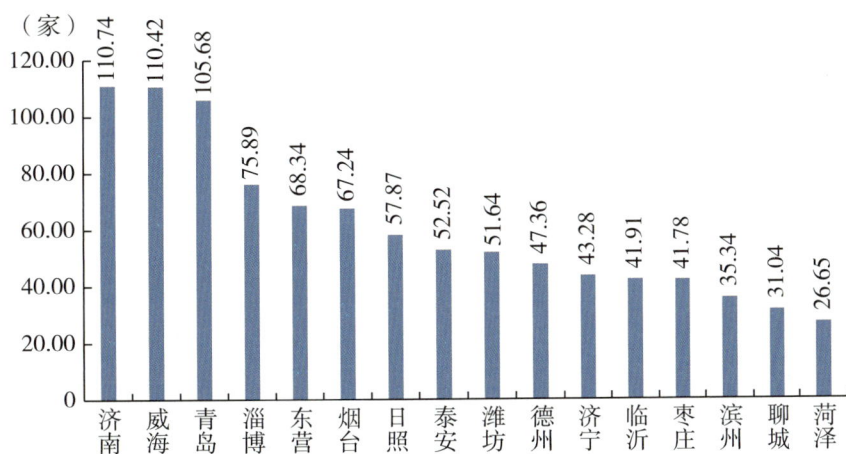

图 2-72　当年指标值

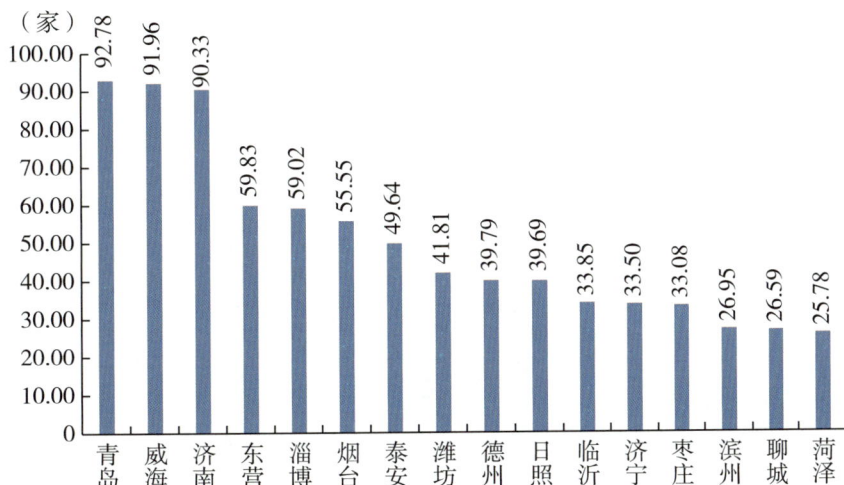

图 2-73　上年指标值

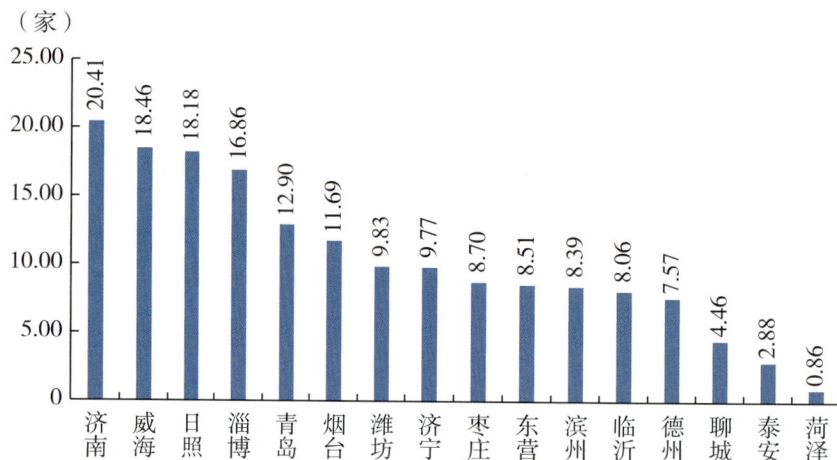

图 2-74　当年指标值与上年指标值之差

（十九）实际使用外资金额占 GDP 的比重

2021 年，全省实际使用外资金额占 GDP 的比重为 1.67%，与上年基本持平。从各市来看，青岛、威海、烟台 3 个市该指标值高于全省平均水平。与上年相比，淄博、聊城、临沂、枣庄、德州、菏泽、济南、滨州、济宁、东营 10 个市该指标值有所提升，其余 6 个市该指标值下降，其中，泰安下降幅度最大，较上年降低 0.83 个百分点（图 2-75 至图 2-77）。

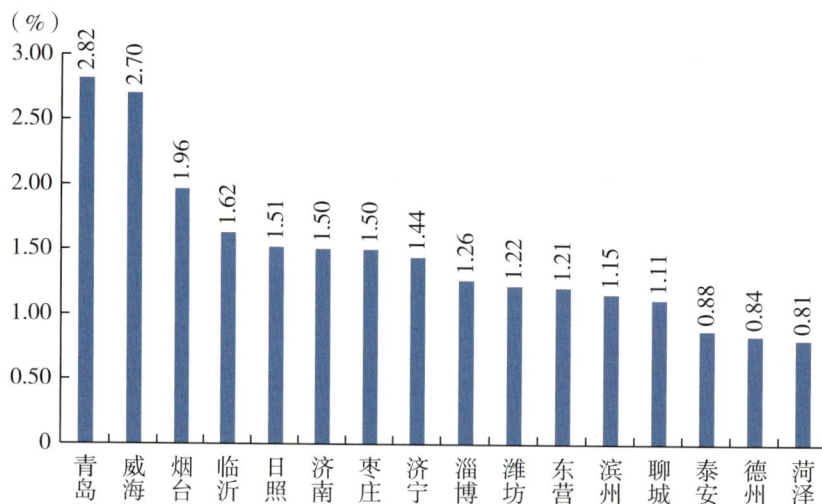

图 2-75　当年指标值

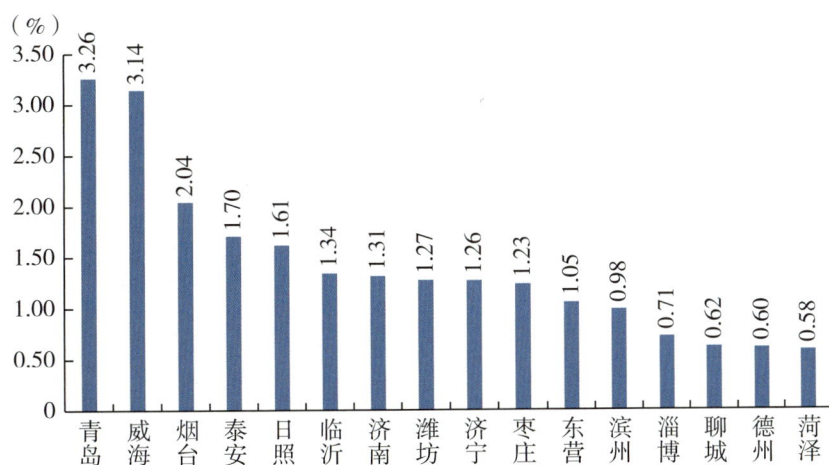

图 2-76　上年指标值

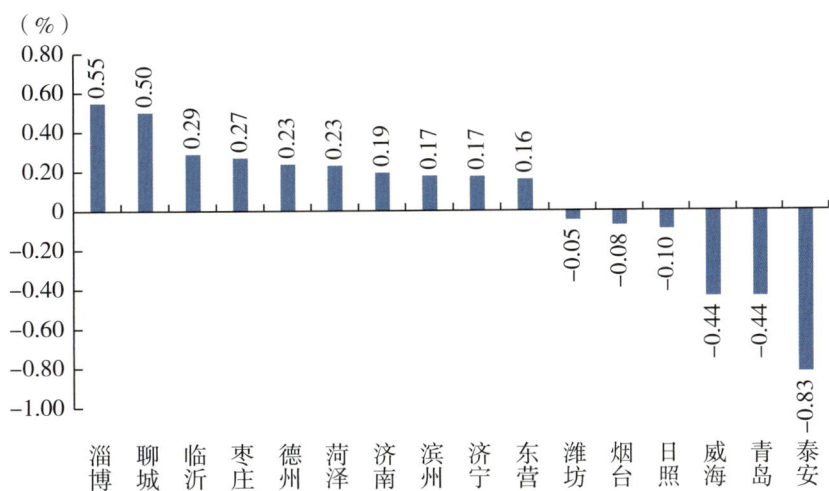

图 2-77　当年指标值与上年指标值之差

（二十）享受研发费用加计扣除减免税政策的规上工业企业占规上工业企业的比重

2021 年，全省享受研发费用加计扣除减免税政策的规上工业企业占规上工业企业的比重为 19.62%，较上年提高 6.54 个百分点。从各市来看，济南、淄博、青岛、威海、泰安、济宁、烟台 7 个市该指标值高于全省平均水平。与上年相比，16 个市该指标值均有不同程度的提升，其中，滨州和泰安该指标值提高近 10 个百分点（图 2-78 至图 2-80）。

（%）

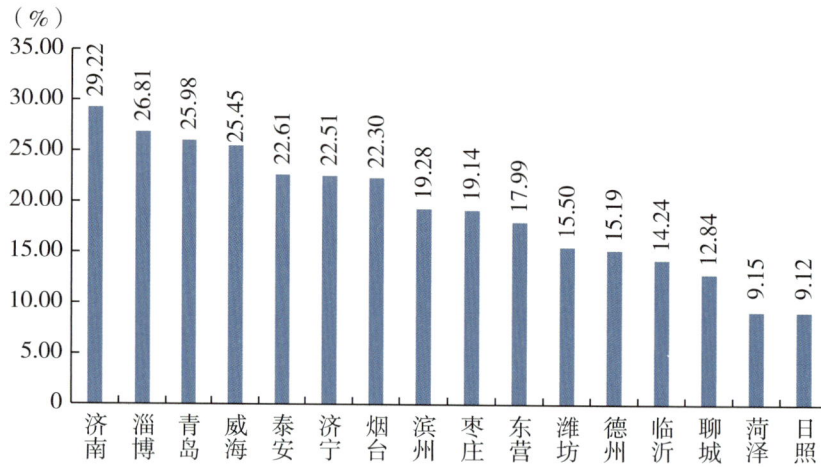

图 2-78 当年指标值

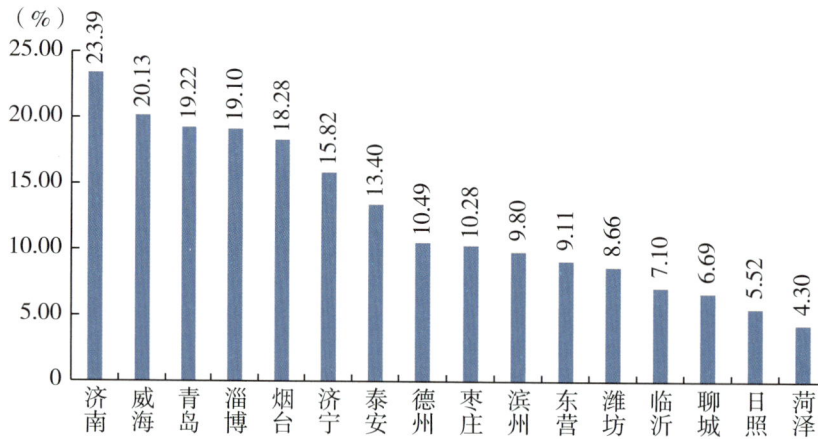

图 2-79 上年指标值

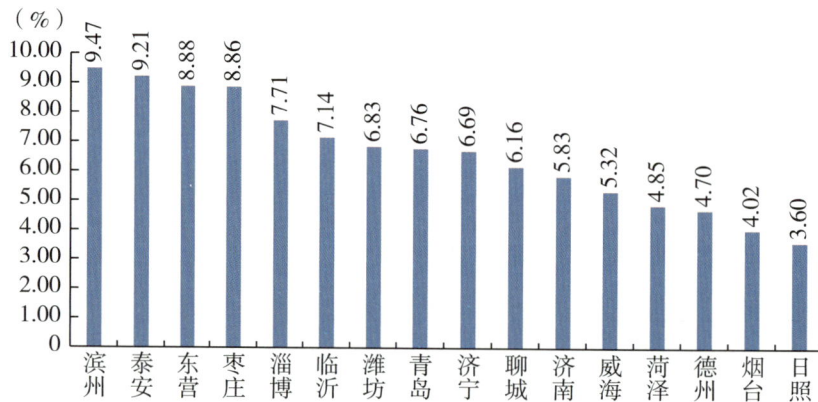

图 2-80 当年指标值与上年指标值之差

（二十一）全员劳动生产率

2021 年，全省全员劳动生产率为 15.18 万元 / 人，较上年提高 1.97 万元 / 人。从各市来看，东营、青岛、济南、烟台、威海、淄博 6 个市该指标值高于全省平均水平。与上年相比，16 个市该指标值均有不同程度提升，其中，东营全员劳动生产率提高 4.30 万元 / 人，青岛提高 3.20 万元 / 人，威海、济南、淄博、烟台和潍坊也均提高超过 2 万元 / 人（图 2-81 至图 2-83）。

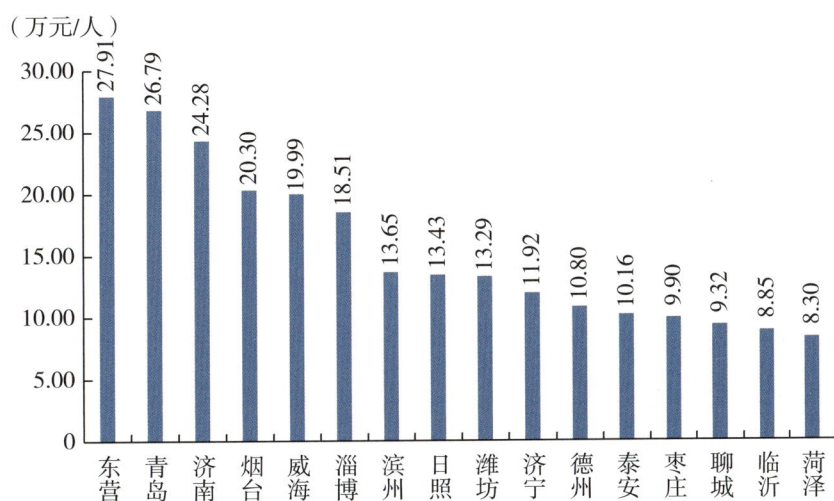

图 2-81　当年指标值

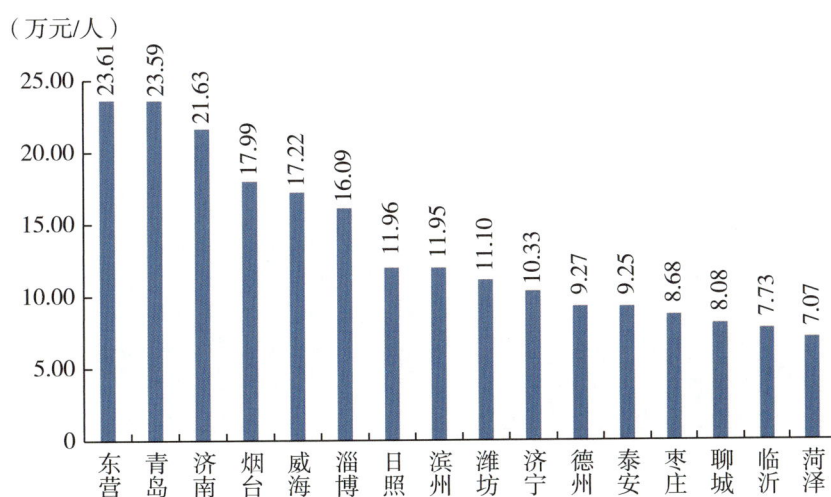

图 2-82　上年指标值

（万元/人）

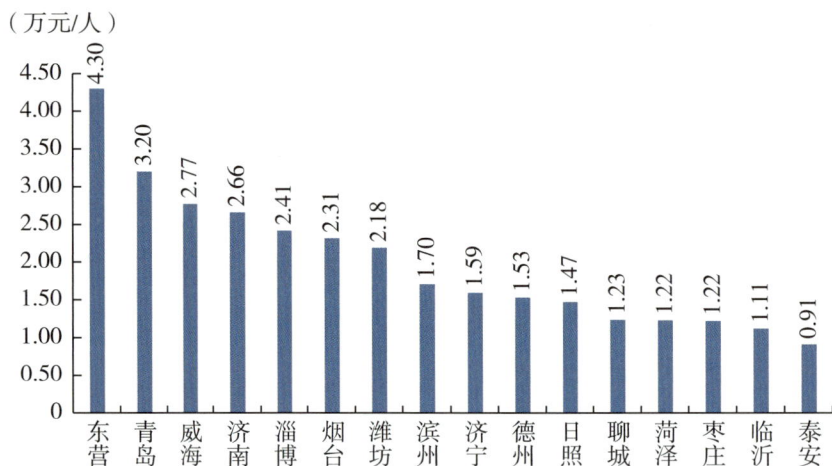

图 2-83　当年指标值与上年指标值之差

（二十二）规上高新技术产业产值占规上工业产值比重

2021 年，全省规上高新技术产业产值占规上工业产值比重为 46.76%，较上年提高 1.65 个百分点。从各市来看，威海、青岛、烟台、泰安、济南、潍坊、聊城、淄博 8 个市该指标值高于全省平均水平，其中，威海和青岛该指标值超过 60%，分别达到 67.13%、60.45%。与上年相比，除菏泽、日照、青岛、济南 4 个市该指标值下降外，其余 12 个市该指标值均提高，其中，威海、泰安、聊城、东营 4 个市该指标值提高超过 5 个百分点（图 2-84 至图 2-86）。

（%）

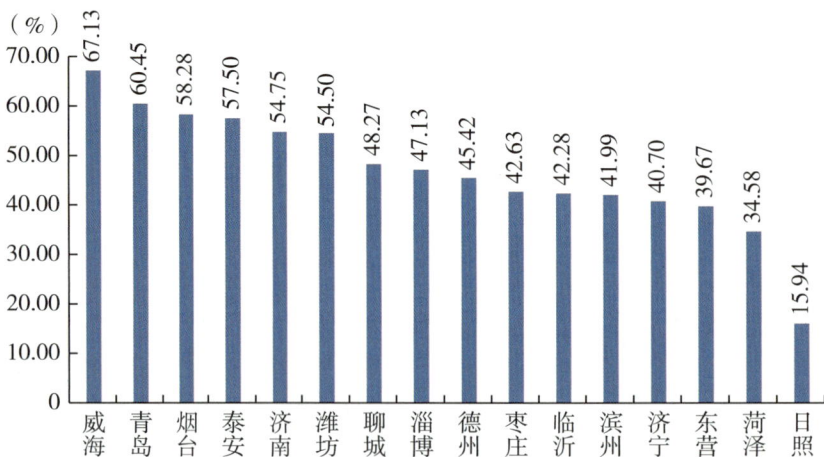

图 2-84　当年指标值

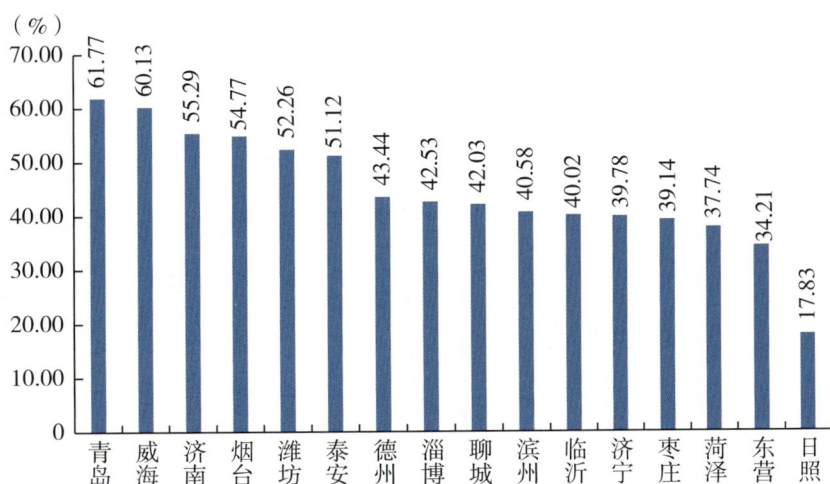

图 2-85　上年指标值

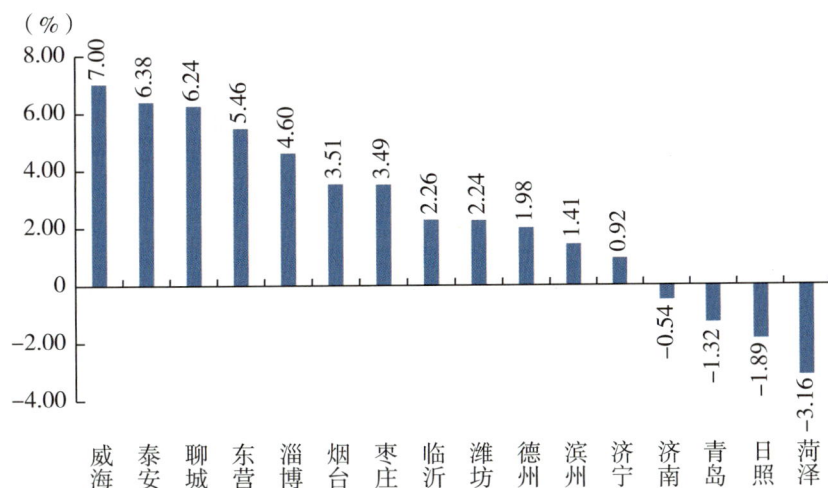

图 2-86　当年指标值与上年指标值之差

（二十三）现代服务业增加值占 GDP 比重

2021 年，全省现代服务业增加值占 GDP 比重为 26.72%，较上年降低 1.31 个百分点。从各市来看，济南、青岛、临沂 3 个市该指标值高于全省平均水平。与上年相比，仅有日照该指标值提高了 0.10 个百分点，其他 15 个市该指标值均有不同程度的下降（图 2-87 至图 2-89）。

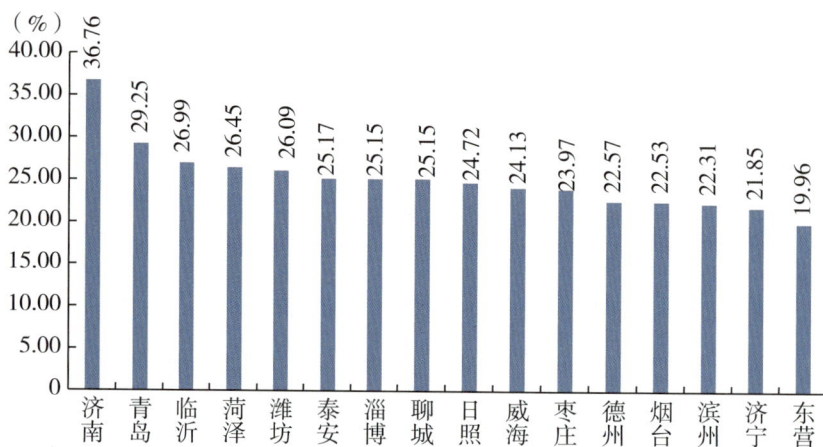

图 2-87 当年指标值

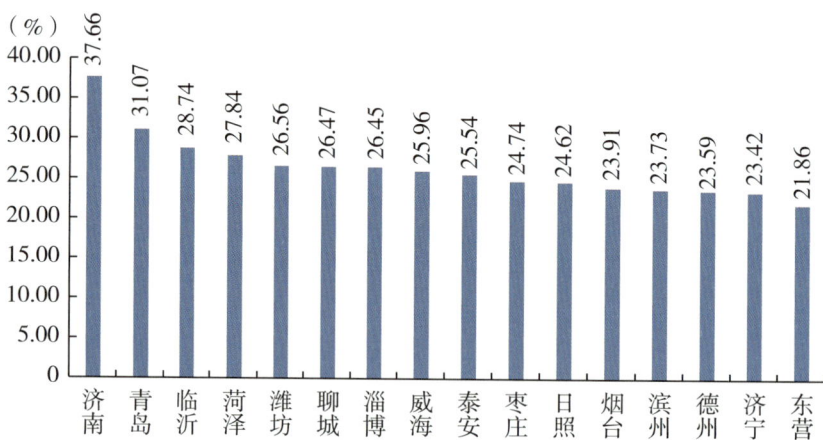

图 2-88 上年指标值

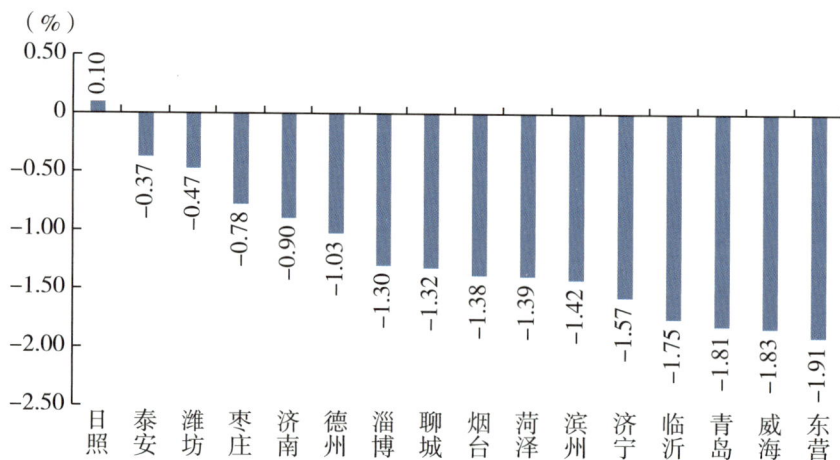

图 2-89 当年指标值与上年指标值之差

（二十四）万元 GDP 综合能耗较上年降低率

2021 年，全省万元 GDP 综合能耗较上年降低率为 3.83%，较上年扩大 1.42 个百分点。从各市来看，滨州、济南、淄博、日照、潍坊、聊城、菏泽、济宁、东营、临沂、德州、枣庄 12 个市该指标值高于全省平均水平。与上年相比，淄博、济宁、临沂、烟台 4 个市万元 GDP 综合能耗较上年降低率有所扩大，其余 12 个市有所收窄（图 2-90 至图 2-92）。

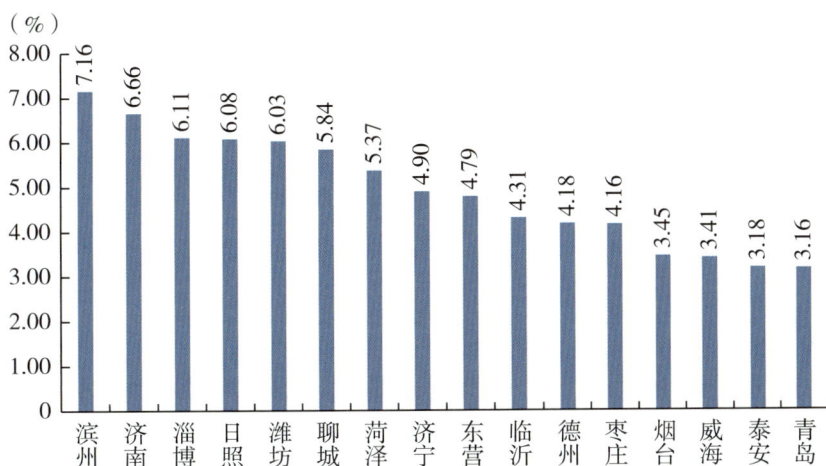

图 2-90　当年指标值

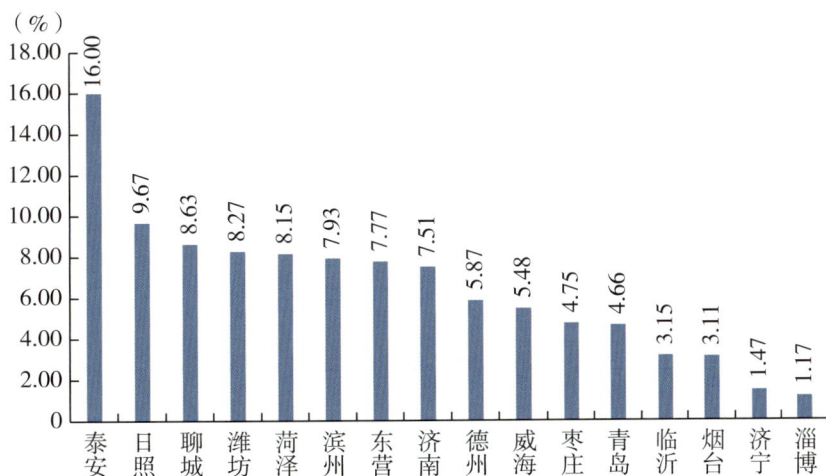

图 2-91　上年指标值

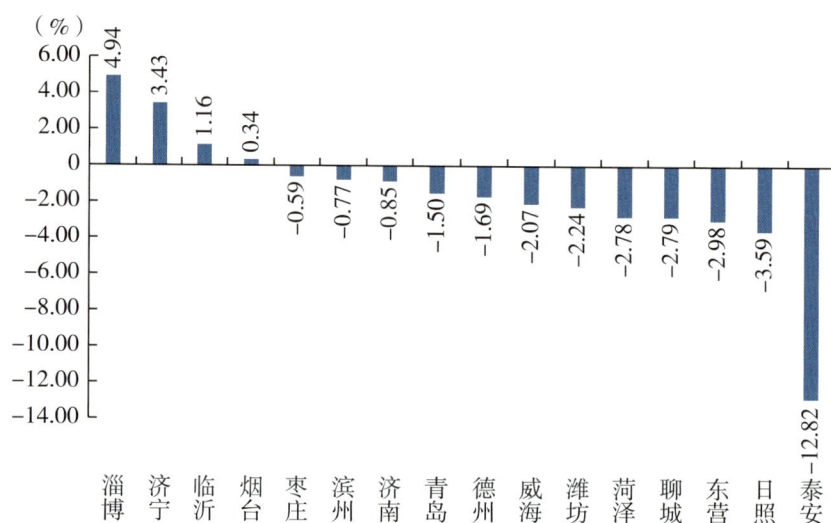

图 2-92　当年指标值与上年指标值之差

（二十五）数字经济核心产业增加值占 GDP 比重

2021 年，全省数字经济核心产业增加值占 GDP 比重为 6.14%。从各市来看，济南、青岛 2 个市该指标值均超过 10%，高于全省平均水平，其余 14 个市该指标值均低于全省平均水平（图 2-93）。

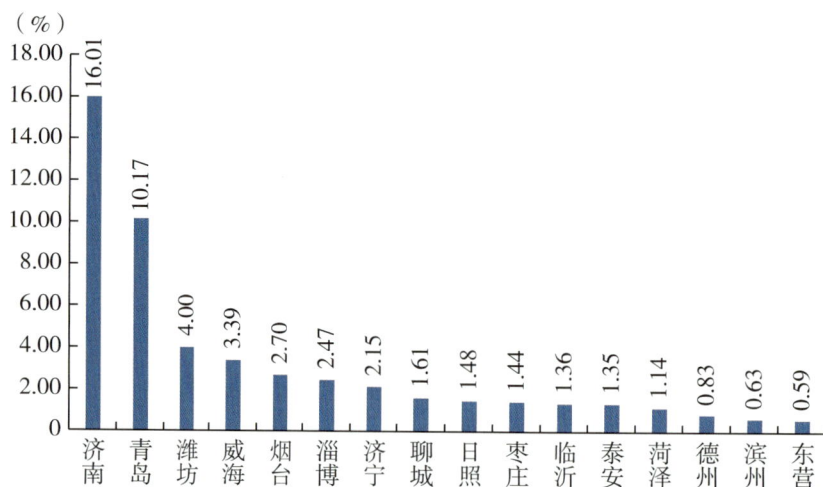

图 2-93　当年指标值

第三部分　区域综合科技创新水平分析

在区域综合科技创新水平分析中，通过雷达图可观察 5 个一级指标指数与上年比较情况，以及达到、超过或低于全省平均水平的程度。通过综合科技创新水平指数、一级指标指数、排名与上年的变化，可分析各地区综合科技创新水平变化与相关指标变化之间的影响关系，具体如下。

当指数高于上年，且排名提高时，说明本地区与排名相邻地区相比有了明显进步；

当指数高于上年，但相应的排名不变（或下降）时，说明本地区创新能力虽然比上年有所进步，但跟不上排名相邻地区进步的步伐；

当指数较上年有所下降，但相应的排名不变（或提高）时，说明本地区虽然比上年有所退步，但排名相邻地区同样有所退步且退步更大；

当指数和排名均比上年有所下降时，说明本地区与排名相邻地区比较有了较明显的退步。

一、济南市

（一）科技创新发展情况

1. 科技创新总体情况

2021 年，济南市科技创新能力继续领跑全省，"科创济南"建设开局良好。中科院济南科创城建设稳步推进，落地中科系院所已达 15 家，省级以上重点实验室总数为 107 家，省级新型研发机构总数达到 58 家，高能级创新平台支撑作用显著。高新技术企业数突破 4300 家，规上高新技术产业产值占规上工业产值比重达到 54.75%，高于全省平均水平 7.99 个百分点。济南市综合科技创新水平指数达到 90.51%，比上年提高 7.61 个百分点，保持全省第 1 位。

图 3-1 为济南市一级评价指标指数与上年及全省平均水平比较情况。

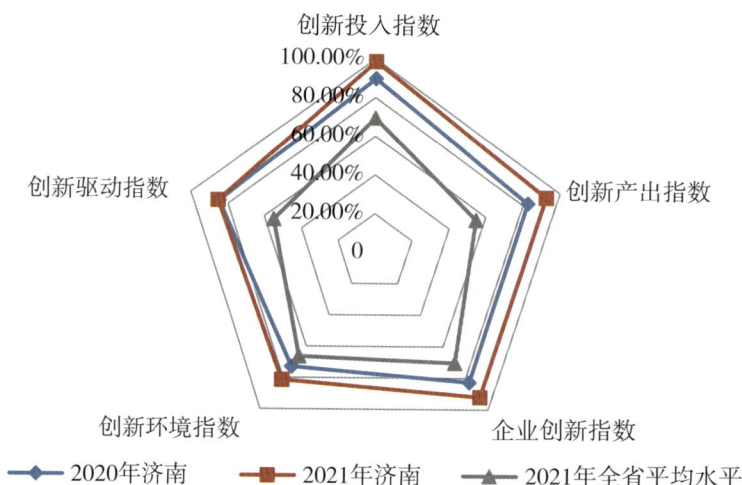

图 3-1　济南市一级评价指标指数与上年及全省平均水平比较情况

2. 科技创新总体特征

创新投入得到进一步提升。2021 年，济南市创新投入指数为 98.40%，较上年提高 8.80 个百分点，列全省第 1 位。其中，基础研究经费支出占 R&D 经费支出的比重为 8.72%，R&D 人员中研究人员占比达到 56.38%，均列全省首位，创新基础支撑强劲。地方财政科技支出占一般公共预算支出的比重为 3.19%，每万名就业人员中研发人员数为 131.47 人年，均列全省第 3 位。全社会 R&D 经费支出占地区生产总值（GDP）的比重为 2.69%，列全省第 6 位。作为山东省省会城市，与对标城市南京市相比，无论是研发经费总量还是研发投入占比均有较大差距，研发投入水平需要进一步提升。

创新产出增长较快。2021 年，济南市创新产出指数为 92.26%，较上年提高 9.91个百分点，均列全省第 1 位。其中，每万人高价值发明专利拥有量为 12.73 件，万名研究人员科技论文数为 6643.29 篇，每亿元 R&D 经费支出发明专利授权数为 26.76件，均列全省第 2 位。技术合同成交额居全省首位，但每亿元 GDP 技术合同成交额为 414.16 万元，列全省第 5 位，高质量科技成果转化效率尚有一定提升空间。

企业创新稳步提升。2021 年，济南市企业创新指数为 92.22%，较上年提高9.40 个百分点，列全省第 1 位。其中，每万名规上工业企业 R&D 人员发明专利拥有量达到 4559.94 件，全省领先。规上工业企业新产品销售收入占营业收入的比重为 36.38%，列全省第 2 位，企业创新绩效表现良好。规上工业企业 R&D 经费支出占营业收入的比重为 2.01%，列全省第 4 位。规上工业企业 R&D 人员占规上工业企业从业人员的比重为 10.50%，有研发活动规上工业企业占规上工业企业的比重仅为 38.50%，两项指标分别列全省第 6 位、第 12 位，并且规上工业企业新产品销售收入占营业收入的比重下降，说明企业研发人员创新积极性及企业创新活跃度不高，影响企业研发创新活动，需引起重视。

创新环境持续优化。2021 年，济南市创新环境指数为 81.65%，较上年提高 8.41个百分点，列全省第 2 位。其中，每万家企业法人单位中高新技术企业数为 110.74家，享受研发费用加计扣除减免税政策的规上工业企业占规上工业企业的比重达29.22%，均列全省首位。每万名就业人员累计孵化企业数达 5.72 家，科学研究和技术服务业平均工资比较系数达 130.84%，分别列全省第 2 位、第 3 位。实际使用外资金额占 GDP 的比重为 1.50%，列全省第 6 位，营商环境不断优化。公共预算教育支出可以衡量一个地区对人才培养的重视程度，2021 年，济南市公共预算教育支出为 213.10 亿元，占一般公共预算支出的比重为 16.48%，较上年略有下降，列全省第 15 位，占 GDP 的比重仅为 1.86%，需加大对人才的培养力度，提高教育水平，营造良好的人才培养环境，强化教育、科技、人才的基础性、战略性支撑作用。

创新驱动能力进一步增强。2021 年，济南市创新驱动指数为 85.69%，较上年提高 0.62 个百分点，列全省第 1 位。其中，现代服务业增加值占 GDP 比重、数字经济核心产业增加值占 GDP 比重分别达到 36.76%、16.01%，均列全省第 1 位。万元 GDP 综合能耗较上年降低率为 6.66%，全员劳动生产率达到 24.28 万元 / 人，分别列全省第 2 位、第 3 位，发展质量进一步提升。规上高新技术产业产值占规上工业产值比重为 54.75%，较上年下降 0.54 个百分点，列全省第 5 位。应加快推进产业结构持续优化升级，助力新旧动能转换，实现高质量发展。

（二）创新发展指标排名变动分析

2021 年，济南市综合科技创新水平指数保持全省领先，创新投入指数、企业创新指数、创新驱动指数保持全省第 1 位，创新产出指数排名由全省第 2 位上升为全省第 1 位，创新环境指数排名由全省第 3 位上升为全省第 2 位，科技创新各项指标基本呈现提升趋势，个别指标略有下降。

排名提升最为突出的指标是万元 GDP 综合能耗较上年降低率，由全省第 8 位提升至全省第 2 位。每万家企业法人单位中高新技术企业数排名上升 2 位，由全省第 3 位提升至全省第 1 位。地方财政科技支出占一般公共预算支出的比重、每亿元 GDP 技术合同成交额、规上工业企业 R&D 经费支出占营业收入的比重、实际使用外资金额占 GDP 的比重等指标排名则提升 1 位，体现出济南市 2021 年科技创新取得了良好的成效。

排名下降最多的指标是规上工业企业 R&D 人员占规上工业企业从业人员的比重，由全省第 3 位下降至全省第 6 位，反映济南市企业研发人力投入强度增速缓慢。规上高新技术产业产值占规上工业产值比重排名下降 2 位。每万名就业人员中研发人员数增速较慢，排名下降 1 位。另外，有研发活动规上工业企业占规上工业企业的比重、规上工业企业新产品销售收入占营业收入的比重、公共预算教育支出占一般公共预算支出的比重、科学研究和技术服务业平均工资比较系数等指标排名均下降 1 位。其中，企业创新活跃度和政府教育支出两个方面应特别关注，两项指标在全省均排在 10 名以外且排名呈现出下降趋势，成为济南市科技创新能力提升的薄弱环节。

排名与上年持平的各项指标中，R&D 人员中研究人员占比较上年下降 2.07 个百分点，万名研究人员科技论文数较上年减少 569.63 篇，现代服务业增加值占 GDP 比重较上年下降 0.90 个百分点。同时，每亿元 R&D 经费支出发明专利授权数较上年增长 4.81 件，每万名规上工业企业 R&D 人员发明专利拥有量较上年增长 943.49 件，反映了济南市科技成果产出集中于发明专利，对科技论文的重视程度较弱，应进一步加强对高校院所的支持力度，提高创新策源能力。

图 3-2 为济南市主要二级评价指标排名变动情况。

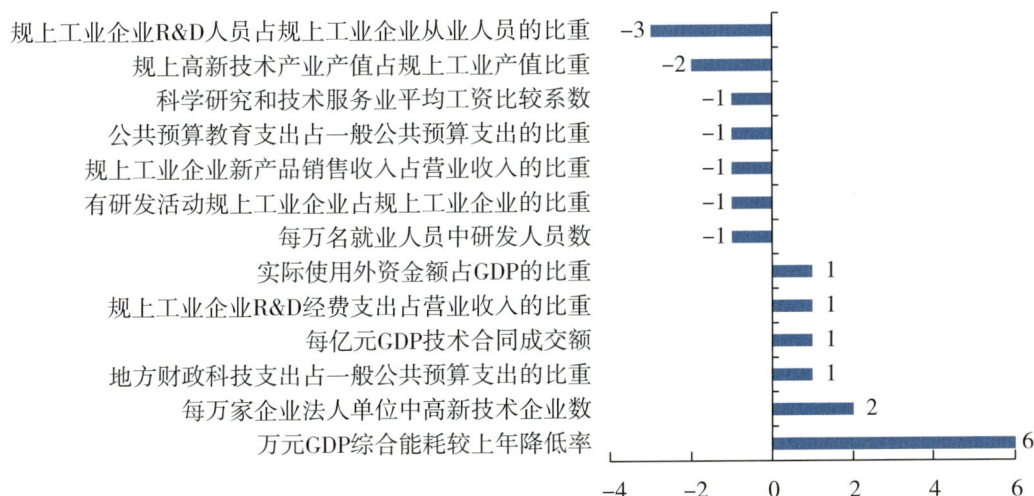

规上工业企业R&D人员占规上工业企业从业人员的比重 -3
规上高新技术产业产值占规上工业产值比重 -2
科学研究和技术服务业平均工资比较系数 -1
公共预算教育支出占一般公共预算支出的比重 -1
规上工业企业新产品销售收入占营业收入的比重 -1
有研发活动规上工业企业占规上工业企业的比重 -1
每万名就业人员中研发人员数 -1
实际使用外资金额占GDP的比重 1
规上工业企业R&D经费支出占营业收入的比重 1
每亿元GDP技术合同成交额 1
地方财政科技支出占一般公共预算支出的比重 1
每万家企业法人单位中高新技术企业数 2
万元GDP综合能耗较上年降低率 6

图 3-2 济南市主要二级评价指标排名变动情况

（三）创新驱动经济高质量发展的建议

2021 年，济南市地区生产总值达到 11 432.22 亿元，同比增长 12.73%，综合实力取得跨越式提升，动能转换成效明显。通过科技创新能力评价，济南市大力推进"科创济南"建设，争创国家中心城市，还需着力突破以下几个方面关键制约因素。

加强科技人才支撑能力。深入实施泉城系列重点人才工程，鼓励国内外人才助力"科创济南"建设。创新"院企""校企""校地""院地"合作育人模式，增强科技人才本地供给能力。完善青年人才扶持政策，提高研发人员尤其是高层次研究人员支持力度，提升全社会就业人员及研发人员整体技术水平。

提高科技成果转化效率。抢抓国家科创金融改革试验区机遇，积极探索利用金融资本支持科技创新的新模式、新产品、新服务，促进科技与金融良性互动、深度融合。完善产学研合作长效机制，充分挖掘驻济高校院所科技成果价值，推动市校（院）融合发展。加快发展科技服务业，提升知识产权转化运用和综合服务能力，培育打造国家区域性技术转移中心。

增强企业创新活跃程度。健全以企业为主体、市场为导向的技术创新体系，进一步强化企业创新投入主体地位，加快提高规上工业企业研发人力投入强度。落实企业创新优惠政策，鼓励企业建设高端研发平台，进一步激发企业创新活力，推进规上工业企业研发活动有序开展，提高企业自主创新能力。

优化科技创新创业环境。加强对人才培养的重视程度，增强教育在科技创新能力提升中的基础性作用。在全社会营造鼓励创新的氛围，持续提高科学研究和技术服务业从业人员工资待遇。充分发挥中国（山东）自由贸易试验区济南片区、济南综合保税区和济南章锦综合保税区开放引领作用，继续落实稳外贸稳外资政策措施，为全市更高水平开放型经济发展探索新路径、提供强支撑。

推动绿色化数字化协同发展。抓住济南市全国数字化绿色化协同转型发展综合试点建设机遇，加快推进产业结构转型升级，进一步提高现代服务业、数字经济核心产业等在产业结构优化中的贡献度，提高"四新"经济增加值在地区生产总值中的占比。积极推动传统产业数字化绿色化协同转型发展，充分发挥济南市山东半岛城市群核心城市、黄河流域生态保护和高质量发展龙头城市作用。

表 3-1 为济南市科技创新各级指标值和排名。

表 3-1　济南市科技创新各级指标值和排名

指标名称	指标值		排名	
	上年	当年	上年	当年
综合科技创新水平指数（%）	82.90	90.51	1	1
创新投入指数（%）	89.60	98.40	1	1
全社会 R&D 经费支出占地区生产总值（GDP）的比重（%）	2.62	2.69	6	6
地方财政科技支出占一般公共预算支出的比重（%）	3.08	3.19	4	3
基础研究经费支出占 R&D 经费支出的比重（%）	6.95	8.72	1	1
每万名就业人员中研发人员数（人年）	114.48	131.47	2	3
R&D 人员中研究人员占比（%）	58.45	56.38	1	1
创新产出指数（%）	82.35	92.26	2	1
每亿元 GDP 技术合同成交额（万元）	333.06	414.16	6	5
每万人高价值发明专利拥有量（件）	11.36	12.73	2	2
万名研究人员科技论文数（篇）	7212.92	6643.29	2	2
每亿元 R&D 经费支出发明专利授权数（件）	21.95	26.76	2	2
企业创新指数（%）	82.82	92.22	1	1
规上工业企业 R&D 经费支出占营业收入的比重（%）	2.00	2.01	5	4
规上工业企业 R&D 人员占规上工业企业从业人员的比重（%）	8.58	10.50	3	6
有研发活动规上工业企业占规上工业企业的比重（%）	36.61	38.50	11	12
规上工业企业新产品销售收入占营业收入的比重（%）	37.38	36.38	1	2
每万名规上工业企业 R&D 人员发明专利拥有量（件）	3616.45	4559.94	1	1
创新环境指数（%）	73.24	81.65	3	2
公共预算教育支出占一般公共预算支出的比重（%）	16.56	16.48	14	15
科学研究和技术服务业平均工资比较系数（%）	136.54	130.84	2	3
每万名就业人员累计孵化企业数（家）	4.76	5.72	2	2
每万家企业法人单位中高新技术企业数（家）	90.33	110.74	3	1
实际使用外资金额占 GDP 的比重（%）	1.31	1.50	7	6
享受研发费用加计扣除减免税政策的规上工业企业占规上工业企业的比重（%）	23.39	29.22	1	1
创新驱动指数（%）	85.08	85.69	1	1
全员劳动生产率（万元/人）	21.63	24.28	3	3
规上高新技术产业产值占规上工业产值比重（%）	55.29	54.75	3	5
现代服务业增加值占 GDP 比重（%）	37.66	36.76	1	1
数字经济核心产业增加值占 GDP 比重（%）	—	16.01	—	1
万元 GDP 综合能耗较上年降低率（%）	7.51	6.66	8	2

二、青岛市

（一）科技创新发展情况

1. 科技创新总体情况

2021年，青岛市科技创新能力居全省前列，国际化创新型城市建设取得突破。吸气式发动机关键部件热物理试验装置纳入国家重大科技基础设施布局，全省规模最大生物安全P3实验室获批建设，国家重点实验室达9家，省级技术创新中心达21家，重大创新平台和技术创新体系升级完善。国家备案科技型中小企业超过6300家，高新技术企业突破5500家，上市高新技术企业总数达36家。青岛市综合科技创新水平指数达到86.73%，比上年提高6.74个百分点，列全省第2位。

图3-3为青岛市一级评价指标指数与上年及全省平均水平比较情况。

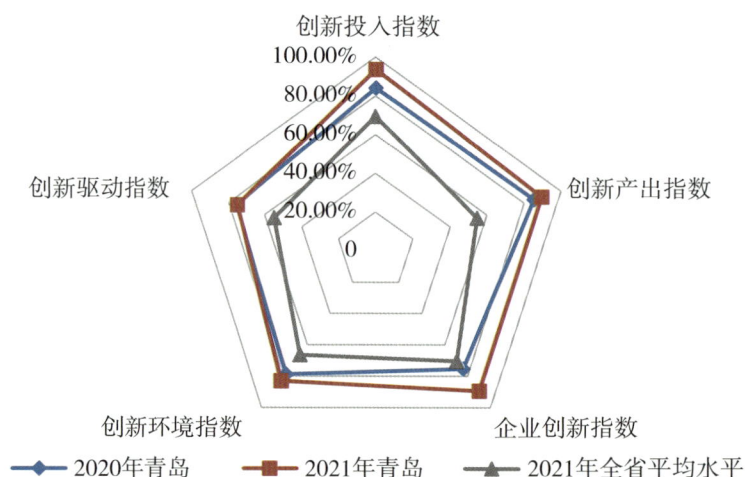

图3-3　青岛市一级评价指标指数与上年及全省平均水平比较情况

2. 科技创新总体特征

创新投入稳步增长。2021年，青岛市创新投入指数为93.35%，较上年提高9.53个百分点，列全省第2位。其中，每万名就业人员中研发人员数为157.78人年，全省领先。基础研究经费支出占R&D经费支出的比重为6.90%，R&D人员中研究人员占比为46.20%，均列全省第2位，创新基础支撑较强。地方财政科技支出占一般公共预算支出的比重为3.01%，列全省第4位。全社会R&D经费支出占地区生产总值（GDP）的比重为2.51%，列全省第7位。与对标城市南京市差距较大，应强化实施"强龙头"战略，持续提高研发经费投入强度，提升全市研发创新水平。

创新产出略有提升。2021年，青岛市创新产出指数为89.27%，较上年提高4.16个百分点，列全省第2位。其中，每万人高价值发明专利拥有量为14.59件，万名研究人员科技论文数为6834.59篇，每亿元R&D经费支出发明专利授权数为28.78件，均在全省遥遥领先。每亿元GDP技术合同成交额仅为226.45万元，远低于全省平均水平，在全省仅排第13位。技术合同成交额是科技支撑经济的一个缩影，说明青岛市技术交易对经济发展支撑作用尚需进一步提升。

企业创新能力明显增强。2021年，青岛市企业创新指数为89.76%，较上年提高14.13个百分点，列全省第2位。其中，规上工业企业R&D人员占规上工业企业从业人员的比重为11.59%，每万名规上工业企业R&D人员发明专利拥有量达到3199.66件，均列全省第2位。规上工业企业新产品销售收入占营业收入的比重为33.51%，列全省第4位。规上工业企业R&D经费支出占营业收入的比重为1.99%，较上年略有下降，列全省第5位。有研发活动规上工业企业占规上工业企业的比重为51.54%，列全省第7位。需持续提升企业研发经费投入强度和创新活跃度。

创新环境全省领先。2021年，青岛市创新环境指数为83.39%，较上年提高4.33个百分点，列全省第1位。其中，科学研究和技术服务业平均工资比较系数为150.36%，实际使用外资金额占GDP的比重为2.82%，均列全省第1位。每万家企业法人单位中高新技术企业数为105.68家，享受研发费用加计扣除减免税政策的规上工业企业占规上工业企业的比重为25.98%，均列全省第3位。每万名就业人员累计孵化企业数为3.70家，列全省第4位，营商环境进一步优化。公共预算教育支出占一般公共预算支出的比重为18.09%，列全省第13位，公共预算教育支出占GDP的比重为2.18%，低于全省平均水平，需进一步加大教育投入力度，大力实施基础教育提升工程。

创新支撑经济高质量发展作用需进一步加强。2021年，青岛市创新驱动指数为75.46%，较上年降低0.42个百分点，列全省第2位。规上高新技术产业产值占规上工业产值比重、现代服务业增加值占GDP比重均较上年下降，万元GDP综合能耗较上年降低率有所收窄，且万元GDP综合能耗较上年降低率全省排第16位，产业转型升级需加快推进，节能减排需特别关注。

（二）创新发展指标排名变动分析

2021 年，青岛市综合科技创新水平指数保持全省第 2 位，企业创新指数排名上升 1 位，创新投入指数、创新环境指数、创新驱动指数排名与上年相同，创新产出指数排名下降 1 位，科技创新多数指标和上年排名相同。

排名提升最为突出的指标是规上工业企业 R&D 人员占规上工业企业从业人员的比重，由全省第 5 位提高至全省第 2 位。万名研究人员科技论文数、有研发活动规上工业企业占规上工业企业的比重两项指标排名上升 2 位，全社会 R&D 经费支出占地区生产总值（GDP）的比重、地方财政科技支出占一般公共预算支出的比重、规上工业企业新产品销售收入占营业收入的比重 3 项指标排名上升 1 位。排名上升的 6 项指标中企业创新指标有 3 项，体现青岛市 2021 年企业创新大多数方面表现良好。

排名下降最多的指标是万元 GDP 综合能耗较上年降低率，全省排名下降 4 位，每亿元 GDP 技术合同成交额排名下降 3 位，每万家企业法人单位中高新技术企业数排名下降 2 位，规上工业企业 R&D 经费支出占营业收入的比重、公共预算教育支出占一般公共预算支出的比重、规上高新技术产业产值占规上工业产值比重 3 项指标排名下降 1 位。其中，公共预算教育支出占一般公共预算支出的比重、每亿元 GDP 技术合同成交额、万元 GDP 综合能耗较上年降低率 3 项指标在全省均排在 10 名以外且排名呈现出下降趋势，反映了青岛市在科技成果转化率、节能减排等方面需特别关注。

排名与上年持平的各项指标中，R&D 人员中研究人员占比较上年下降 3.36 个百分点，每万名规上工业企业 R&D 人员发明专利拥有量较上年减少 214.60 件，科学研究和技术服务业平均工资比较系数较上年下降 5.18 个百分点，实际使用外资金额占 GDP 的比重较上年下降 0.44 个百分点，现代服务业增加值占 GDP 比重较上年下降 1.81 个百分点。同时，基础研究经费支出占 R&D 经费支出的比重较上年上升 0.81 个百分点，每万名就业人员中研发人员数较上年增加 39.84 人年，上涨幅度较大。反映了青岛市对基础研究投入和研发人力投入较重视，企业专利产出和科研人员待遇尚需进一步提升。

图 3-4 为青岛市主要二级评价指标排名变动情况。

万元GDP综合能耗较上年降低率 -4
每亿元GDP技术合同成交额 -3
每万家企业法人单位中高新技术企业数 -2
规上高新技术产业产值占规上工业产值比重 -1
公共预算教育支出占一般公共预算支出的比重 -1
规上工业企业R&D经费支出占营业收入的比重 -1
规上工业企业新产品销售收入占营业收入的比重 1
地方财政科技支出占一般公共预算支出的比重 1
全社会R&D经费支出占地区生产总值（GDP）的比重 1
有研发活动规上工业企业占规上工业企业的比重 2
万名研究人员科技论文数 2
规上工业企业R&D人员占规上工业企业从业人员的比重 3

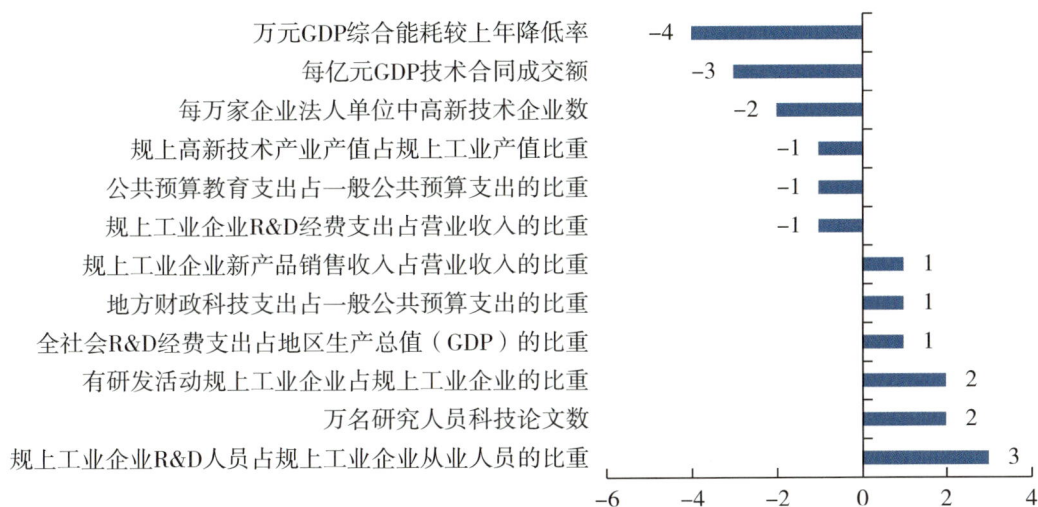

图 3-4 青岛市主要二级评价指标排名变动情况

（三）创新驱动经济高质量发展的建议

2021 年，青岛市地区生产总值达到 14 136.46 亿元，同比增长 14.00%，战略科技力量不断强化，综合发展实力实现新突破。从科技创新能力评价来看，青岛市打造国际化创新型城市标杆，还需着力突破以下几个方面关键制约因素。

优化创新投入布局。完善政府研发投入机制，发挥政府资金引导作用，稳步提升研发经费投入强度。强化企业创新投入主体作用，着力提高规上工业企业研发经费投入水平。促进科技金融融合，创新科技金融产品，壮大专业化科技金融特派员队伍，为企业提供专业化投资和信贷支持服务。

推动科技成果高效转化。发挥海洋科研优势，实施海洋科技创新示范工程，开展重大共性关键技术突破、重大创新产品研发和重大创新成果转化。完善产学研合作长效机制，依托"半岛科创联盟"市场化平台开展产学研对接，发挥好高校院所科技创新资源优势，营造良好的市场生态环境，完善技术市场生态体系，提高科技成果转化效率。

激发企业创新活力。深入推进科技型企业培育，强化政策"精准滴灌"。建立高新技术企业培育库，壮大高新技术企业后备队伍，培育一批海洋科技领军企业和上市企业。多种方式推动规上工业企业建设研发机构，提升企业创新内生动力。

加大人才培养力度。加强对人才培养的重视程度，推动基础教育优质资源倍增、职业教育创新发展、高等教育校地融合发展。紧密对接"六个城市"建设和24条产业链，创新高等教育校地融合发展机制，加快建设校地融合发展服务中心，引导高校服务青岛市主导产业发展。

推进主导产业绿色化转型。推动数字产业绿色低碳发展、传统行业数字化绿色化协同转型、城市运行低碳智慧治理，建设低碳智慧城市。培育一批绿色低碳转型示范企业，扩大绿色产品有效供给，完善绿色制造体系，带动产业链、供应链绿色协同提升。

表3-2为青岛市科技创新各级指标值和排名。

表 3-2　青岛市科技创新各级指标值和排名

指标名称	指标值		排名	
	上年	当年	上年	当年
综合科技创新水平指数（%）	79.99	86.73	2	2
创新投入指数（%）	83.82	93.35	2	2
全社会 R&D 经费支出占地区生产总值（GDP）的比重（%）	2.43	2.51	8	7
地方财政科技支出占一般公共预算支出的比重（%）	2.96	3.01	5	4
基础研究经费支出占 R&D 经费支出的比重（%）	6.09	6.90	2	2
每万名就业人员中研发人员数（人年）	117.94	157.78	1	1
R&D 人员中研究人员占比（%）	49.55	46.20	2	2
创新产出指数（%）	85.11	89.27	1	2
每亿元 GDP 技术合同成交额（万元）	231.15	226.45	10	13
每万人高价值发明专利拥有量（件）	12.99	14.59	1	1
万名研究人员科技论文数（篇）	6608.98	6834.59	3	1
每亿元 R&D 经费支出发明专利授权数（件）	28.70	28.78	1	1
企业创新指数（%）	75.63	89.76	3	2
规上工业企业 R&D 经费支出占营业收入的比重（%）	2.02	1.99	4	5
规上工业企业 R&D 人员占规上工业企业从业人员的比重（%）	7.94	11.59	5	2
有研发活动规上工业企业占规上工业企业的比重（%）	41.08	51.54	9	7
规上工业企业新产品销售收入占营业收入的比重（%）	25.45	33.51	5	4
每万名规上工业企业 R&D 人员发明专利拥有量（件）	3414.26	3199.66	2	2
创新环境指数（%）	79.06	83.39	1	1
公共预算教育支出占一般公共预算支出的比重（%）	18.21	18.09	12	13
科学研究和技术服务业平均工资比较系数（%）	155.54	150.36	1	1
每万名就业人员累计孵化企业数（家）	3.27	3.70	4	4
每万家企业法人单位中高新技术企业数（家）	92.78	105.68	1	3
实际使用外资金额占 GDP 的比重（%）	3.26	2.82	1	1
享受研发费用加计扣除减免税政策的规上工业企业占规上工业企业的比重（%）	19.22	25.98	3	3
创新驱动指数（%）	75.88	75.46	2	2
全员劳动生产率（万元/人）	23.59	26.79	2	2
规上高新技术产业产值占规上工业产值比重（%）	61.77	60.45	1	2
现代服务业增加值占 GDP 比重（%）	31.07	29.25	2	2
数字经济核心产业增加值占 GDP 比重（%）	—	10.17	—	2
万元 GDP 综合能耗较上年降低率（%）	4.66	3.16	12	16

三、淄博市

（一）科技创新发展情况

1. 科技创新总体情况

2021 年，淄博市以国家创新型城市建设为契机，大力实施创新驱动发展战略，聚力推进高质量发展，抓好"科教创新攻坚行动"各项重点工作，全市科技创新生态持续优化，创新创业活力和能力稳步提升。全市拥有省级以上重点实验室、工程实验室 59 家，省级以上工程（技术）研究中心、企业技术中心、技术创新中心达 338 家。科技型中小企业入库达到 1379 家，高新技术企业超过 1000 家。淄博市综合科技创新水平指数为 66.45%，比上年提高 8.80 个百分点，列全省第 4 位。

图 3-5 为淄博市一级评价指标指数与上年及全省平均水平比较情况。

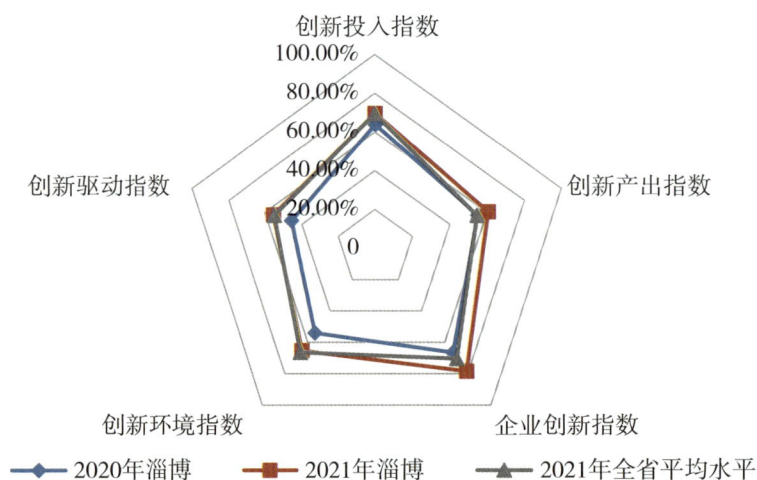

图 3-5　淄博市一级评价指标指数与上年及全省平均水平比较情况

2. 科技创新总体特征

创新投入略有增长。2021 年，淄博市创新投入指数为 69.51%，较上年提高 5.78 个百分点，列全省第 5 位。其中，每万名就业人员中研发人员数为 136.71 人年，列全省第 2 位，R&D 人员中研究人员占比为 31.76%，研发人力投入强度较高，但研发人员中高层次人才占比低于全省平均水平。全社会 R&D 经费支出占地区生产总值（GDP）的比重为 2.86%，列全省第 5 位。地方财政科技支出占一般公共预算支出的比重为 2.01%，列全省第 7 位，地方财政科技支出占比不高。基础研究经费支出占 R&D 经费支出的比重为 1.52%，列全省第 9 位，基础研究投入需进一步加深布局。建议完善政府研发投入机制，加大地方财政科技投入力度，引导全社会重视研发投入和基础研究，激发企业、高校院所和社会力量研发创新积极性，提升全市研发投入水平和原始创新能力。

创新产出稳中有进。2021 年，淄博市创新产出指数为 60.47%，较上年提高 5.67 个百分点，列全省第 3 位。其中，每亿元 GDP 技术合同成交额为 599.01 万元，科技成果转化效率全省领先。每万人高价值发明专利拥有量为 4.85 件，列全省第 5 位。万名研究人员科技论文数为 3094.85 篇，列全省第 6 位。每亿元 R&D 经费支出发明专利授权数为 11.63 件，全省排名靠后，列全省第 11 位。研发创新产出效率不高，应重视知识产权保护，提高知识产权创造和运用能力，提升科技成果转化质量。

企业创新能力明显提升。2021 年，淄博市企业创新指数为 78.61%，较上年提高 11.97 个百分点，列全省第 4 位。其中，规上工业企业 R&D 人员占规上工业企业从业人员的比重为 12.30%，列全省第 1 位。每万名规上工业企业 R&D 人员发明专利拥有量为 1710.32 件，有研发活动规上工业企业占规上工业企业的比重为 53.22%，规上工业企业 R&D 经费支出占营业收入的比重为 1.67%，分别列全省第 5 位、第 6 位、第 7 位，企业创新投入和活跃度仍有提升空间。规上工业企业新产品销售收入占营业收入的比重仅为 28.03%，列全省第 10 位，企业研发创新能力有待提升。应进一步激发企业研发积极性，着力提升企业创新主体地位，加大企业研发经费和研发人力投入力度，加强产学研合作，提高企业研发创新能力和成果转化能力，促进创新要素向企业集聚。

创新环境显著改善。2021 年，淄博市创新环境指数为 65.47%，较上年提高 11.31 个百分点，列全省第 6 位。其中，享受研发费用加计扣除减免税政策的规上工业企业占规上工业企业的比重为 26.81%，列全省第 2 位，普惠性政策落实成效明显。每万家企业法人单位中高新技术企业数为 75.89 家，列全省第 4 位，科技型企业结构持续优化。科学研究和技术服务业平均工资比较系数为 104.63%，每万名就业人员累计孵化企业数为 1.93 家，公共预算教育支出占一般公共预算支出的比重为 20.53%，实际使用外资金额占 GDP 的比重为 1.26%，这 4 项指标虽列全省前 10 位，但均低于全省平均水平。全市科技创新生态需持续优化。

创新驱动能力大幅提升。2021 年，淄博市创新驱动指数为 55.49%，较上年提高 9.57 个百分点，列全省第 6 位。其中，万元 GDP 综合能耗较上年降低率为 6.11%，列全省第 3 位，发展质量实现较大提升。全员劳动生产率达到 18.51 万元／人，创新绩效提升明显。现代服务业增加值占 GDP 比重为 25.15%，规上高新技术产业产值占规上工业产值比重为 47.13%，两项指标分别列全省第 7 位、第 8 位。应重视产业结构的优化升级，在培育新兴产业上多下功夫，实现科技与产业无缝对接，推动经济高质量发展。

（二）创新发展指标排名变动分析

2021 年，淄博市综合科技创新水平指数排名与上年持平，创新驱动指数排名提升较大，较上年上升 4 位，创新产出指数、企业创新指数排名上升 1 位，创新投入指数排名下降 1 位，创新环境指数排名与上年相同，11 项二级评价指标排名上升。

排名提升最大的指标是万元 GDP 综合能耗较上年降低率，由全省第 16 位提高至全省第 3 位。实际使用外资金额占 GDP 的比重排名上升 4 位，规上工业企业 R&D 人员占规上工业企业从业人员的比重排名上升 3 位。有研发活动规上工业企业占规上工业企业的比重、科学研究和技术服务业平均工资比较系数、享受研发费用加计扣除减免税政策的规上工业企业占规上工业企业的比重等指标排名提升 2 位。地方财政科技支出占一般公共预算支出的比重、每万名就业人员中研发人员数、每亿元 GDP 技术合同成交额、公共预算教育支出占一般公共预算支出的比重、每万家企业法人单位中高新技术企业数等指标排名提升 1 位，科技创新成效显著。

排名下降较多的指标是基础研究经费支出占 R&D 经费支出的比重、每亿元 R&D 经费支出发明专利授权数，均较上年下降 3 位。每万人高价值发明专利拥有量有所减少，导致排名下降 2 位。规上工业企业 R&D 经费支出占营业收入的比重、每万名规上工业企业 R&D 人员发明专利拥有量两项指标排名下降 1 位，反映了企业创新仍需加强。应进一步加快转变发展方式，突出创新驱动，有针对性地布局战略性新兴产业，提高企业科技投入产出效率。

排名与上年持平的各项指标中，R&D 人员中研究人员占比较上年下降 5.23 个百分点，万名研究人员科技论文数较上年减少 632.39 篇，现代服务业增加值占 GDP 比重较上年下降 1.30 个百分点。同时，规上工业企业新产品销售收入占营业收入的比重较上年增长 6.76 个百分点。说明应提升科技创新要素供给能力。

图 3-6 为淄博市主要二级评价指标排名变动情况。

图 3-6 淄博市主要二级评价指标排名变动情况

（三）创新驱动经济高质量发展的建议

2021 年，淄博市地区生产总值为 4200.62 亿元，同比增长 15.10%，增速列全省第 5 位。"四新"经济投资增长 39.3%，占全部投资的比重达 55.9%。从科技创新能力评价来看，淄博市建设国家创新型城市，还需着力突破以下几个方面关键制约因素。

强化企业创新主体地位。全面落实企业研发投入补助等惠企政策，加大投入引导和政策供给力度，推动企业加大研发经费投入，为企业科技研发、成果转移转化和产业化提供支持。重点支持行业骨干企业和科技型中小企业联合高等学校、科研机构开展科研项目攻关、共建创新载体，加速各类创新资源向企业聚集。

优化科技人才体系。围绕产业链、创新链布局人才链，加快招商引资与招才引智一体化建设。依托省会经济圈科技创新联盟，链接集聚更多高校院所和创新团队，完善"揭榜挂帅、全球引才"、产业顾问团等机制，实施青年名医、名师培育引进工程。优化人才引进和评价机制，建立以创新能力、质量、实效、贡献为导向的人才分类评价体系。

加快产业关键核心技术攻坚。支持以企业为核心组建产学研创新联合体，开展"卡脖子""卡链""断链"关键技术研发攻关。积极探索"技术攻关＋产业化应用"的新模式，通过重大关键技术突破、工程化中试到产业化应用示范的全链条设计，推动重大集成性创新，带动重点产业链条式、集群式发展。

持续推动产业结构升级。开展数字经济核心产业倍增行动，大力培育平台经济、创意经济等新业态、新模式，促进数字技术与实体经济深度融合。实施新经济培育"沃土"行动，打造氢能和燃料电池、新能源汽车、自动驾驶等产业新地标。用好省支持淄博生态环保产业集群建设机遇，加快布局光伏、储能、动力电池等新能源、新环保产业，推动重点经济园区创建绿色低碳循环产业示范园区，培育一批绿色工厂。支持周村区建设省会经济圈绿色一体化发展示范区，推动产业结构绿色低碳转型。

表 3-3 为淄博市科技创新各级指标值和排名。

表 3-3 淄博市科技创新各级指标值和排名

指标名称	指标值		排名	
	上年	当年	上年	当年
综合科技创新水平指数（%）	57.66	66.45	4	4
创新投入指数（%）	63.73	69.51	4	5
全社会 R&D 经费支出占地区生产总值（GDP）的比重（%）	2.81	2.86	5	5
地方财政科技支出占一般公共预算支出的比重（%）	2.01	2.01	8	7
基础研究经费支出占 R&D 经费支出的比重（%）	1.56	1.52	6	9
每万名就业人员中研发人员数（人年）	98.26	136.71	3	2
R&D 人员中研究人员占比（%）	36.99	31.76	7	7
创新产出指数（%）	54.80	60.47	4	3
每亿元 GDP 技术合同成交额（万元）	440.18	599.01	2	1
每万人高价值发明专利拥有量（件）	5.61	4.85	3	5
万名研究人员科技论文数（篇）	3727.24	3094.85	6	6
每亿元 R&D 经费支出发明专利授权数（件）	10.39	11.63	8	11
企业创新指数（%）	66.64	78.61	5	4
规上工业企业 R&D 经费支出占营业收入的比重（%）	1.88	1.67	6	7
规上工业企业 R&D 人员占规上工业企业从业人员的比重（%）	8.14	12.30	4	1
有研发活动规上工业企业占规上工业企业的比重（%）	41.41	53.22	8	6
规上工业企业新产品销售收入占营业收入的比重（%）	21.27	28.03	10	10
每万名规上工业企业 R&D 人员发明专利拥有量（件）	2257.59	1710.32	4	5
创新环境指数（%）	54.16	65.47	6	6
公共预算教育支出占一般公共预算支出的比重（%）	19.88	20.53	10	9
科学研究和技术服务业平均工资比较系数（%）	92.58	104.63	8	6
每万名就业人员累计孵化企业数（家）	1.59	1.93	8	8
每万家企业法人单位中高新技术企业数（家）	59.02	75.89	5	4
实际使用外资金额占 GDP 的比重（%）	0.71	1.26	13	9
享受研发费用加计扣除减免税政策的规上工业企业占规上工业企业的比重（%）	19.10	26.81	4	2
创新驱动指数（%）	45.92	55.49	10	6
全员劳动生产率（万元／人）	16.09	18.51	6	6
规上高新技术产业产值占规上工业产值比重（%）	42.53	47.13	8	8
现代服务业增加值占 GDP 比重（%）	26.45	25.15	7	7
数字经济核心产业增加值占 GDP 比重（%）	—	2.47	—	6
万元 GDP 综合能耗较上年降低率（%）	1.17	6.11	16	3

四、枣庄市

（一）科技创新发展情况

1. 科技创新总体情况

2021 年，枣庄市继续实施"工业强市、产业兴市"战略，锚定国家可持续发展议程创新示范区和创新型城市建设目标，在高企培育、平台建设、成果转化、人才引进等方面实现新突破，全社会创新创业活力不断激发。全市省级以上创新平台达到 269 家，鲁南科创联盟建设顺利推进，入库国家科技型中小企业达到 661 家，入选山东省科技领军企业 4 家，全市高新技术企业达到 335 家，规上高新技术产业产值占规上工业产值比重为 42.63%。枣庄市综合科技创新水平指数达到 51.07%，比上年提高 7.33 个百分点，列全省第 12 位。

图 3-7 为枣庄市一级评价指标指数与上年及全省平均水平比较情况。

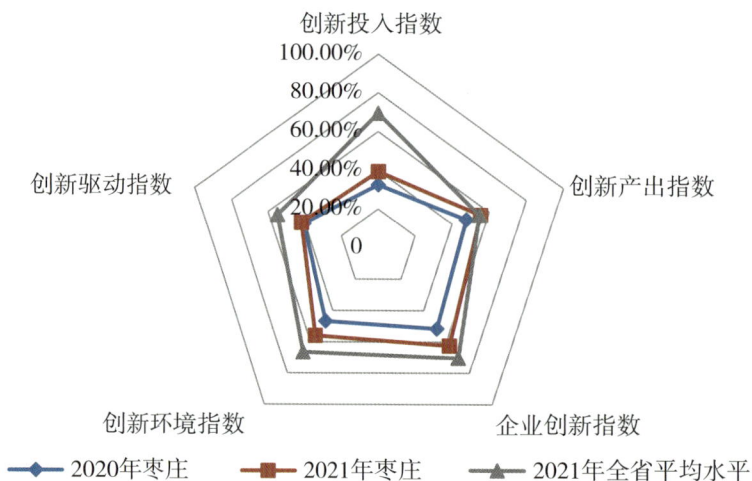

图 3-7　枣庄市一级评价指标指数与上年及全省平均水平比较情况

2. 科技创新总体特征

创新投入有待提高。2021 年，枣庄市创新投入指数为 39.44%，较上年提高 6.78 个百分点，列全省第 15 位。其中，地方财政科技支出占一般公共预算支出的比重为 0.88%，每万名就业人员中研发人员数为 46.31 人年，全社会 R&D 经费支出占地区生产总值（GDP）的比重为 1.59%，全省排名均比较靠后，研发经费总额仅超过 30 亿元，研发创新人力投入和经费投入均不足。应进一步加大地方财政科技投入，完善研发投入增长机制和创新政策体系建设，激发创新主体开展研发活动的积极性，提升研发经费投入和人力投入水平。

创新产出优势明显。2021 年，枣庄市创新产出指数为 55.20%，较上年提高 7.67 个百分点，列全省第 4 位。其中，每亿元 GDP 技术合同成交额达到 533.16 万元，每亿元 R&D 经费支出发明专利授权数达到 21.17 件，全省排名靠前，成果转化效率和研发经费产出效率均超过全省平均水平。每万人高价值发明专利拥有量为 1.70 件，列全省第 11 位，专利产出质量和效益不高。应提升科技创新产出质量，加强知识产权保护，加快培育高价值发明专利。

企业创新能力提升空间较大。2021 年，枣庄市企业创新指数为 62.31%，较上年提高 10.88 个百分点，列全省第 13 位。其中，规上工业企业 R&D 经费支出占营业收入的比重为 1.65%，较上年有所下降，企业研发投入需进一步加大。有研发活动规上工业企业数增长较快，占规上工业企业的比重达到 48.87%，列全省第 9 位。规上工业企业 R&D 人员占规上工业企业从业人员的比重为 8.33%，规上工业企业新产品销售收入占营业收入的比重为 17.19%，两项指标均列全省第 13 位，企业投入产出效率不高。应持续强化企业创新主体地位，破解制约企业创新的体制机制障碍，合理配置创新资源，提高企业自主创新能力。

创新环境得到优化。2021 年，枣庄市创新环境指数为 55.84%，较上年提高 9.25 个百分点，列全省第 10 位。其中，公共预算教育支出占一般公共预算支出的比重为 23.66%，列全省第 3 位，指标值和排名均上升，说明对人才培养的重视程度得到提高。科学研究和技术服务业平均工资比较系数为 98.74%，较上年有较大提高，说明科技人才的待遇得到进一步提升。享受研发费用加计扣除减免税政策的规上工业企业占规上工业企业的比重为 19.14%，较上年提升近 9 个百分点，列全省第 9 位。每万名就业人员累计孵化企业数为 1.07 家，每万家企业法人单位中高新技术企业数为 41.78 家，全省排名分别为第 11 位、第 13 位。应进一步优化企业结构，加快科技型企业的培育，为创新创业提供良好的氛围。

创新驱动能力不强。2021 年，枣庄市创新驱动指数为 42.18%，较上年提高 1.39 个百分点，列全省第 14 位。其中，规上高新技术产业产值占规上工业产值比重为 42.63%，低于全省平均水平 4.13 个百分点，数字经济核心产业增加值占 GDP 比重为 1.44%，两项指标全省排名均为第 10 位。现代服务业增加值占 GDP 比重为

23.97%，万元 GDP 综合能耗较上年降低率为 4.16%，全员劳动生产率为 9.90 万元 /
人，全省排名均靠后。迫切需要以科技创新支撑高质量发展。

（二）创新发展指标排名变动分析

2021 年，枣庄市综合科技创新水平指数排名较上年上升 2 位，创新环境指数排
名较上年上升 2 位，创新产出指数排名较上年上升 1 位，创新投入指数、企业创新
指数、创新驱动指数排名与上年持平。科技创新各项指标基本呈现提升趋势，个别
指标略有下降。

排名提升最快的指标是科学研究和技术服务业平均工资比较系数，由全省第 14
位提高至全省第 7 位。基础研究经费支出占 R&D 经费支出的比重排名上升 4 位，
R&D 人员中研究人员占比、有研发活动规上工业企业占规上工业企业的比重、实
际使用外资金额占 GDP 的比重、规上高新技术产业产值占规上工业产值比重 4 项
指标排名均上升 3 位。万名研究人员科技论文数、规上工业企业 R&D 人员占规上
工业企业从业人员的比重、公共预算教育支出占一般公共预算支出的比重 3 项指标
排名上升 1 位。枣庄市对创新投入的重视程度有所提高，创新环境和营商环境改善
明显。

各二级评价指标排名下降不明显，每亿元 GDP 技术合同成交额、每万人高价
值发明专利拥有量、规上工业企业 R&D 经费支出占营业收入的比重、规上工业企
业新产品销售收入占营业收入的比重、现代服务业增加值占 GDP 比重、万元 GDP
综合能耗较上年降低率 6 项指标排名均下降 1 位，波动较小。

排名与上年持平的指标中，地方财政科技支出占一般公共预算支出的比重略有
波动，较上年下降 0.09 个百分点，每万名规上工业企业 R&D 人员发明专利拥有量
减少明显，较上年减少 108.19 件。同时，每万名就业人员中研发人员数、每亿元
R&D 经费支出发明专利授权数、每万家企业法人单位中高新技术企业数、享受研
发费用加计扣除减免税政策的规上工业企业占规上工业企业的比重 4 项指标实现了
较大幅度的增长。

图 3–8 为枣庄市主要二级评价指标排名变动情况。

万元GDP综合能耗较上年降低率 −1
现代服务业增加值占GDP比重 −1
规上工业企业新产品销售收入占营业收入的比重 −1
规上工业企业R&D经费支出占营业收入的比重 −1
每万人高价值发明专利拥有量 −1
每亿元GDP技术合同成交额 −1
公共预算教育支出占一般公共预算支出的比重 1
规上工业企业R&D人员占规上工业企业从业人员的比重 1
万名研究人员科技论文数 1
规上高新技术产业产值占规上工业产值比重 3
实际使用外资金额占GDP的比重 3
有研发活动规上工业企业占规上工业企业的比重 3
R&D人员中研究人员占比 3
基础研究经费支出占R&D经费支出的比重 4
科学研究和技术服务业平均工资比较系数 7

−3 −1 1 3 5 7

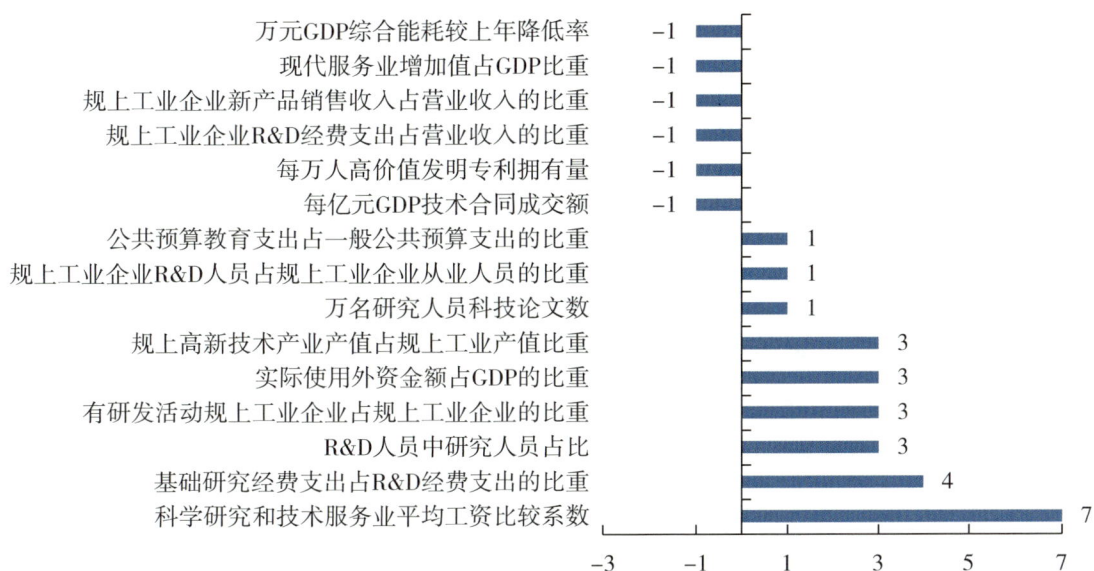

图 3-8　枣庄市主要二级评价指标排名变动情况

（三）创新驱动经济高质量发展的建议

2021 年，枣庄市地区生产总值为 1951.57 亿元，同比增长 14.01%，创新能力稳步提升。从科技创新能力评价来看，枣庄市力争进入创新型城市行列，还需在以下几个方面着力突破。

整合优势创新资源。建立多元化投入机制，稳步提高全社会研发投入强度。落实研发费用加计扣除、高新技术企业税收优惠等普惠性政策，激励企业加大研发投入。促进政、产、学、研、金、服、用深度融合，持续推动创新要素向企业集聚，"财金联动"凝聚投入合力，引导社会及金融资本投入科技创新领域。

汇聚科技创新人才。锚定"锂光医智大"产业人才缺口，建立数字化人才供需信息平台，推行"项目＋团队＋人才"模式，以项目引团队，以团队育人才，形成产才融合发展良性机制。积极对接国家和省高层次人才工程，引进培育一批高层次创新人才和创新团队，持续增强科技创新人才支撑能力。

提升企业创新能力。继续实施"科技型中小企业、高新技术企业、瞪羚企业"培育计划，在先进制造、生物医药、新材料等重点领域，培育一批创新型领军企业。支持企业加强与高校院所平台共建、资源共享，联合开展产业技术瓶颈攻关。围绕枣庄市国家可持续发展议程创新示范区建设，布局实施一系列创新工程项目和科技重大专项，提高企业创新活力和创新绩效。

持续优化创业环境。高效运作科技创新中心、产业发展研究院，建设运营好互联网小镇国家级科技企业孵化器。高标准建设长三角高端制造业转移示范基地，更深层次承接长三角先进制造业创新技术，构建转化制造基地产业带。出台落实营商环境优化政策，推动创新创业环境持续改善。

全面提升发展质量。实施绿色低碳科技创新行动，设立"双碳"关键技术攻关专项，开展低碳零碳负碳关键核心技术攻关，争取更多技术产品被列入省级绿色低碳技术成果推广。加快推进产业结构转型升级，不断提高现代服务业、数字经济等在产业结构中的比重。健全完善"链长＋链主＋联盟"工作机制，持续深入实施企业技改工程，推动传统产业高端化、绿色化、智能化转型。

表 3-4 为枣庄市科技创新各级指标值和排名。

表 3-4　枣庄市科技创新各级指标值和排名

指标名称	指标值		排名	
	上年	当年	上年	当年
综合科技创新水平指数（%）	43.74	51.07	14	12
创新投入指数（%）	32.66	39.44	15	15
全社会 R&D 经费支出占地区生产总值（GDP）的比重（%）	1.50	1.59	15	15
地方财政科技支出占一般公共预算支出的比重（%）	0.97	0.88	13	13
基础研究经费支出占 R&D 经费支出的比重（%）	0.97	2.56	11	7
每万名就业人员中研发人员数（人年）	30.78	46.31	14	14
R&D 人员中研究人员占比（%）	34.36	30.92	12	9
创新产出指数（%）	47.53	55.20	5	4
每亿元 GDP 技术合同成交额（万元）	490.20	533.16	1	2
每万人高价值发明专利拥有量（件）	1.51	1.70	10	11
万名研究人员科技论文数（篇）	2652.44	2035.46	10	9
每亿元 R&D 经费支出发明专利授权数（件）	13.42	21.17	4	4
企业创新指数（%）	51.44	62.31	13	13
规上工业企业 R&D 经费支出占营业收入的比重（%）	1.82	1.65	8	9
规上工业企业 R&D 人员占规上工业企业从业人员的比重（%）	5.56	8.33	14	13
有研发活动规上工业企业占规上工业企业的比重（%）	35.32	48.87	12	9
规上工业企业新产品销售收入占营业收入的比重（%）	13.21	17.19	12	13
每万名规上工业企业 R&D 人员发明专利拥有量（件）	1704.12	1595.93	6	6
创新环境指数（%）	46.59	55.84	12	10
公共预算教育支出占一般公共预算支出的比重（%）	23.20	23.66	4	3
科学研究和技术服务业平均工资比较系数（%）	83.09	98.74	14	7
每万名就业人员累计孵化企业数（家）	0.87	1.07	11	11
每万家企业法人单位中高新技术企业数（家）	33.08	41.78	13	13
实际使用外资金额占 GDP 的比重（%）	1.23	1.50	10	7
享受研发费用加计扣除减免税政策的规上工业企业占规上工业企业的比重（%）	10.28	19.14	9	9
创新驱动指数（%）	40.79	42.18	14	14
全员劳动生产率（万元/人）	8.68	9.90	13	13
规上高新技术产业产值占规上工业产值比重（%）	39.14	42.63	13	10
现代服务业增加值占 GDP 比重（%）	24.74	23.97	10	11
数字经济核心产业增加值占 GDP 比重（%）	—	1.44	—	10
万元 GDP 综合能耗较上年降低率（%）	4.75	4.16	11	12

五、东营市

（一）科技创新发展情况

1. 科技创新总体情况

2021 年，东营市以加快建设国家创新型城市为主线，抢抓黄河国家战略机遇，加速科技创新资源汇集，深化科技体制改革，科技创新质量和效益全面提升。全市各类研发平台总数达到 442 家，省级高端石化、生物技术与制造创新创业共同体加快建设，创新平台提质升级。入库国家科技型中小企业达到 842 家，全市企业获国家科技奖励 3 项、省科技奖励 10 项，企业创新能力得到提升。东营市综合科技创新水平指数为 59.21%，比上年提高 2.34 个百分点，列全省第 6 位。

图 3-9 为东营市一级评价指标指数与上年及全省平均水平比较情况。

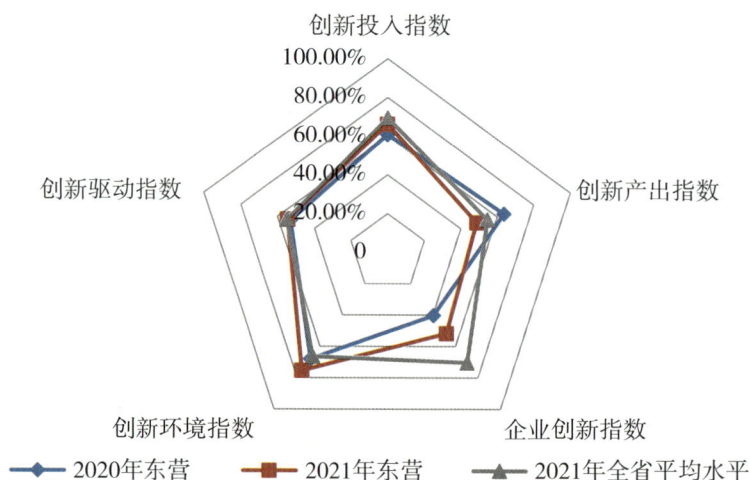

图 3-9 东营市一级评价指标指数与上年及全省平均水平比较情况

2. 科技创新总体特征

创新投入稳定增长。2021 年，东营市创新投入指数为 65.98%，较上年提高 5.39 个百分点，列全省第 6 位。其中，基础研究经费支出占 R&D 经费支出的比重为 3.56%，列全省第 3 位，R&D 人员中研究人员占比为 35.35%，列全省第 4 位，每万名就业人员中研发人员数为 106.68 人年，列全省第 5 位，高于全省平均水平；全社会 R&D 经费支出占地区生产总值（GDP）的比重为 2.37%，地方财政科技支出占一般公共预算支出的比重为 1.92%，两项指标均列全省第 10 位，且 R&D 经费支出增长缓慢，使得全社会 R&D 经费支出占地区生产总值（GDP）的比重下降。应持续增加全社会研发经费和基础研究经费，加强地方财政科技投入力度，鼓励创新主体开展基础研究活动，提升综合创新能力。

创新产出需进一步加强。2021 年，东营市创新产出指数为 48.93%，较上年降低 14.88 个百分点，列全省第 5 位。其中，每亿元 R&D 经费支出发明专利授权数为 19.81 件，列全省第 5 位，研发经费产出效率提升较快。每万人高价值发明专利拥有量为 4.80 件，列全省第 6 位。每亿元 GDP 技术合同成交额为 301.36 万元，列全省第 8 位，技术合同成交额突破 100 亿元，各项指标实现均衡增长。万名研究人员科技论文数为 1881.20 篇，排名靠后，列全省第 11 位。应进一步强化科技创新产出质量，尤其是加强基础研究成果产出，加快科技成果向市场转化。

企业创新短板明显。东营市企业创新指数为 52.20%，较上年大幅提高 11.58 个百分点，但仍列全省第 15 位。其中，每万名规上工业企业 R&D 人员发明专利拥有量达到 2032.12 件，列全省第 4 位，企业专利产出强度较高；规上工业企业新产品销售收入占营业收入的比重为 15.19%，列全省第 14 位。规上工业企业 R&D 经费支出占营业收入的比重仅为 0.87%，规上工业企业 R&D 人员占规上工业企业从业人员的比重为 7.17%，有研发活动规上工业企业占规上工业企业的比重为 36.65%，3 项指标全省排名均为第 15 位，企业创新能力明显不足，与国家创新型城市定位不符。应进一步巩固企业创新主体地位，多措并举培育科技型企业，构建梯次发展格局，激发企业研发创新活力，提高企业创新能力。

创新环境进一步优化。2021，东营市创新环境指数为 75.78%，较上年提高 7.45 个百分点，列全省第 4 位。其中，每万名就业人员累计孵化企业数达 12.25 家，全省领先。每万家企业法人单位中高新技术企业数为 68.34 家，列全省第 5 位。享受研发费用加计扣除减免税政策的规上工业企业占规上工业企业的比重为 17.99%，较上年提升较大。实际使用外资金额占 GDP 的比重为 1.21%，列全省第 11 位。应加强普惠性政策的落实，让更多企业了解和享受普惠性政策带来的红利。同时，在"双循环"新格局下推进形成全方位、多层次、多元化开放合作格局，营造良好的创新环境。

创新驱动能力略有提升。2021 年，东营市创新驱动指数为 54.37%，较上年提升 1.36 个百分点，列全省第 7 位。其中，全员劳动生产率达到 27.91 万元 / 人，列全省第 1 位，创新绩效和发展质量提升明显。规上高新技术产业产值占规上工业产值比重为 39.67%，列全省第 14 位。现代服务业增加值占 GDP 比重为 19.96%，数字经济核心产业增加值占 GDP 比重仅为 0.59%，两项指标全省排名均为第 16 位，产业结构需进一步优化。应加快推进传统产业转型升级，发挥科技创新支撑作用，推动高质量发展。

（二）创新发展指标排名变动分析

2021 年，东营市综合科技创新水平指数排名较上年下降 1 位，创新产出指数排名由全省第 3 位下降至全省第 5 位，创新投入指数、企业创新指数、创新环境指数、创新驱动指数排名与上年相同。

排名提升最为突出的指标是基础研究经费支出占 R&D 经费支出的比重、每亿元 R&D 经费支出发明专利授权数，分别由全省第 7 位提高至全省第 3 位、由全省第 9 位提高至全省第 5 位。每万名规上工业企业 R&D 人员发明专利拥有量、公共预算教育支出占一般公共预算支出的比重、享受研发费用加计扣除减免税政策的规上工业企业占规上工业企业的比重、规上高新技术产业产值占规上工业产值比重等指标排名均提升 1 位。

排名下降最多的指标是万名研究人员科技论文数，由全省第 1 位下降至全省第 11 位。科学研究和技术服务业平均工资比较系数由全省第 6 位下降至全省第 9 位，全社会 R&D 经费支出占地区生产总值（GDP）的比重由全省第 7 位下降至全省第 10 位，对科技创新的重视程度还需增强。万元 GDP 综合能耗较上年降低率排名下降 2 位，每万名就业人员中研发人员数、R&D 人员中研究人员占比、有研发活动规上工业企业占规上工业企业的比重、每万家企业法人单位中高新技术企业数等指标排名下降 1 位。其中，有研发活动规上工业企业占规上工业企业的比重在全省排在 10 名以外，且排名呈现下降趋势，需要继续激发企业创新活力。

排名与上年持平的各项指标大多实现了不同程度的增长，但是，规上工业企业 R&D 经费支出占营业收入的比重较上年下降 0.05 个百分点，现代服务业增加值占 GDP 比重较上年下降 1.91 个百分点，应加大对企业创新的支持力度，加快推动产业结构转型升级。同时，每亿元 GDP 技术合同成交额较上年增长 16.07 万元，每万人高价值发明专利拥有量较上年增加 0.92 件，规上工业企业新产品销售收入占营业收入的比重较上年提高 7.31 个百分点，每万名就业人员累计孵化企业数较上年增加

1.17 家，体现了东营市创新创业活跃度有所提升。

图 3-10 为东营市主要二级评价指标排名变动情况。

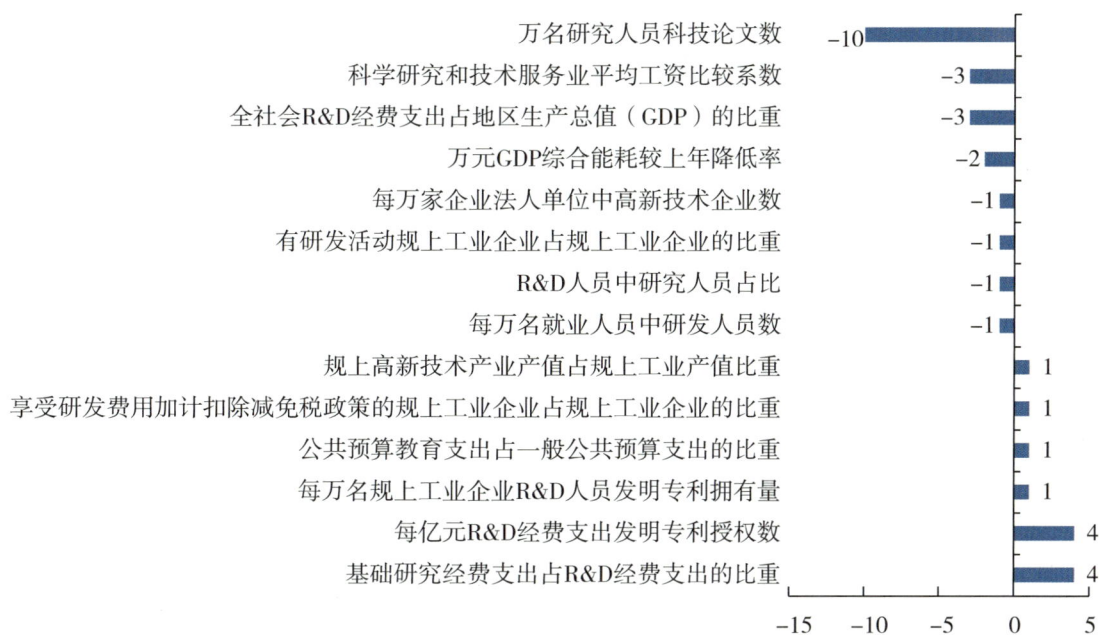

图 3-10　东营市主要二级评价指标排名变动情况

（三）创新驱动经济高质量发展的建议

2021 年，东营市地区生产总值为 3441.72 亿元，同比增长 17.58%，科技创新迈出新步伐。从科技创新能力评价来看，东营市推动国家创新型城市建设，还需从以下几个方面着力突破。

夯实企业创新主体地位。积极落实各项惠企政策，引导企业持续增加研发投入，力争规上工业企业中有研发活动企业数大幅提升。强化财政资金科技创新引导作用，稳步提高地方财政科技支出占比，撬动社会资本流向科技创新领域，加速创新要素向企业集聚。加强与高校院所合作，持续增加科技供给。实施科技型中小企业、高新技术企业倍增计划，不断提高高新技术产业贡献率。发挥"国内循环"和"国际循环"叠加效应，加快对外开放步伐，提高企业国际市场竞争力。

完善产才融合发展机制。推行"产业＋人才"招才引智模式，深化与中国石油大学、荟萃湖企业家俱乐部等院校机构的合作，精准开展"名校直通车"、专家高新区行活动，以优势产业集聚创新人才。增强企业人才吸纳和支撑能力，鼓励企业与高校院所共建研发机构，不断提高企业研发人力投入强度。探索在青岛、杭州等人才集聚区建设人才飞地，用好青岛等招才引智工作站。

加快科技成果转化，提高创新产出效率。发挥好"一产业、一平台、一基金"模式优势，加强公共创新平台建设，增强产业关键核心技术攻关能力。瞄准一流院所和服务机构，构建"研发、孵化、中试、产业化"全链条创新服务体系，加强基础研究成果转化，加大高价值发明专利培育力度，持续提高科技成果转移转化效率。

转变科技创新驱动经济发展方式。坚持"节能环保"和"超低排放"的技术创新路线，加快绿色低碳先进适用技术推广应用，围绕绿色低碳产业发展，合理布局一批创新平台。扩大服务业规模与优化结构并举，着力发展先导性服务业，持续推动服务业向新模式、新业态转变。深入开展产业升级和数字赋能，大力培育平台经济、网络经济、数字经济等，加快推进节能减排降耗，改造传统动能、培育新动能，推动产业绿色化、数字化发展。

表3-5为东营市科技创新各级指标值和排名。

表 3-5　东营市科技创新各级指标值和排名

指标名称	指标值		排名	
	上年	当年	上年	当年
综合科技创新水平指数（％）	56.87	59.21	5	6
创新投入指数（％）	60.59	65.98	6	6
全社会 R&D 经费支出占地区生产总值（GDP）的比重（％）	2.59	2.37	7	10
地方财政科技支出占一般公共预算支出的比重（％）	1.87	1.92	10	10
基础研究经费支出占 R&D 经费支出的比重（％）	1.44	3.56	7	3
每万名就业人员中研发人员数（人年）	86.80	106.68	4	5
R&D 人员中研究人员占比（％）	48.41	35.35	3	4
创新产出指数（％）	63.81	48.93	3	5
每亿元 GDP 技术合同成交额（万元）	285.29	301.36	8	8
每万人高价值发明专利拥有量（件）	3.88	4.80	6	6
万名研究人员科技论文数（篇）	11 366.73	1881.20	1	11
每亿元 R&D 经费支出发明专利授权数（件）	10.07	19.81	9	5
企业创新指数（％）	40.62	52.20	15	15
规上工业企业 R&D 经费支出占营业收入的比重（％）	0.92	0.87	15	15
规上工业企业 R&D 人员占规上工业企业从业人员的比重（％）	4.33	7.17	15	15
有研发活动规上工业企业占规上工业企业的比重（％）	27.57	36.65	14	15
规上工业企业新产品销售收入占营业收入的比重（％）	7.88	15.19	14	14
每万名规上工业企业 R&D 人员发明专利拥有量（件）	2218.81	2032.12	5	4
创新环境指数（％）	68.33	75.78	4	4
公共预算教育支出占一般公共预算支出的比重（％）	19.68	20.27	11	10
科学研究和技术服务业平均工资比较系数（％）	94.64	84.89	6	9
每万名就业人员累计孵化企业数（家）	11.08	12.25	1	1
每万家企业法人单位中高新技术企业数（家）	59.83	68.34	4	5
实际使用外资金额占 GDP 的比重（％）	1.05	1.21	11	11
享受研发费用加计扣除减免税政策的规上工业企业占规上工业企业的比重（％）	9.11	17.99	11	10
创新驱动指数（％）	53.01	54.37	7	7
全员劳动生产率（万元 / 人）	23.61	27.91	1	1
规上高新技术产业产值占规上工业产值比重（％）	34.21	39.67	15	14
现代服务业增加值占 GDP 比重（％）	21.86	19.96	16	16
数字经济核心产业增加值占 GDP 比重（％）	—	0.59	—	16
万元 GDP 综合能耗较上年降低率（％）	7.77	4.79	7	9

六、烟台市

（一）科技创新发展情况

1.科技创新总体情况

2021 年，烟台市深入实施创新驱动发展战略，在平台建设、高企培育、资源集聚等方面取得了新进展，科技供给能力和创新活力明显提升。新增技术创新中心、新型研发机构等省级科创平台 11 家，4 项成果获 2020 年度国家科学技术奖，15 项技术成果荣获"中国好技术"称号。26 家企业入围山东省科技领军企业 200 强名单，入库国家科技型中小企业达到 2861 家，企业创新主体地位进一步强化。烟台市综合科技创新水平指数达到 62.56%，比上年提高 7.12 个百分点，列全省第 5 位。

图 3-11 为烟台市一级评价指标指数与上年及全省平均水平比较情况。

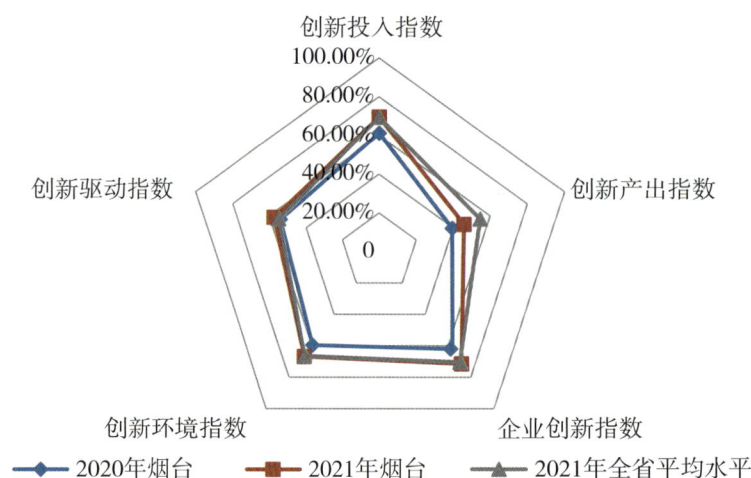

图 3-11 烟台市一级评价指标指数与上年及全省平均水平比较情况

2.科技创新总体特征

创新投入优势明显。2021 年，烟台市创新投入指数为 69.58%，较上年提高 8.34 个百分点，列全省第 4 位。其中，地方财政科技支出占一般公共预算支出的比重为 3.89%，列全省第 2 位，体现了政府对科技创新的重视程度。R&D 人员中研究人员占比达到 38.01%，列全省第 3 位，高层次人才增长迅速。基础研究经费支出占 R&D 经费支出的比重为 2.82%，列全省第 5 位，基础研究经费支出及其占比增长较快。每万名就业人员中研发人员数为95.22人年，列全省第7位。全社会R&D经费支出占地区生产总值（GDP）的比重为1.99%，列全省第13位，研发经费投入强度偏低。应持续加大研发投入，打好研发投入攻坚战，激发全市科技自立自强活力。

创新产出稳定增长。2021年，烟台市创新产出指数为45.70%，较上年提高6.39个百分点，列全省第8位。其中，每万人高价值发明专利拥有量为5.26件，列全省第4位。万名研究人员科技论文数为2609.39篇，列全省第7位，较上年减少213.26篇。每亿元R&D经费支出发明专利授权数为14.36件，列全省第8位。每亿元GDP技术合同成交额为270.82万元，列全省第10位。科技成果转化效率尚有较大提升空间。

企业创新水平略有提升。2021年，烟台市企业创新指数为71.51%，较上年提高9.56个百分点，列全省第6位。其中，有研发活动规上工业企业占规上工业企业的比重为56.51%，企业研发活动覆盖率在全省处于较高水平。规上工业企业R&D人员占规上工业企业从业人员的比重为10.01%，每万名规上工业企业R&D人员发明专利拥有量为1481.11件，两项指标均在全省排第8位。规上工业企业R&D经费支出占营业收入的比重为1.56%，列全省第10位，规上工业企业新产品销售收入占营业收入的比重为25.24%，列全省第11位。企业创新水平需进一步提高。

创新环境持续向好。2021年，烟台市创新环境指数为66.87%，较上年提高7.34个百分点，列全省第5位。其中，实际使用外资金额占GDP的比重为1.96%，列全省第3位，外向型经济特征明显。科学研究和技术服务业平均工资比较系数为128.12%，略高于全省平均水平。每万名就业人员累计孵化企业数为3.52家，列全省第5位。每万家企业法人单位中高新技术企业数为67.24家，列全省第6位。享受研发费用加计扣除减免税政策的规上工业企业占规上工业企业的比重为22.30%，列全省第7位，创新创业环境良好。公共预算教育支出占一般公共预算支出的比重为17.04%，列全省第14位。应重视人才培养工作。

创新驱动能力稳步增强。2021年，烟台市创新驱动指数为57.44%，较上年提高3.26个百分点，列全省第4位。其中，规上高新技术产业产值占规上工业产值比重为58.28%，高于全省平均水平11.52个百分点，列全省第3位。全员劳动生产率达到20.30万元/人，列全省第4位。数字经济核心产业增加值占GDP比重为2.70%，列全省第5位，发展质量较好。现代服务业增加值占GDP比重为22.53%，万元 GDP 综合能耗较上年降低率为 3.45%，排名均比较靠后，产业结构有待进一步优化。

（二）创新发展指标排名变动分析

2021 年，烟台市综合科技创新水平指数排名较上年上升 1 位，创新产出指数、创新驱动指数排名均较上年上升 2 位，创新投入指数、企业创新指数排名均较上年上升 1 位，创新环境指数排名与上年相同，科技创新各项指标排名波动不大。

排名上升较大的是 R&D 人员中研究人员占比、万名研究人员科技论文数、每亿元 GDP 技术合同成交额 3 项指标，均较上年上升了 2 位。每万人高价值发明专利拥有量、规上工业企业 R&D 经费支出占营业收入的比重、有研发活动规上工业企业占规上工业企业的比重、公共预算教育支出占一般公共预算支出的比重、规上高新技术产业产值占规上工业产值比重、万元 GDP 综合能耗较上年降低率 6 项指标排名上升 1 位。

排名下降最多的指标是规上工业企业新产品销售收入占营业收入的比重，由全省第 8 位下降至全省第 11 位，下降了 3 位。每亿元 R&D 经费支出发明专利授权数、规上工业企业 R&D 人员占规上工业企业从业人员的比重、享受研发费用加计扣除减免税政策的规上工业企业占规上工业企业的比重 3 项指标排名均下降 2 位。每万名规上工业企业 R&D 人员发明专利拥有量、现代服务业增加值占 GDP 比重两项指标排名下降 1 位。其中，规上工业企业新产品销售收入占营业收入的比重、现代服务业增加值占 GDP 比重两项指标在全省均排在 10 名以外且排名呈现出下降趋势，应当引起重视。

排名与上年持平的各项指标中，只有实际使用外资金额占 GDP 的比重这一项指标较上年出现了下降，下降了 0.08 个百分点，其他指标均实现了不同程度的增长。其中，基础研究经费支出占 R&D 经费支出的比重较上年提高 0.92 个百分点，科学研究和技术服务业平均工资比较系数较上年上涨 12.91 个百分点，每万家企业法人单位中高新技术企业数较上年增加 11.69 家，科技创新基础进一步夯实，创新环境整体向好。

图 3-12 为烟台市主要二级评价指标排名变动情况。

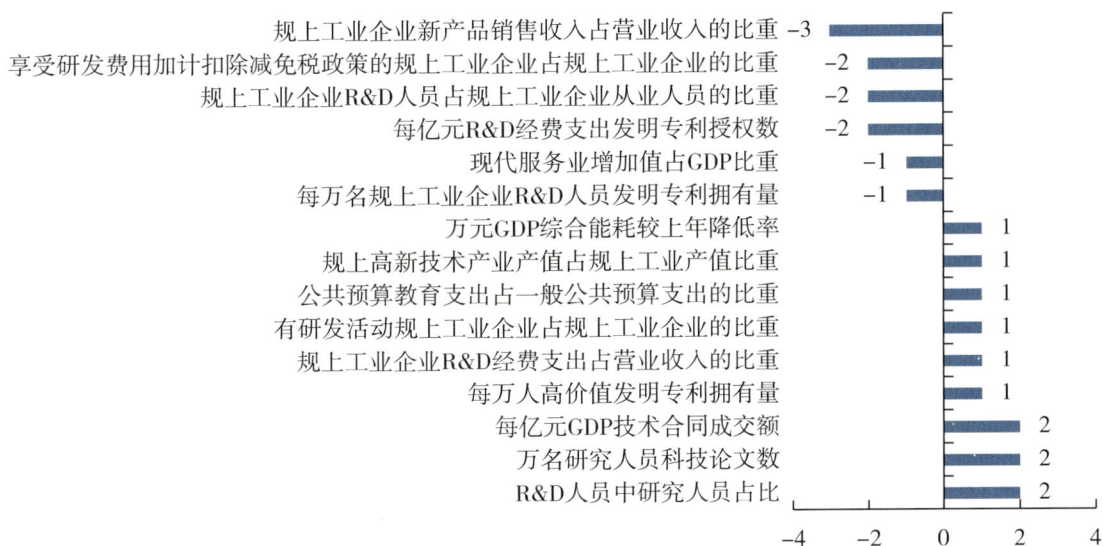

图 3-12　烟台市主要二级评价指标排名变动情况

（三）创新驱动经济高质量发展的建议

2021 年，烟台市地区生产总值为 8711.75 亿元，同比增长 12.87%，综合实力全面提升，产业发展成效显著。从科技创新能力评价来看，烟台市社会主义现代化强市建设还需着力突破以下几个方面关键制约因素。

优化全社会创新投入体系。发挥市场配置各类创新要素的导向作用，支持企业牵头承担各级科技项目、开展研发活动或转化应用重大科技成果。建立规上工业企业研发活动扶持机制，以差异化方式鼓励企业加大研发投入。创新联合基金等模式，拓宽基础研究和公益性科研项目经费来源渠道。

推动科技成果高效转移转化。深化产学研合作，组织开展系列成果对接活动，深化校地、校企融合发展，着力健全科技成果供应链。大幅提高公共预算教育支出占比，增强教育在科技创新能力提升中的基础性作用。加强知识产权全链条保护，加快科技服务业支撑能力建设，打造一批高价值专利培育中心。

强化企业创新能力。推进高能级创新联合体建设，鼓励规上工业企业建设研发机构，提升企业创新产出绩效。深化"创新研发＋创业孵化＋产业集聚"联动机制，健全科技企业梯次培育体系。扩大科技合作范围，助力企业开展技术攻关和招才引智。

　　推动产业绿色低碳转型发展。实施现代服务业集聚提升工程，打造国家文化和旅游消费城市，加快构建现代服务业产业体系。坚持产业高端化和数字化两个轮子带动传统产业绿色化转型发展，通过"延 – 补 – 强"推进产业高端化，研发绿色设计产品延长产业链，推广绿色制造强化产业链，实施绿色供应链管理补齐产业链。

　　表 3-6 为烟台市科技创新各级指标值和排名。

表 3-6　烟台市科技创新各级指标值和排名

指标名称	指标值		排名	
	上年	当年	上年	当年
综合科技创新水平指数（%）	55.43	62.56	6	5
创新投入指数（%）	61.24	69.58	5	4
全社会 R&D 经费支出占地区生产总值（GDP）的比重（%）	1.86	1.99	13	13
地方财政科技支出占一般公共预算支出的比重（%）	3.54	3.89	2	2
基础研究经费支出占 R&D 经费支出的比重（%）	1.90	2.82	5	5
每万名就业人员中研发人员数（人年）	76.59	95.22	7	7
R&D 人员中研究人员占比（%）	40.92	38.01	5	3
创新产出指数（%）	39.31	45.70	10	8
每亿元 GDP 技术合同成交额（万元）	224.25	270.82	12	10
每万人高价值发明专利拥有量（件）	4.07	5.26	5	4
万名研究人员科技论文数（篇）	2822.65	2609.39	9	7
每亿元 R&D 经费支出发明专利授权数（件）	12.23	14.36	6	8
企业创新指数（%）	61.95	71.51	7	6
规上工业企业 R&D 经费支出占营业收入的比重（%）	1.42	1.56	11	10
规上工业企业 R&D 人员占规上工业企业从业人员的比重（%）	7.89	10.01	6	8
有研发活动规上工业企业占规上工业企业的比重（%）	46.76	56.51	5	4
规上工业企业新产品销售收入占营业收入的比重（%）	22.01	25.24	8	11
每万名规上工业企业 R&D 人员发明专利拥有量（件）	1628.34	1481.11	7	8
创新环境指数（%）	59.53	66.87	5	5
公共预算教育支出占一般公共预算支出的比重（%）	15.96	17.04	15	14
科学研究和技术服务业平均工资比较系数（%）	115.22	128.12	4	4
每万名就业人员累计孵化企业数（家）	3.08	3.52	5	5
每万家企业法人单位中高新技术企业数（家）	55.55	67.24	6	6
实际使用外资金额占 GDP 的比重（%）	2.04	1.96	3	3
享受研发费用加计扣除减免税政策的规上工业企业占规上工业企业的比重（%）	18.28	22.30	5	7
创新驱动指数（%）	54.18	57.44	6	4
全员劳动生产率（万元／人）	17.99	20.30	4	4
规上高新技术产业产值占规上工业产值比重（%）	54.77	58.28	4	3
现代服务业增加值占 GDP 比重（%）	23.91	22.53	12	13
数字经济核心产业增加值占 GDP 比重（%）	—	2.70	—	5
万元 GDP 综合能耗较上年降低率（%）	3.11	3.45	14	13

七、潍坊市

（一）科技创新发展情况

1. 科技创新总体情况

2021 年，潍坊市科技创新实现新突破。积极参与国家重大科技战略，潍柴获批建设全国唯一的国家燃料电池技术创新中心，星泰克获批筹建山东省光刻胶重点实验室，国家级科创平台达到 38 家，省级科创平台达到 317 家。17 项科技成果获省科技奖励，两项技术成果入选"山东十大科技成果"。高新技术企业增至 1395 家，规上高新技术产业产值占比达到 54.50%，18 家高企入选 2021 年度省科技领军企业名单。潍坊市综合科技创新水平指数 57.04%，比上年提高 4.12 个百分点，列全省第 8 位。

图 3-13 为潍坊市一级评价指标指数与上年及全省平均水平比较情况。

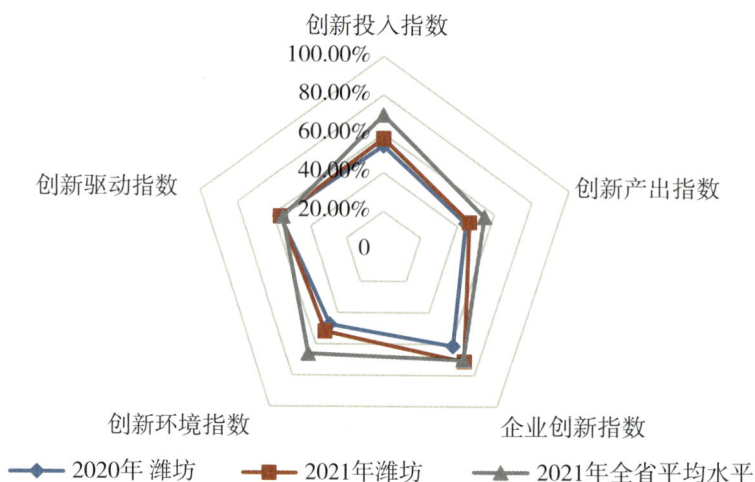

图 3-13　潍坊市一级评价指标指数与上年及全省平均水平比较情况

2. 科技创新总体特征

创新投入略有增长。2021 年，潍坊市创新投入指数为 57.60%，较上年提高 3.85 个百分点，列全省第 9 位。其中，地方财政科技支出占一般公共预算支出的比重为 2.63%，R&D 人员中研究人员占比达 32.69%，两项指标均列全省第 6 位。每万名就业人员中研发人员数为 88.25 人年，列全省第 8 位。全社会 R&D 经费支出占地区生产总值（GDP）的比重为 2.14%，基础研究经费支出占 R&D 经费支出的比重为 1.25%，两项指标均列全省第 11 位，研发经费投入仍需进一步提升。

创新产出增速减缓。2021 年，潍坊市创新产出指数为 46.42%，较上年提高 1.84 个百分点，列全省第 6 位。其中，每亿元 R&D 经费支出发明专利授权数为 23.49 件，列全省第 3 位。每万人高价值发明专利拥有量为 3.77 件，列全省第 7 位，发明专利产出强度和密度在全省具有一定的比较优势。万名研究人员科技论文数为 2039.21 篇，列全省第 8 位。每亿元 GDP 技术合同成交额为 227.46 万元，列全省第 12 位。科技成果转移转化效率和质量有待提高。

企业创新能力稳步提升。2021 年，潍坊市企业创新指数为 71.07%，较上年提高 9.81 个百分点，列全省第 8 位。其中，规上工业企业新产品销售收入占营业收入比重为 34.23%，每万名规上工业企业 R&D 人员发明专利拥有量为 2071.82 件，两项指标均列全省第 3 位，企业创新产出效率较高。规上工业企业 R&D 人员占规上工业企业从业人员的比重为 8.90%，有研发活动规上工业企业占规上工业企业的比重为 43.49%，规上工业企业 R&D 经费支出占营业收入的比重为 1.28%，3 项指标分别列全省第 11 位、第 11 位、第 13 位。企业研发人力投入和经费投入均不足，需引起特别重视。

创新环境尚需进一步优化。2021 年，潍坊市创新环境指数 51.80%，较上年提高 4.39 个百分点，列全省第 13 位。其中，公共预算教育支出占一般公共预算支出的比重为 23.01%，列全省第 5 位。每万名就业人员累计孵化企业数为 1.56 家，每万家企业法人单位中高新技术企业数为 51.64 家，均列全省第 9 位。实际使用外资金额占 GDP 的比重为 1.22%，享受研发费用加计扣除减免税政策的规上工业企业占规上工业企业的比重为 15.50%，科学研究和技术服务业平均工资比较系数为 66.97%，分别列全省第 10 位、第 11 位、第 14 位。普惠性政策落实不够有效，吸引科技人才有待进一步优化，在"双循环"新格局下，应加快对外开放步伐，提高产品国际市场竞争力。

创新驱动能力略有下降。2021 年，潍坊市创新驱动指数为 56.24%，较上年下降 0.23 个百分点，保持全省第 5 位。其中，数字经济核心产业增加值占 GDP 比重为 4.00%，列全省第 3 位。现代服务业增加值占 GDP 比重为 26.09%，万元 GDP 综合能耗较上年降低率 6.03%，两项指标均列全省第 5 位。规上高新技术产业产值占规上工业产值比重为 54.50%，列全省第 6 位。全员劳动生产率为 13.29 万元 / 人，列全省第 9 位。科技支撑经济高质量发展有待进一步提升。

（二）创新发展指标排名变动分析

2021 年，潍坊市综合科技创新水平指数排名较上年下降 1 位，企业创新指数排名较上年上升 1 位，创新环境指数排名较上年下降 2 位，创新投入、创新产出、创新驱动指数与上年排名一致，科技创新各项指标排名总体波动较小。

排名提升最为突出的是有研发活动规上工业企业占规上工业企业的比重指标，由全省第 15 位提高至全省第 11 位。科学研究和技术服务业平均工资比较系数指标排名上升 2 位，由全省第 16 位提高至全省第 14 位。基础研究经费支出占 R&D 经费支出的比重、规上工业企业 R&D 人员占规上工业企业从业人员的比重、规上工业企业新产品销售收入占营业收入的比重、享受研发费用加计扣除减免税政策的规上工业企业占规上工业企业的比重等指标则排名均上升 1 位，体现出潍坊市国家创新型城市建设取得一定成效。

排名下降的指标有 7 项。其中，公共预算教育支出占一般公共预算支出的比重、实际使用外资金额占 GDP 的比重指标排名下降 2 位，每亿元 GDP 技术合同成交额、规上工业企业 R&D 经费支出占营业收入的比重、每万家企业法人单位中高新技术企业数、规上高新技术产业产值占规上工业产值比重、万元 GDP 综合能耗较上年降低率等指标排名下降 1 位。其中，每亿元 GDP 技术合同成交额、规上工业企业 R&D 经费支出占营业收入的比重指标在全省的排名为 10 名以外，且呈现下降趋势，企业研发投入和科技成果转化效率需进一步增强。

排名与上年持平的各项指标中，全社会 R&D 经费支出占地区生产总值（GDP）的比重较上年下降 0.03 个百分点，地方财政科技支出占一般公共预算支出的比重较上年下降 0.20 个百分点，R&D 人员中研究人员占比较上年下降 5.43 个百分点，需加大创新投入力度。万名研究人员科技论文数减少 823.12 篇，每万名规上工业企业 R&D 人员发明专利拥有量较上年下降 1086.84 件，基础研究产出和企业专利产出密度同步下降；现代服务业增加值占 GDP 比重较上年下降 0.47 个百分点，经济结构还需持续优化调整。潍坊市应持续加强对科技投入重视程度，进一步提升创新供给能力，提高创新绩效。

图 3-14 为潍坊市主要二级评价指标排名变动情况。

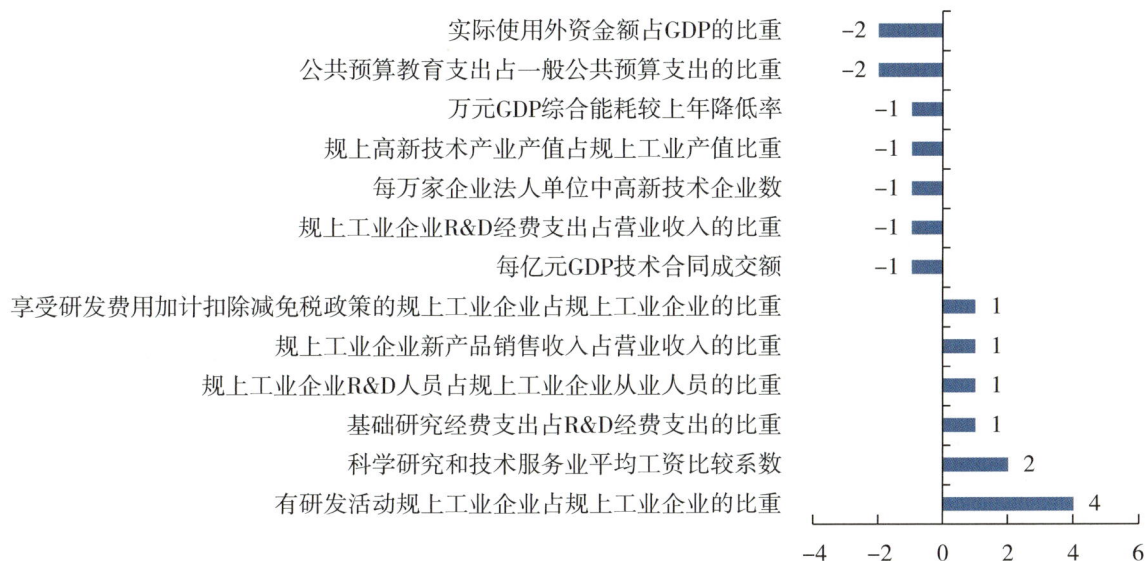

图 3-14　潍坊市主要二级评价指标排名变动情况

（三）创新驱动经济高质量发展的建议

2021 年，潍坊市地区生产总值达到 7010.60 亿元，同比增长 18.99%，增速领跑全省。通过科技创新能力评价，潍坊市推进国家创新型城市发展，还需着力突破以下几个方面关键制约因素。

提升创新供给能力。深入推进体制机制改革，优化全社会研发投入体系，稳步提高全社会研发投入水平，强化基础研究投入，加强创新策源能力建设。推动各类创新平台能级提升。加强与"大院大所"产学研合作，不断提高科技创新成果供给能力。

激发企业创新活跃度。强化企业创新主体地位，鼓励企业加大研发投入，支持企业与高校院所资源共享、平台共建，激发企业创新活力。提升科技企业孵化载体运行质量，促进各类科技孵化载体向专业化、精细化方向迈进。推进科技金融与产业发展深度融合，助力企业提高创新绩效。

强化创新人才队伍建设。深化产学研协同创新，促进科技创新链、人才链、产业链有机融合。优化科技人才队伍层次结构，引进培养一批能够实现重大关键技术突破、加速产业转型升级、引领新兴产业发展的科技人才及团队。提高财政教育支出占比，加大对基础研究人才的支持力度，培养一批本土青年科技创新人才。

优化创新创业环境。大幅提升科学研究和技术服务业从业人员工资待遇，完善科技成果转化收益分配制度，着力提高科技创新职业吸引力，营造良好人才成长环境。持续优化营商环境，聚焦高水平对外开放，深度参与区域竞争与合作，加快融入"双循环"新发展格局。

促进产业体系集群化发展。深入实施"十大产业"高质量发展突破行动，着力培育壮大新动能，持续增强发展后劲。支持装备制造、电子信息等领域优势企业争建创新平台，提升产业核心竞争力。以集群化发展为目标，着重引进产业链项目，构建全产业链体系。

表3-7为潍坊市科技创新各级指标值和排名。

表 3-7　潍坊市科技创新各级指标值和排名

指标名称	指标值		排名	
	上年	当年	上年	当年
综合科技创新水平指数（%）	52.92	57.04	7	8
创新投入指数（%）	53.76	57.60	9	9
全社会 R&D 经费支出占地区生产总值（GDP）的比重（%）	2.17	2.14	11	11
地方财政科技支出占一般公共预算支出的比重（%）	2.83	2.63	6	6
基础研究经费支出占 R&D 经费支出的比重（%）	0.89	1.25	12	11
每万名就业人员中研发人员数（人年）	58.39	88.25	8	8
R&D 人员中研究人员占比（%）	38.12	32.69	6	6
创新产出指数（%）	44.58	46.42	6	6
每亿元 GDP 技术合同成交额（万元）	230.47	227.46	11	12
每万人高价值发明专利拥有量（件）	2.95	3.77	7	7
万名研究人员科技论文数（篇）	2862.33	2039.21	8	8
每亿元 R&D 经费支出发明专利授权数（件）	20.76	23.49	3	3
企业创新指数（%）	61.26	71.07	9	8
规上工业企业 R&D 经费支出占营业收入的比重（%）	1.36	1.28	12	13
规上工业企业 R&D 人员占规上工业企业从业人员的比重（%）	5.98	8.90	12	11
有研发活动规上工业企业占规上工业企业的比重（%）	27.15	43.49	15	11
规上工业企业新产品销售收入占营业收入的比重（%）	25.49	34.23	4	3
每万名规上工业企业 R&D 人员发明专利拥有量（件）	3158.66	2071.82	3	3
创新环境指数（%）	47.41	51.80	11	13
公共预算教育支出占一般公共预算支出的比重（%）	23.64	23.01	3	5
科学研究和技术服务业平均工资比较系数（%）	68.36	66.97	16	14
每万名就业人员累计孵化企业数（家）	1.45	1.56	9	9
每万家企业法人单位中高新技术企业数（家）	41.81	51.64	8	9
实际使用外资金额占 GDP 的比重（%）	1.27	1.22	8	10
享受研发费用加计扣除减免税政策的规上工业企业占规上工业企业的比重（%）	8.66	15.50	12	11
创新驱动指数（%）	56.48	56.24	5	5
全员劳动生产率（万元/人）	11.10	13.29	9	9
规上高新技术产业产值占规上工业产值比重（%）	52.26	54.50	5	6
现代服务业增加值占 GDP 比重（%）	26.56	26.09	5	5
数字经济核心产业增加值占 GDP 比重（%）	—	4.00	—	3
万元 GDP 综合能耗较上年降低率（%）	8.27	6.03	4	5

八、济宁市

（一）科技创新发展情况

1. 科技创新总体情况

2021 年，济宁市在研发投入、高企培育、平台建设、产学研合作等方面取得突破，科技引领产业发展的能力显著增强。全市高新技术企业达到 938 家，入库国家科技型中小企业 1151 家。牵头承担全省唯一的"智慧化工园区科技示范工程"，实现省级科技示范工程"零的突破"。成功获批建设省级智能过程控制技术创新中心，全市新引进高校院所 86 家，新建省以上创新平台 117 个，智力支撑能力大幅提升。济宁市综合科技创新水平指数 53.21%，比上年提高 7.96 个百分点，列全省第 10 位。

图 3-15 为济宁市一级评价指标指数与上年及全省平均水平比较情况。

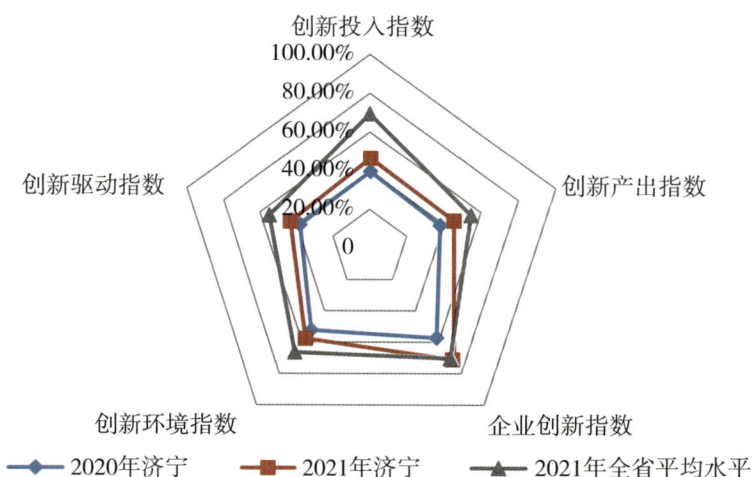

图 3-15　济宁市一级评价指标指数与上年及全省平均水平比较情况

2. 科技创新总体特征

创新投入还需着力提升。2021 年，济宁市创新投入指数为 46.20%，较上年提高 6.86 个百分点，列全省第 13 位。其中，基础研究经费支出占 R&D 经费支出的比重为 3.47%，列全省第 4 位，基础研究投入持续增长。R&D 人员中研究人员占比为 30.53%，每万名就业人员中研发人员数为 64.43 人年，分别列全省第 10 位、第 11 位。地方财政科技支出占一般公共预算支出的比重为 1.06%，全社会 R&D 经费支出占地区生产总值（GDP）的比重为 1.60%，分别列全省第 12 位、第 14 位，创新人力投入和经费投入均需要进一步提升。

创新产出增长明显。2021 年，济宁市创新产出指数为 44.88%，较上年提高 7.37 个百分点，列全省第 10 位。其中，万名研究人员科技论文数为 4106.46 篇，列全省第 4 位，基础研究成果丰硕。每亿元 R&D 经费支出发明专利授权数为 18.20 件，每亿元 GDP 技术合同成交额为 282.57 万元，分别列全省第 6 位、第 9 位。每万人高价值发明专利拥有量为 1.40 件，列全省第 13 位。发明专利的质量和效益有待提升，需加快高质量专利的转化运用。

企业创新能力提升较快。2021 年，济宁市企业创新指数为 71.39%，较上年提高 13.81 个百分点，列全省第 7 位。其中，有研发活动规上工业企业占规上工业企业的比重为 58.63%，规上工业企业新产品销售收入占营业收入的比重为 31.67%，均列全省前 5 位，企业研发较为活跃。规上工业企业 R&D 人员占规上工业企业从业人员比重为 9.29%，规上工业企业 R&D 经费支出占营业收入的比重为 1.49%，每万名规上工业企业 R&D 人员发明专利拥有量为 1059.85 件，分别列全省第 9 位、第 11 位、第 13 位，企业研发经费投入和人力投入应持续加强，企业产出效率有待提升。

创新环境改善略缓。2021 年，济宁市创新环境指数为 57.94%，较上年提高 5.37 个百分点，列全省第 8 位。其中，公共预算教育支出占一般公共预算支出的比重为 23.22%，享受研发费用加计扣除减免税政策的规上工业企业占规上工业企业的比重为 22.51%，每万名就业人员累计孵化企业数 3.19 家，实际使用外资金额占 GDP 的比重为 1.44%，均列全省前 10 位。每万家企业法人单位中高新技术企业数为 43.28 家，科学研究和技术服务业平均工资比较系数为 75.93%，列全省第 11 位、第 12 位。科技创新人才吸引力不强，科技型企业需加速培育。

创新驱动能力进一步增强。2021 年，济宁市创新驱动指数 44.08%，较上年提高 5.38 个百分点，列全省第 11 位。其中，数字经济核心产业增加值占 GDP 比重 2.15%，万元 GDP 综合能耗较上年降低率 4.90%，全员劳动生产率 11.92 万元／人，列全省前 10 位。规上高新技术产业产值占规上工业产值比重 40.70%，现代服务业增加值占 GDP 比重 21.85%，列全省第 13 位、第 15 位，产业结构调整需进一步优化，从而推动高质量发展。

（二）创新发展指标排名变动分析

2021年，济宁市综合科技创新水平指数排名较上年提升3位，创新驱动指数排名上升5位，企业创新指数排名上升3位，创新产出指数上升1位，创新环境指数排名下降1位，创新投入指数排名与上年持平，科技创新各项指标排名基本呈现提升趋势，个别指标排名略有下降。

排名提升最为突出的是万元GDP综合能耗较上年降低率指标，由全省第15位提升至全省第8位。有研发活动规上工业企业占规上工业企业的比重、规上工业企业新产品销售收入占营业收入的比重两项指标排名均上升4位。每万人高价值发明专利拥有量、规上工业企业R&D人员占规上工业企业从业人员的比重排名上升2位。万名研究人员科技论文数、每亿元R&D经费支出发明专利授权数、公共预算教育支出占一般公共预算支出的比重、每万家企业法人单位中高新技术企业数、实际使用外资金额占GDP的比重等5项指标排名均上升1位。近半数指标实现排名提升，反映出济宁市创新型城市建设取得良好的成效。

排名下降较大的是R&D人员中研究人员占比、每万名规上工业企业R&D人员发明专利拥有量等2项指标，排名均下降2位。地方财政科技支出占一般公共预算支出的比重、规上工业企业R&D经费支出占营业收入的比重、规上高新技术产业产值占规上工业产值比重等3项指标排名均下降1位，说明增长速度略缓，整体下降幅度不大。

排名与上年持平的各项指标中，科学研究和技术服务业平均工资比较系数下降8.70个百分点，现代服务业增加值占GDP比重下降1.57个百分点，且两项指标在全省排名都在10名以后，需引起关注。

图3-16为济宁市主要二级评价指标排名变动情况。

图 3-16 济宁市主要二级评价指标排名变动情况

（三）创新驱动经济高质量发展的建议

2021 年，济宁市地区生产总值 5069.96 亿元，同比增长 14.34%，发展活力加速释放，制造强市全面突破。从科技创新评价来看，济宁市国家创新型城市建设，还需在以下几个方面着力突破。

完善创新投入体系。优化政府投入体系，提高地方财政科技支出比重，发挥好政府资金引导激励作用。落细落实惠企政策，鼓励企业加大创新投入，推动大型企业、国有企业研发占比不断提高。优化高成长性企业发展基金运作，撬动更多社会资本支持产业创新发展。

推动创新人才加速集聚。通过"揭榜挂帅"、产学研合作等活动延揽产业领军人才，依托平台引进高端人才，做强引智联盟吸纳海外人才。深化市校（院）合作，培养一批高素质的本土科技人才，增强科技人才本地供给能力，扩大全社会就业人员中高素质人才比例。大幅提高科技人员工资待遇，营造鼓励科技创新的社会环境。

提高科技成果转化效率。加快发展科技服务业，提升知识产权转化运用和综合服务能力，提高企业发明专利产出强度。加快高价值发明专利培育，提高专利质量和效益，加快专利的转化运用；打造"科技成果转化示范基地"，做强科技成果转化载体。健全技术交易服务体系，集聚先进科技成果资源。

持续提升企业创新能力。健全科技型企业梯次培育体系，完善企业创新激励体系，提升科技型企业孵化培育能力，扶持一批"创新能力提升企业"。引导具备上市潜力的企业承担国家级、省级科技项目，壮大成熟期企业。

推动发展质量提质增效。打造优质营商环境，推进数字变革创新，推动先进制造业与现代服务业深度融合，不断增强现代服务业在现代产业体系中的作用。大力发展现代文化产业，聚力打造世界文明交流互鉴高地，提升科技创新支撑高质量发展的能力。

表3-8为济宁市科技创新各级指标值和排名。

表 3-8　济宁市科技创新各级指标值和排名

指标名称	指标值		排名	
	上年	当年	上年	当年
综合科技创新水平指数（%）	45.25	53.21	13	10
创新投入指数（%）	39.33	46.20	13	13
全社会 R&D 经费支出占地区生产总值（GDP）的比重（%）	1.50	1.60	14	14
地方财政科技支出占一般公共预算支出的比重（%）	1.13	1.06	11	12
基础研究经费支出占 R&D 经费支出的比重（%）	1.92	3.47	4	4
每万名就业人员中研发人员数（人年）	47.40	64.43	11	11
R&D 人员中研究人员占比（%）	35.85	30.53	8	10
创新产出指数（%）	37.51	44.88	11	10
每亿元 GDP 技术合同成交额（万元）	244.66	282.57	9	9
每万人高价值发明专利拥有量（件）	1.14	1.40	15	13
万名研究人员科技论文数（篇）	4283.81	4106.46	5	4
每亿元 R&D 经费支出发明专利授权数（件）	12.09	18.20	7	6
企业创新指数（%）	57.57	71.39	10	7
规上工业企业 R&D 经费支出占营业收入的比重（%）	1.62	1.49	10	11
规上工业企业 R&D 人员占规上工业企业从业人员的比重（%）	6.35	9.29	11	9
有研发活动规上工业企业占规上工业企业的比重（%）	46.26	58.63	7	3
规上工业企业新产品销售收入占营业收入的比重（%）	21.69	31.67	9	5
每万名规上工业企业 R&D 人员发明专利拥有量（件）	1256.78	1059.85	11	13
创新环境指数（%）	52.57	57.94	7	8
公共预算教育支出占一般公共预算支出的比重（%）	22.90	23.22	5	4
科学研究和技术服务业平均工资比较系数（%）	84.63	75.93	12	12
每万名就业人员累计孵化企业数（家）	2.79	3.19	7	7
每万家企业法人单位中高新技术企业数（家）	33.50	43.28	12	11
实际使用外资金额占 GDP 的比重（%）	1.26	1.44	9	8
享受研发费用加计扣除减免税政策的规上工业企业占规上工业企业的比重（%）	15.82	22.51	6	6
创新驱动指数（%）	38.70	44.08	16	11
全员劳动生产率（万元／人）	10.33	11.92	10	10
规上高新技术产业产值占规上工业产值比重（%）	39.78	40.70	12	13
现代服务业增加值占 GDP 比重（%）	23.42	21.85	15	15
数字经济核心产业增加值占 GDP 比重（%）	—	2.15	—	7
万元 GDP 综合能耗较上年降低率（%）	1.47	4.90	15	8

九、泰安市

（一）科技创新发展情况

1. 科技创新总体情况

2021 年，泰安市坚定实施创新驱动发展战略，持续增强区域科技创新能力，全市科技创新工作不断取得新突破。全市高新技术企业总数突破 523 家，入库国家科技型中小企业 843 家，规上高新技术产业产值占规上工业产值比重为 57.50%，超过全省平均水平 10.74 个百分点。围绕输变电、高端装备和智能制造、新材料等重点产业实施卡脖子技术突破工程，撬动全市研发投入约 7.13 亿元，引进高层次人才 35 人，智力支撑能力大幅提升。泰安市综合科技创新水平指数为 53.56%，比上年提高 2.01 个百分点，列全省第 9 位。

图 3-17 为泰安市一级评价指标指数与上年及全省平均水平比较情况。

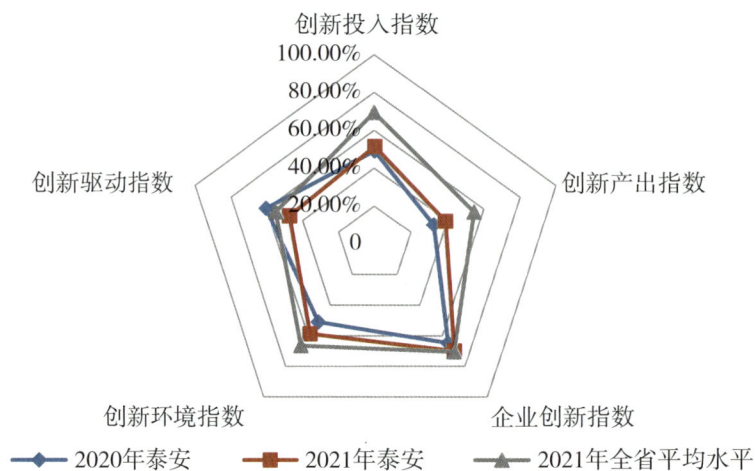

图 3-17　泰安市一级评价指标指数与上年及全省平均水平比较情况

2. 科技创新总体特征

创新投入增长缓慢。2021 年，泰安市创新投入指数为 51.34%，较上年提高 2.37 个百分点，列全省第 11 位。其中，R&D 人员中研究人员占比为 34.23%，列全省第 5 位。基础研究经费支出占 R&D 经费支出的比重为 2.72%，列全省第 6 位。全社会 R&D 经费支出占地区生产总值（GDP）的比重为 2.42%，每万名就业人员中研发人员数为 65.23 人年，均列全省第 9 位。地方财政科技支出占一般公共预算支出的比重仅为 0.87%，列全省第 14 位，政府在科技创新投入的引导作用需要进一步加强。

创新产出稳定提升。2021 年，泰安市创新产出指数为 38.52%，较上年提高 6.28 个百分点，列全省第 12 位。其中，万名研究人员科技论文数达到 4491.18 篇，列全省第 3 位。每万人高价值发明专利拥有量为 1.79 件，每亿元 GDP 技术合同成交额为 232.66 万元，每亿元 R&D 经费支出发明专利授权数为 11.56 件，分别列全省第 10 位、第 11 位、第 12 位，应用研究产出和技术成果转移转化效率有待提高。

企业创新有所下降。2021 年，泰安市企业创新指数为 70.00%，较上年提高 5.23 个百分点，列全省第 10 位。其中，规上工业企业 R&D 经费支出占营业收入的比重为 2.39%，列全省第 3 位，企业研发投入强度较高。规上工业企业新产品销售收入占营业收入的比重为 28.95%，列全省第 9 位。规上工业企业 R&D 人员占规上工业企业从业人员的比重为 9.28%，每万名规上工业企业 R&D 人员发明专利拥有量为 1320.56 件，均列全省第 10 位。有研发活动规上工业企业占规上工业企业的比重为 38.04%，列全省第 13 位。有研发活动企业覆盖率不高，企业主体创新活跃度不足，创新产出效率不高。

创新环境需进一步优化。2021 年，泰安市创新环境指数为 58.88%，较上年提高 7.71 个百分点，列全省第 7 位。其中，科学研究和技术服务业平均工资比较系数为 126.02%，享受研发费用加计扣除减免税政策的规上工业企业占规上工业企业的比重为 22.61%，两项指标均列全省第 5 位。公共预算教育支出占一般公共预算支出的比重为 21.46%，列全省第 7 位。每万家企业法人单位中高新技术企业数为 52.52 家，列全省第 8 位，高企培育取得良好成效。实际使用外资金额占 GDP 的比重仅为 0.88%，每万名就业人员累计孵化企业数仅为 0.77 家，分别列全省第 14 位、第 15 位。创业环境还需持续改善。

创新驱动能力明显下降。2021 年，泰安市创新驱动指数为 47.57%，较上年下降 12.82 个百分点，列全省第 8 位。其中，规上高新技术产业产值占规上工业产值比重为 57.50%，列全省第 4 位，现代服务业增加值占 GDP 比重为 25.17%，列全省第 6 位，经济结构持续优化。全员劳动生产率为 10.16 万元 / 人，数字经济核心产业增加值占 GDP 比重为 1.35%，均列全省第 12 位，发展质量需要进一步提升。万元 GDP 综合能耗较上年降低率为 3.18%，列全省第 15 位，产业还需进一步绿色低碳转型发展。

（二）创新发展指标排名变动分析

2021 年，泰安市综合科技创新水平指数排名较上年下降 1 位，创新产出指数、创新环境指数排名均上升 1 位，企业创新指数排名下降 4 位，创新驱动指数排名下降 5 位，创新投入指数排名与上年一致，科技创新 18 项指标排名发生变动。

排名提升最为突出的是每亿元 GDP 技术合同成交额、每亿元 R&D 经费支出发明专利授权数、现代服务业增加值占 GDP 比重等 3 项指标，均较上年上升 3 位。公共预算教育支出占一般公共预算支出的比重、科学研究和技术服务业平均工资比较系数、享受研发费用加计扣除减免税政策的规上工业企业占规上工业企业的比重、规上高新技术产业产值占规上工业产值比重等指标排名均上升 2 位。每万名就业人员中研发人员数、每万人高价值发明专利拥有量、万名研究人员科技论文数等指标排名均提升 1 位。近半数指标实现排名提升，反映泰安市 2021 年科技创新取得了良好的成效。

排名下降最多的是万元 GDP 综合能耗较上年降低率、实际使用外资金额占 GDP 的比重两项指标，分别下降了 14、10 位，产业绿色化转型和营商环境优化需要特别关注。基础研究经费支出占 R&D 经费支出的比重、规上工业企业 R&D 人员占规上工业企业从业人员的比重、有研发活动规上工业企业占规上工业企业的比重等指标排名均较上年下降 3 位。规上工业企业新产品销售收入占营业收入的比重指标排名下降 2 位。R&D 人员中研究人员占比、每万家企业法人单位中高新技术企业数等指标排名均下降 1 位。

排名与上年持平的各项指标中，规上工业企业 R&D 经费支出占营业收入的比重较上年下降 0.19 个百分点，每万名规上工业企业 R&D 人员发明专利拥有量减少22.22 件，其他指标均有所增长。

图 3-18 为泰安市主要二级评价指标排名变动情况。

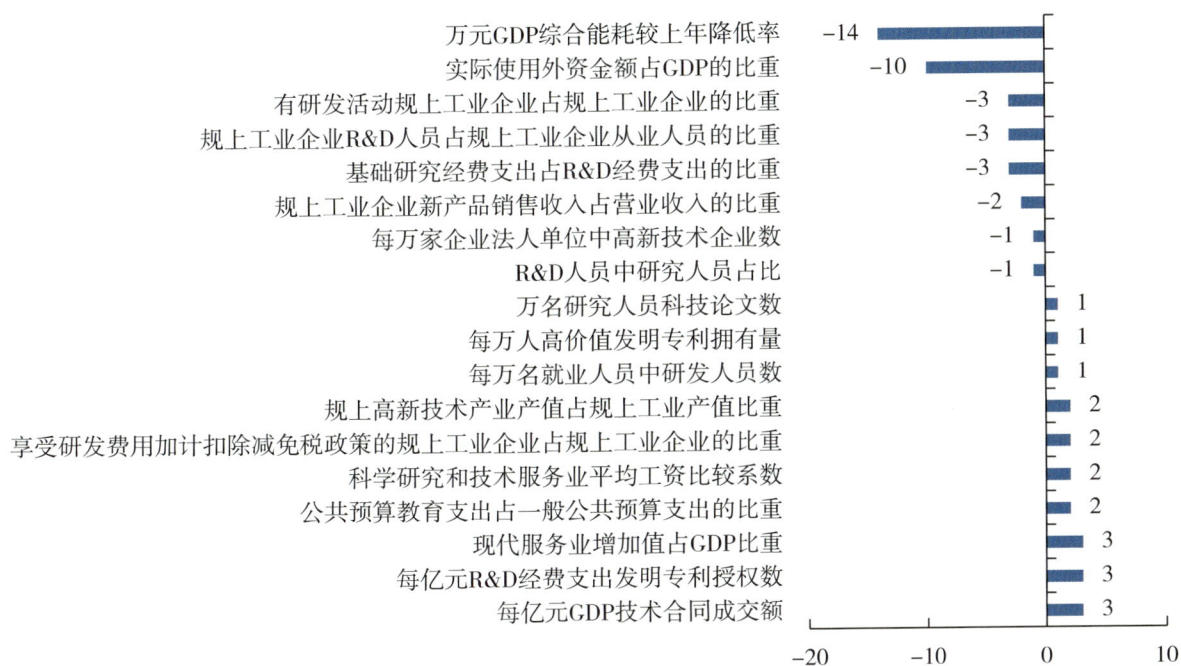

图 3-18　泰安市主要二级评价指标排名变动情况

（三）创新驱动经济高质量发展的建议

2021 年，泰安市地区生产总值达到 2996.66 亿元，同比增长 8.32%。传统动能提质增效，新动能不断壮大。从科技创新评价来看，泰安市还需在以下几个方面着力突破。

加大研发投入力度。持续加强科技研发创新，聚焦黄河流域生态保护和高质量发展等重大战略和创新链布局需求，实施科技创新重大专项，提高财政科技资金使用效率和地方财政科技支出引导作用，增强本市研发创新能力。

强化应用研究产出及转化能力。围绕重点产业布局一批创新工程和技术攻关专项，提升创新产出质量。加强知识产权培育和保护力度，着力培育一批高价值专利，深度融合并支撑产业发展。加快建设技术转移示范机构，推动技术成果有效转化。

全面提升企业创新能力。深入实施科技型企业梯次培育工程，推动科技型企业实现"质""量"双提升。激励规上工业企业联合产业链企业、高校院所共建研发机构，提高有研发活动的工业企业比例，全面提升企业科技创新活力，稳步提高企业创新产出能力。

增强高质量发展驱动力。加快数字变革创新，深化数字化、绿色化协同发展，推动优势产业智能化升级，引导高耗能产业数字化改造，实现绿色低碳高质量发展。持续优化产业发展环境，加快产业结构优化调整，推动高质量发展。

表 3-9 为泰安市科技创新各级指标值和排名。

表 3-9　泰安市科技创新各级指标值和排名

指标名称	指标值		排名	
	上年	当年	上年	当年
综合科技创新水平指数（%）	51.55	53.56	8	9
创新投入指数（%）	48.97	51.34	11	11
全社会 R&D 经费支出占地区生产总值（GDP）的比重（%）	2.40	2.42	9	9
地方财政科技支出占一般公共预算支出的比重（%）	0.81	0.87	14	14
基础研究经费支出占 R&D 经费支出的比重（%）	2.62	2.72	3	6
每万名就业人员中研发人员数（人年）	48.03	65.23	10	9
R&D 人员中研究人员占比（%）	42.41	34.23	4	5
创新产出指数（%）	32.24	38.52	13	12
每亿元 GDP 技术合同成交额（万元）	192.20	232.66	14	11
每万人高价值发明专利拥有量（件）	1.49	1.79	11	10
万名研究人员科技论文数（篇）	4483.80	4491.18	4	3
每亿元 R&D 经费支出发明专利授权数（件）	7.53	11.56	15	12
企业创新指数（%）	64.77	70.00	6	10
规上工业企业 R&D 经费支出占营业收入的比重（%）	2.58	2.39	3	3
规上工业企业 R&D 人员占规上工业企业从业人员的比重（%）	7.74	9.28	7	10
有研发活动规上工业企业占规上工业企业的比重（%）	36.74	38.04	10	13
规上工业企业新产品销售收入占营业收入的比重（%）	23.62	28.95	7	9
每万名规上工业企业 R&D 人员发明专利拥有量（件）	1342.78	1320.56	10	10
创新环境指数（%）	51.17	58.88	8	7
公共预算教育支出占一般公共预算支出的比重（%）	20.02	21.46	9	7
科学研究和技术服务业平均工资比较系数（%）	92.85	126.02	7	5
每万名就业人员累计孵化企业数（家）	0.64	0.77	15	15
每万家企业法人单位中高新技术企业数（家）	49.64	52.52	7	8
实际使用外资金额占 GDP 的比重（%）	1.70	0.88	4	14
享受研发费用加计扣除减免税政策的规上工业企业占规上工业企业的比重（%）	13.40	22.61	7	5
创新驱动指数（%）	60.39	47.57	3	8
全员劳动生产率（万元/人）	9.25	10.16	12	12
规上高新技术产业产值占规上工业产值比重（%）	51.12	57.50	6	4
现代服务业增加值占 GDP 比重（%）	25.54	25.17	9	6
数字经济核心产业增加值占 GDP 比重（%）	—	1.35	—	12
万元 GDP 综合能耗较上年降低率（%）	16.00	3.18	1	15

十、威海市

（一）科技创新发展情况

1. 科技创新总体情况

2021 年，威海市成功获批建设国家创新型城市，区域综合创新水平再上新台阶。形成了以国家创新型城市为统领，山东半岛国家自主创新示范区、国家创新型县（市区）为支撑的区域创新格局，以郭永怀高等技术研究院为龙头的"1+4+N"创新平台支撑体系成型起势。获国家科技二等奖 5 项、省科技奖 10 项，科技创新成果不断取得新突破。国家科技型中小企业达 1870 家，高新技术企业总数突破 1000 家，18 家高新技术企业上榜山东省科技领军企业。威海市综合科技创新水平指数为 67.42%，比上年提高 6.73 个百分点，列全省第 3 位。

图 3-19 为威海市一级评价指标指数与上年及全省平均水平比较情况。

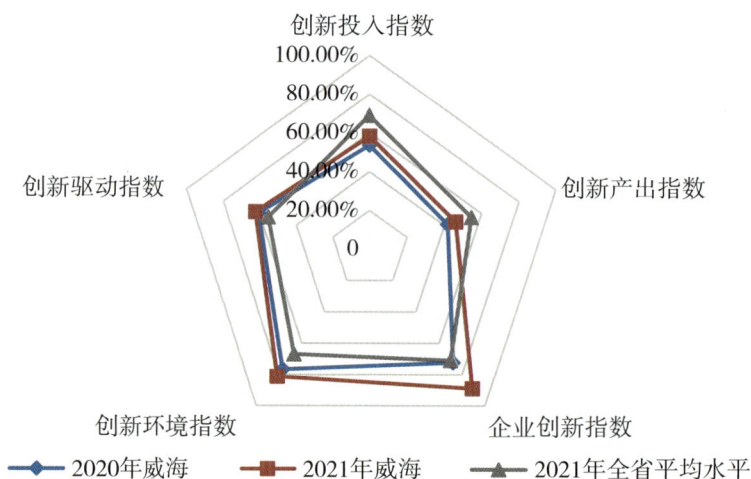

图 3-19　威海市一级评价指标指数与上年及全省平均水平比较情况

2. 科技创新总体特征

创新投入略有增长。2021 年，威海市创新投入指数为 58.26%，较上年提高 4.60 个百分点，列全省第 8 位。其中，每万名就业人员中研发人员数为 118.38 人年，列全省第 4 位。全社会 R&D 经费支出占地区生产总值（GDP）的比重为 2.48%，地方财政科技支出占一般公共预算支出的比重为 1.94%，列全省第 8 位、第 9 位。

R&D 人员中研究人员占比为 28.43%，列全省第 13 位，基础研究经费支出占 R&D 经费支出的比重，仅略高于日照，列全省第 15 位，基础研究和创新人才投入依然不足，需引起特别关注。

创新产出稳定提升。2021 年，威海市创新产出指数为 45.93%，较上年提高 4.21 个百分点，列全省第 7 位。其中，每万人高价值发明专利拥有量为 5.72 件，列全省第 3 位。每亿元 GDP 技术合同成交额为 386.76 万元，列全省第 6 位。每亿元 R&D 经费支出发明专利授权数为 12.07 件，列全省第 10 位。万名研究人员科技论文数仅为 889.98 篇，全省排名落后，科技论文是基础研究成果的重要载体，是反映高校、院所基础研究能力的重要指标，需加强对基础研究成果的重视。

企业创新能力大幅提高。2021 年，威海市企业创新指数为 88.98%，较上年提高 16.74 百分点，列全省第 3 位。其中，规上工业企业 R&D 经费支出占营业收入的比重为 2.75%，规上工业企业新产品销售收入占营业收入的比重为 42.32%，两项指标均居全省首位，企业研发投入和绩效良好。有研发活动规上工业企业占规上工业企业的比重达到 60.96%，列全省第 2 位，企业研发较为活跃。规上工业企业 R&D 人员占规上工业企业从业人员的比重为 10.47%，列全省第 7 位。每万名规上工业企业 R&D 人员发明专利拥有量为 1205.38 件，列全省第 11 位，企业专利产出密度仍有较大提升空间。

创新环境略有改善。2021 年，威海市创新环境指数为 81.37%，较上年提高 4.76 个百分点，列全省第 3 位。其中，公共预算教育支出占一般公共预算支出的比重为 24.88%，列全省第 1 位。每万家企业法人单位中高新技术企业数为 110.42 家，实际使用外资金额占 GDP 的比重为 2.70%，均列全省第 2 位。每万名就业人员累计孵化企业数为 4.65 家，列全省第 3 位。享受研发费用加计扣除减免税政策的规上工业企业占规上工业企业的比重为 25.45%，列全省第 4 位。创新创业环境各项指标在全省占据一定优势。但是，科学研究和技术服务业平均工资比较系数仅为 74.55%，在全省仅排第 13 位，对科技人才吸引力不强，应进一步改善科技人才成长环境。

创新驱动高质量发展能力有所增强。2021 年，威海市创新驱动指数为 62.21%，较上年提高 1.86 个百分点，列全省第 3 位。其中，规上高新技术产业产值占规上工业产值比重为 67.13%，高于全省 20.37 个百分点，列全省第 1 位。数字经济核心产业增加值占 GDP 比重为 3.39%，列全省第 4 位。全员劳动生产率为 19.99 万元 / 人，列全省第 5 位，产业结构和创新绩效得到进一步提升。现代服务业增加值占 GDP

比重为 24.13%，万元 GDP 综合能耗较上年降低率为 3.41%，列全省第 10 位、第 14 位，两项指标指数均出现了一定幅度的下降，且排名也有所下降。需进一步推动现代服务业提质增效，推动绿色低碳减排。

（二）创新发展指标排名变动分析

2021 年，威海市综合科技创新水平指数排名与上年持平，创新投入指数排名较上年上升 2 位，企业创新指数、创新驱动指数排名较上年均上升 1 位，创新环境指数排名较上年下降 1 位，创新产出指数排名与上年一致，科技创新各项指标排名有升有降。

排名提升最为突出的是有研发活动规上工业企业占规上工业企业的比重指标，由全省第 6 位提升至全省第 2 位，企业研发活跃度大幅提高。全社会 R&D 经费支出占地区生产总值（GDP）的比重、规上工业企业 R&D 人员占规上工业企业从业人员的比重指标排名较上年上升 2 位。基础研究经费支出占 R&D 经费支出的比重、每万名就业人员中研发人员数、每万人高价值发明专利拥有量、规上工业企业 R&D 经费支出占营业收入的比重、规上工业企业新产品销售收入占营业收入的比重、规上高新技术产业产值占规上工业产值比重等指标排名均较上年上升 1 位。企业创新 4 项指标实现排名上升，反映威海市企业创新能力不断加强，创新绩效显著。

排名下降较大的是科学研究和技术服务业平均工资比较系数、万元 GDP 综合能耗较上年降低率指标，均下降了 4 位，且在全省排名 10 位以后，需特别关注。每万名规上工业企业 R&D 人员发明专利拥有量排名较上年下降 3 位，是企业创新评价指标中唯一排名下降的指标，需引起重视。地方财政科技支出占一般公共预算支出的比重、R&D 人员中研究人员占比、享受研发费用加计扣除减免税政策的规上工业企业占规上工业企业的比重、现代服务业增加值占 GDP 比重等指标排名较上年均下降 2 位，研发投入和惠企政策落实需要进一步加强。每亿元 GDP 技术合同成交额排名下降 1 位，需完善技术市场生态体系建设，加快创新成果转化应用。

排名与上年持平的各项指标中，万名研究人员科技论文数较上年减少 262.07 篇，且在全省排名落后，科技成果产出仍需加强。实际使用外资金额占 GDP 的比重较上年下降 0.44 个百分点，但在全省仍处前列，营商环境良好。每万家企业法人单位中高新技术企业数增加 18.46 家，高企培育取得了良好成效。

图 3-20 为威海市主要二级评价指标排名变动情况。

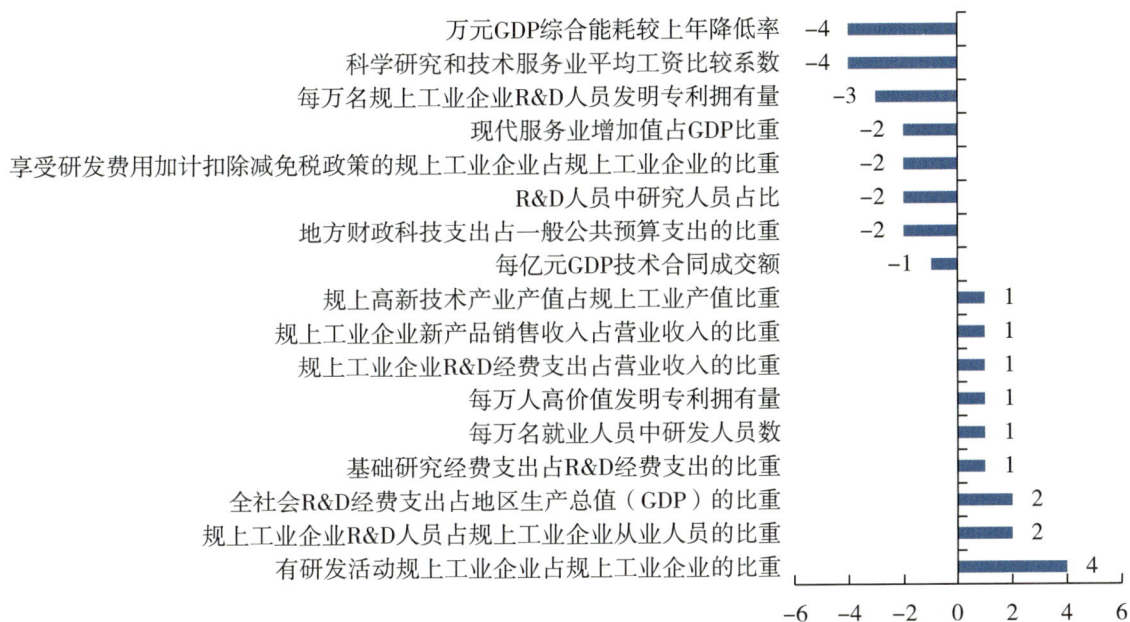

图 3-20 威海市主要二级评价指标排名变动情况

（三）创新驱动经济高质量发展的建议

2021 年，威海市地区生产总值达到 3463.93 亿元，同比增长 16.09%。"四新"经济增加值占比由 23.1% 提高到 32.3%。建设好国家创新型城市，尚需从以下几个方面进行提升。

大幅提升科技研发投入水平。加大研究开发财政支持力度，全面落实研发费用加计扣除、高企税收优惠等惠企政策，引导企业加大研发投入，提高企业研发创新的积极性。优化财政科技投入支持机制，发挥财政科技资金引导作用，力争全社会研发经费进一步提升。发挥高校、院所的优势，强化基础研究工作，提高基础研究经费支持力度。引导大型企业、龙头企业及拥有国家创新平台的企业积极开展基础研究，加强与高校、院所合作，提升各创新主体原始创新的能力。

厚植科技创新产出能力。围绕产业链部署创新链，围绕创新链布局产业链，充分发挥好威海市现有高校院所资源，以及良好的对外合作交流机制，构建完善的"基础研究—应用研究—产业化"科技创新体系，大幅提升科技产出水平及质量，为建设高水平创新型城市奠定坚实基础。

持续优化人才发展环境。逐步加强对高校、科研院所支持力度，提高各类科技项目中投向基础应用研究的比例，为科技人才成长提供有力支撑。大幅提高科学研究和技术服务业从业人员工资待遇，在薪酬、购房、子女教育、医疗卫生、生活服务等方面全面提升科技创新职业吸引力，激发科研人员创新积极性。

加快新旧动能持续转换。瞄准七大产业集群、十条优势产业链，发挥高新技术产业带动引领作用，提高数字经济产业转型支撑能力，持续增强现代服务业在全市经济发展中的贡献。推动以清洁生产、节能降耗为重点的绿色技术改造，有序推进产业绿色低碳转型。

表3-10为威海市科技创新各级指标值和排名。

表 3-10　威海市科技创新各级指标值和排名

指标名称	指标值		排名	
	上年	当年	上年	当年
综合科技创新水平指数（%）	60.69	67.42	3	3
创新投入指数（%）	53.66	58.26	10	8
全社会 R&D 经费支出占地区生产总值（GDP）的比重（%）	2.39	2.48	10	8
地方财政科技支出占一般公共预算支出的比重（%）	2.07	1.94	7	9
基础研究经费支出占 R&D 经费支出的比重（%）	0.27	0.41	16	15
每万名就业人员中研发人员数（人年）	83.79	118.38	5	4
R&D 人员中研究人员占比（%）	34.74	28.43	11	13
创新产出指数（%）	41.72	45.93	7	7
每亿元 GDP 技术合同成交额（万元）	367.34	386.76	5	6
每万人高价值发明专利拥有量（件）	4.85	5.72	4	3
万名研究人员科技论文数（篇）	1152.04	889.98	16	16
每亿元 R&D 经费支出发明专利授权数（件）	9.86	12.07	10	10
企业创新指数（%）	72.24	88.98	4	3
规上工业企业 R&D 经费支出占营业收入的比重（%）	2.68	2.75	2	1
规上工业企业 R&D 人员占规上工业企业从业人员的比重（%）	7.36	10.47	9	7
有研发活动规上工业企业占规上工业企业的比重（%）	46.51	60.96	6	2
规上工业企业新产品销售收入占营业收入的比重（%）	28.94	42.32	2	1
每万名规上工业企业 R&D 人员发明专利拥有量（件）	1609.62	1205.38	8	11
创新环境指数（%）	76.61	81.37	2	3
公共预算教育支出占一般公共预算支出的比重（%）	24.38	24.88	1	1
科学研究和技术服务业平均工资比较系数（%）	91.38	74.55	9	13
每万名就业人员累计孵化企业数（家）	3.76	4.65	3	3
每万家企业法人单位中高新技术企业数（家）	91.96	110.42	2	2
实际使用外资金额占 GDP 的比重（%）	3.14	2.70	2	2
享受研发费用加计扣除减免税政策的规上工业企业占规上工业企业的比重（%）	20.13	25.45	2	4
创新驱动指数（%）	60.35	62.21	4	3
全员劳动生产率（万元/人）	17.22	19.99	5	5
规上高新技术产业产值占规上工业产值比重（%）	60.13	67.13	2	1
现代服务业增加值占 GDP 比重（%）	25.96	24.13	8	10
数字经济核心产业增加值占 GDP 比重（%）	—	3.39	—	4
万元 GDP 综合能耗较上年降低率（%）	5.48	3.41	10	14

十一、日照市

（一）科技创新发展情况

1. 科技创新总体情况

2021 年，日照市构建以自然科学基金、重大科技专项等五大专项为基础的科技计划体系，建立科技统计调查监测体系，全社会研发投入由 2017 年的 33.66 亿元增加至 68.25 亿元，占 GDP 的比重提高到 3.09%，进入全省第一梯队行列。积极推动高新技术企业培育，深入实施科技型企业梯次培育行动，692 家企业加入国家科技型中小企业信息库，高新技术企业达到 492 家。日照市综合科技创新水平指数达 50.87%，比上年提高 1.21 个百分点，列全省第 13 位。

图 3-21 为日照市一级评价指标指数与上年及全省平均水平比较情况。

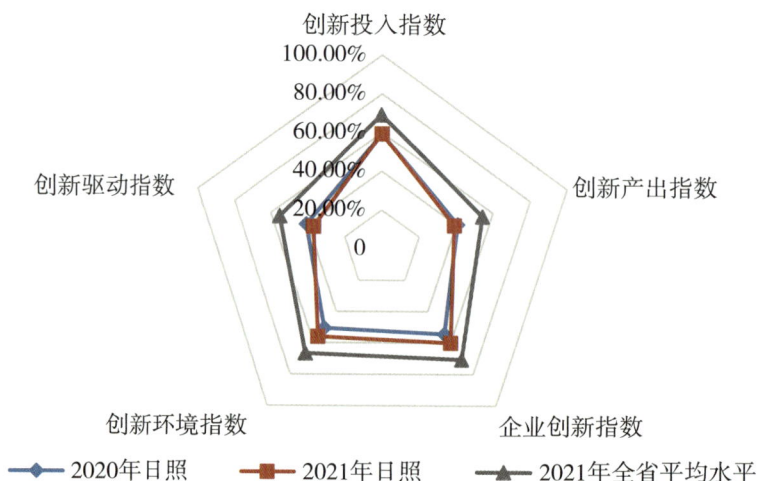

图 3-21　日照市一级评价指标指数与上年及全省平均水平比较情况

2. 科技创新总体特征

创新投入基础好。2021 年，日照市创新投入指数为 59.39%，较上年提高 0.16 个百分点，列全省第 7 位。其中，全社会 R&D 经费支出占地区生产总值（GDP）的比重达到 3.09%，列全省第 2 位，地方财政科技支出占一般公共预算支出的比重为 2.83%，列全省第 5 位，研发经费投入水平在全省处于前列。每万名就业人员中研发人员数为 64.56 人年，列全省第 10 位。R&D 人员中研究人员占比为 28.72%，列全省第 12 位。基础研究经费支出占 R&D 经费支出的比重仅为 0.15%，列全省第 16 位。研发人力投入与基础研究经费投入是创新投入的短板，应持续加强对基础研究和研发人力的关注。

创新产出略有下降。2021 年，日照市创新产出指数为 39.06%，较上年下降 1.71 个百分点，列全省第 11 位。其中，每亿元 GDP 技术合同成交额为 426.77 万元，列全省第 4 位。每万人高价值发明专利拥有量为 2.33 件，万名研究人员科技论文数为 1926.61 篇，分别列全省第 9 位、第 10 位。每亿元 R&D 经费支出发明专利授权数为 7.55 件，列全省第 15 位。基础研究成果及高质量专利产出能力有待提升。

企业创新仍需加强。2021 年，日照市企业创新指数为 60.06%，较上年提高 5.68 个百分点，列全省第 14 位。其中，规上工业企业 R&D 人员占规上工业企业从业人员的比重为 10.53%，有研发活动规上工业企业占规上工业企业的比重为 55.39%，两项指标全省排名均为第 5 位，企业创新活跃度较高。规上工业企业 R&D 经费支出占营业收入比重为 1.38%，每万名规上工业企业 R&D 人员发明专利拥有量为 970.58 件，规上工业企业新产品销售收入占营业收入的比重为 9.87%，分别列全省第 12 位、第 14 位、第 15 位，企业研发投入和产出仍需增强。

创新环境持续优化。2021 年，日照市创新环境指数为 56.06%，较上年提高 5.48 个百分点，列全省第 9 位。其中，实际使用外资金额占 GDP 的比重为 1.51%，列全省第 5 位。公共预算教育支出占一般公共预算支出的比重为 22.56%，每万名就业人员累计孵化企业数为 3.51 家，均列全省第 6 位。每万家企业法人单位中高新技术企业数为 57.87 家，科学研究和技术服务业平均工资比较系数为 79.25%，低于全省平均水平。享受研发费用加计扣除减免税政策的规上工业企业占规上工业企业的比重为 9.12%，列全省第 16 位。普惠性政策落实有待提高，科技型企业规模不够壮大。应加快科技型企业尤其是高新技术企业培育，进一步落实惠企政策，提升科技人才待遇。

创新驱动高质量发展能力亟须提升。2021 年，日照市创新驱动指数为 37.12%，较上年下降 3.97 个百分点，列全省第 16 位。其中，万元 GDP 综合能耗较上年降低率为 6.08%，较上年降低率收窄，列全省第 4 位，绿色低碳减排应持续推进。全员劳动生产率为 13.43 万元 / 人，创新绩效明显，但提升较缓，列全省第 8 位，下降 1 位。现代服务业增加值占 GDP 比重为 24.72%，数字经济核心产业增加值占 GDP 比重为 1.48%，均列全省第 9 位。规上高新技术产业产值占规上工业产值比重为

15.94%，且较上年下降，列全省第 16 位。高新技术产业是日照市创新发展的短板，应着力加强高新技术产业规模和质量双提升。

（二）创新发展指标排名变动分析

2021 年，日照市综合科技创新水平指数排名较上年下降 4 位，创新投入指数、创新环境指数排名与上年持平，创新产出指数、企业创新指数、创新驱动指数排名均下降 3 位。科技创新多项指标出现排名下降。

排名提升最为突出的指标是万名研究人员科技论文数，较上年上升 4 位。R&D 人员中研究人员占比、每万家企业法人单位中高新技术企业数两项指标排名较上年提升 3 位。每万名规上工业企业 R&D 人员发明专利拥有量、现代服务业增加值占 GDP 比重两项指标排名均较上年提升 2 位。全社会 R&D 经费支出占地区生产总值（GDP）的比重、规上工业企业 R&D 经费支出占营业收入的比重指标排名均较上年提升 1 位。

排名下降最多的是每亿元 R&D 经费支出发明专利授权数指标，由全省第 5 位下降至第 15 位。科学研究和技术服务业平均工资比较系数指标排名较上年下降 6 位。规上工业企业 R&D 人员占规上工业企业从业人员的比重指标排名较上年下降 3 位。地方财政科技支出占一般公共预算支出的比重、有研发活动规上工业企业占规上工业企业的比重、万元 GDP 综合能耗较上年降低率 3 项指标排名较上年均下降 2 位。基础研究经费支出占 R&D 经费支出的比重、每万名就业人员中研发人员数、每亿元 GDP 技术合同成交额、享受研发费用加计扣除减免税政策的规上工业企业占规上工业企业的比重、全员劳动生产率等指标排名较上年均下降 1 位。

排名与上年持平的各项指标中，实际使用外资金额占 GDP 的比重较上年下降 0.10 个百分点，规上高新技术产业产值占规上工业产值比重较上年下降 1.89 个百分点，其他指标均实现了不同幅度的增长。

图 3-22 为日照市主要二级评价指标排名变动情况。

每亿元R&D经费支出发明专利授权数　−10

科学研究和技术服务业平均工资比较系数　−6

规上工业企业R&D人员占规上工业企业从业人员的比重　−3

万元GDP综合能耗较上年降低率　−2

有研发活动规上工业企业占规上工业企业的比重　−2

地方财政科技支出占一般公共预算支出的比重　−2

全员劳动生产率　−1

享受研发费用加计扣除减免税政策的规上工业企业占规上工业企业的比重　−1

每亿元GDP技术合同成交额　−1

每万名就业人员中研发人员数　−1

基础研究经费支出占R&D经费支出的比重　−1

规上工业企业R&D经费支出占营业收入的比重　1

全社会R&D经费支出占地区生产总值（GDP）的比重　1

现代服务业增加值占GDP比重　2

每万名规上工业企业R&D人员发明专利拥有量　2

每万家企业法人单位中高新技术企业数　3

R&D人员中研究人员占比　3

万名研究人员科技论文数　4

　　　　　−20　−10　0　10

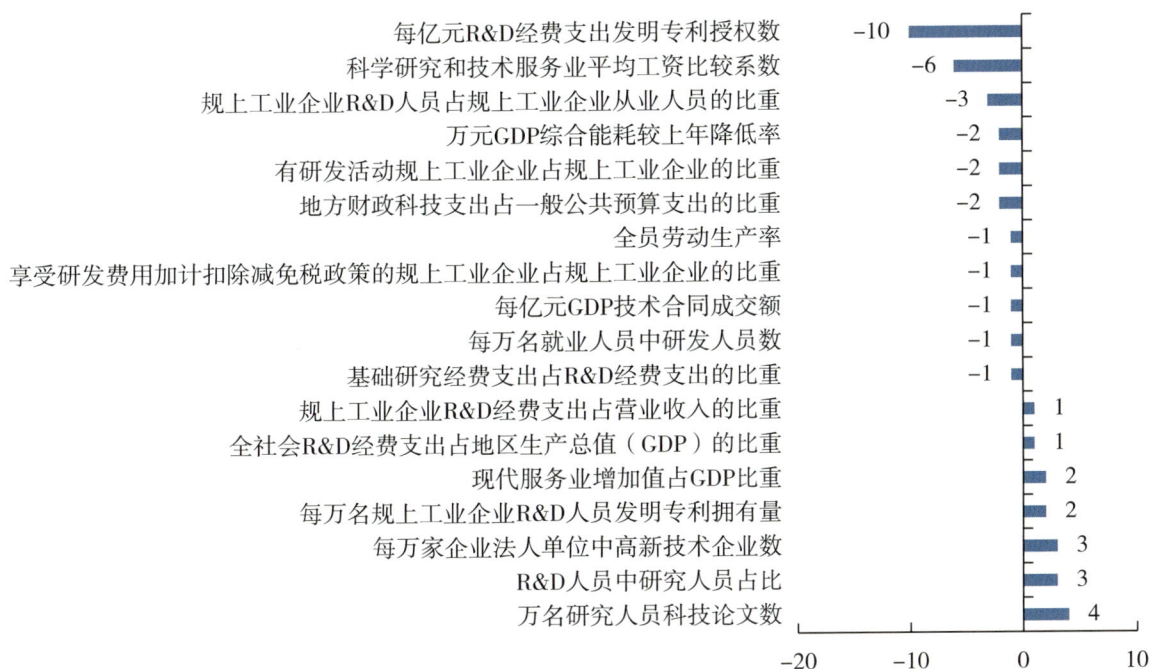

图 3-22　日照市主要二级评价指标排名变动情况

（三）创新驱动经济高质量发展的建议

2021 年，日照市实现地区生产总值 2211.96 亿元，同比增长 10.81%。"四新"经济增加值占 GDP 的比重达到 29.80%，连续两年上榜全国最具人才吸引力百强市。日照市要贯彻好"创新兴市"战略，尚需从以下几个方面进行突破。

提高创新产出效率。改革科技计划项目管理，围绕重点产业技术需求顶层设计，全面推进专家组阁制、揭榜制及包干制，提升高水平创新成果产出能力。深入推进科技合作，加大对技术经纪人、技术转移机构的规范化管理和扶持力度，进一步完善技术交易体系。开展高价值发明专利培育，提升专利产出质量和效益。

提升企业创新能力。引导和鼓励企业加大研发经费投入，提升企业新产品研发及产出能力。加大科技型企业培育力度，通过提供科技政策精准服务进行重点扶持。强化产学研合作路径，聚力打造政产学研金服用创新创业共同体。

加大惠企政策落实力度。建立常态化科技惠企政策宣讲机制，深入企业一线对最新政策进行宣传解读，提高各企业政策知晓率。建立"一对一"联系帮扶企业制度，通过分析企业科技创新需求，提升企业用好政策的主动性。加强部门协调，畅通政策执行堵点，将优惠政策切实执行到位。

持续优化人才发展环境。以提高科技人才收入水平为突破口，完善各类人才计划体系，强化财政支持力度，合理提高科技人员薪酬水平。优化"领军人才＋创新团队"引进模式，不断提升人才集聚能力，促进人才链、教育链、产业链、创新链有机衔接、融合发展。

加快培育高新技术产业，提升高新技术产业化水平。一方面加强政府政策引导激励，顶层设计规划，包括持续加大企业研发投入，梯次培育科技型企业，加强产业生态创新。另一方面完善包括知识产权、人才激励、金融税收等多方面的体系支持，推动高新技术产业化水平，提升科技创新对产业发展的引领和支撑能力。同时，推动重点产业数字化、绿色化转型升级，打造先进制造业特色城市。

表 3-11 为日照市科技创新各级指标值和排名。

表 3-11　日照市科技创新各级指标值和排名

指标名称	指标值		排名	
	上年	当年	上年	当年
综合科技创新水平指数（%）	49.65	50.87	9	13
创新投入指数（%）	59.23	59.39	7	7
全社会 R&D 经费支出占地区生产总值（GDP）的比重（%）	3.11	3.09	3	2
地方财政科技支出占一般公共预算支出的比重（%）	3.14	2.83	3	5
基础研究经费支出占 R&D 经费支出的比重（%）	0.29	0.15	15	16
每万名就业人员中研发人员数（人年）	48.29	64.56	9	10
R&D 人员中研究人员占比（%）	30.83	28.72	15	12
创新产出指数（%）	40.77	39.06	8	11
每亿元 GDP 技术合同成交额（万元）	386.98	426.77	3	4
每万人高价值发明专利拥有量（件）	2.12	2.33	9	9
万名研究人员科技论文数（篇）	1865.96	1926.61	14	10
每亿元 R&D 经费支出发明专利授权数（件）	12.59	7.55	5	15
企业创新指数（%）	54.39	60.06	11	14
规上工业企业 R&D 经费支出占营业收入的比重（%）	1.29	1.38	13	12
规上工业企业 R&D 人员占规上工业企业从业人员的比重（%）	9.44	10.53	2	5
有研发活动规上工业企业占规上工业企业的比重（%）	54.96	55.39	3	5
规上工业企业新产品销售收入占营业收入的比重（%）	7.07	9.87	15	15
每万名规上工业企业 R&D 人员发明专利拥有量（件）	764.49	970.58	16	14
创新环境指数（%）	50.58	56.06	9	9
公共预算教育支出占一般公共预算支出的比重（%）	20.78	22.56	6	6
科学研究和技术服务业平均工资比较系数（%）	95.07	79.25	5	11
每万名就业人员累计孵化企业数（家）	3.01	3.51	6	6
每万家企业法人单位中高新技术企业数（家）	39.69	57.87	10	7
实际使用外资金额占 GDP 的比重（%）	1.61	1.51	5	5
享受研发费用加计扣除减免税政策的规上工业企业占规上工业企业的比重（%）	5.52	9.12	15	16
创新驱动指数（%）	41.09	37.12	13	16
全员劳动生产率（万元/人）	11.96	13.43	7	8
规上高新技术产业产值占规上工业产值比重（%）	17.83	15.94	16	16
现代服务业增加值占 GDP 比重（%）	24.62	24.72	11	9
数字经济核心产业增加值占 GDP 比重（%）	—	1.48	—	9
万元 GDP 综合能耗较上年降低率（%）	9.67	6.08	2	4

十二、临沂市

（一）科技创新发展情况

1.科技创新总体情况

2021年，临沂市持续优化科技创新环境，加速集聚创新资源，促进科技成果转化，整体创新实力明显增强，成功获批建设国家创新型城市。临沂应用科学城二期加快建设，新组建省技术创新中心3个、备案省级院士工作站4个，有研发活动的规上工业企业占比超过35%，创新平台提质增效显著。全市入库科技型中小企业达到1315家，高新技术企业达到1100家，科技型企业规模和数量实现双提升。临沂市综合科技创新水平指数为48.36%，比上年提高6.41个百分点，列全省第14位。

图3-23为临沂市一级评价指标指数与上年及全省平均水平比较情况。

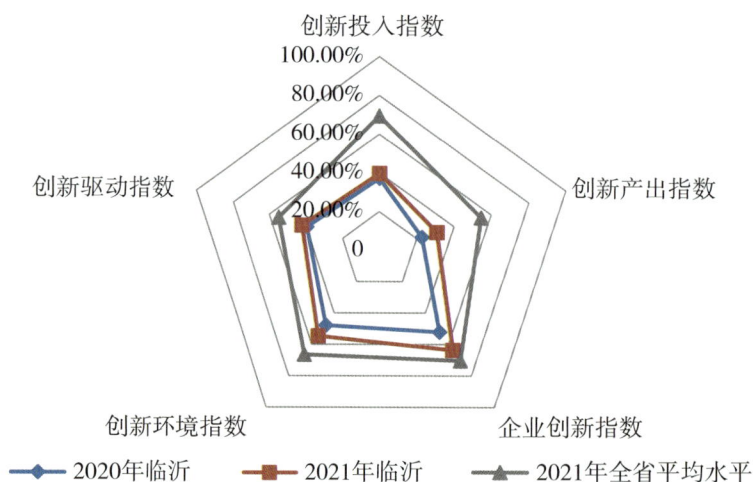

图 3-23　临沂市一级评价指标指数与上年及全省平均水平比较情况

2.科技创新总体特征

创新投入仍需进一步加强。2021年，临沂市创新投入指数为39.88%，较上年提高2.53个百分点，列全省第14位。其中，基础研究经费支出占R&D经费支出的比重为1.46%，列全省第10位。地方财政科技支出占一般公共预算支出的比重为1.15%，全社会R&D经费支出占地区生产总值（GDP）的比重为2.04%，分别列全省第11位、第12位。每万名就业人员中研发人员数为36.24人年，R&D人员中研究人员占比为 27.55%，均列全省第 15 位。研发经费投入虽有较大增长，但研发投入强度不高，与其国家创新型城市建设不符，且研发人力投入偏低，应加强对研发投入的重视。

创新产出稳定增长。2021 年，临沂市创新产出指数为 30.71%，较上年提高 8.05 个百分点，列全省第 14 位。其中，每亿元 R&D 经费支出发明专利授权数为 14.80 件，列全省第 7 位，创新成果产出强度表现良好。每万人高价值发明专利拥有量为 1.64 件，万名研究人员科技论文数为 1522.05 篇，均列全省第 12 位。每亿元 GDP 技术合同成交额为 192.26 万元，列全省第 15 位。专利产出质量和效益不高，科技成果转化效率尚需着力提高。

企业创新略有优势。2021 年，临沂市企业创新指数 63.45%，较上年提高 11.56 个百分点，列全省第 12 位。其中，每万名规上工业企业 R&D 人员发明专利拥有量为 1498.75 件，列全省第 7 位。规上工业企业 R&D 经费支出占营业收入的比重为 1.66%，规上工业企业新产品销售收入占营业收入的比重为 29.27%，均列全省第 8 位，企业研发投入和产出取得了一定成效。规上工业企业 R&D 人员占规上工业企业从业人员的比重为 7.79%，有研发活动规上工业企业占规上工业企业的比重仅为 38.03%，两项指标均列全省第 14 位，有研发活动的企业覆盖率不高，研发创新活跃度不强，应激发企业研发积极性。

创新环境持续优化。2021 年，临沂市创新环境指数为 54.43%，较上年提高 6.83 个百分点，列全省第 11 位。其中，公共预算教育支出占一般公共预算支出的比重为 24.66%，列全省第 2 位，创新发展基础良好。实际使用外资金额占 GDP 的比重为 1.62%，列全省第 4 位，营商环境不断优化。科学研究和技术服务业平均工资比较系数为 89.04%，列全省第 8 位。每万名就业人员累计孵化企业数为 1.46 家，列全省第 10 位。每万家企业法人单位中高新技术企业数为 41.91 家，享受研发费用加计扣除减免税政策的规上工业企业占规上工业企业的比重为 14.24%，分别列全省第 12 位、第 13 位，高新技术企业培育环境和政策落实还需进一步优化。

创新驱动高质量发展能力有所增强。2021 年，临沂市创新驱动指数为 42.45%，较上年提高 2.61 个百分点，列全省第 13 位。其中，现代服务业增加值占 GDP 比重达到 26.99%，列全省第 3 位，经济结构不断优化。万元 GDP 综合能耗较上年降低率为 4.31%，列全省第 10 位。规上高新技术产业产值占规上工业产值比重为 42.28%，数字经济核心产业增加值占 GDP 比重为 1.36%，两指标均列全省第 11 位。

全员劳动生产率为 8.85 万元 / 人，列全省第 15 位，产业结构调整和转型升级需进一步推动，发展质量需进一步提升。

（二）创新发展指标排名变动分析

2021 年，临沂市综合科技创新水平指数排名较上年上升 1 位，创新驱动指数排名上升 2 位，创新产出指数排名上升 1 位，创新投入指数、企业创新指数排名与上年持平，创新环境指数排名下降 1 位。科技创新多数指标呈现提升趋势，个别指标略有下降。

排名提升最为突出的两项指标是每亿元 R&D 经费支出发明专利授权数、科学研究和技术服务业平均工资比较系数，排名均较上年提高了 5 位。规上工业企业新产品销售收入占营业收入的比重、万元 GDP 综合能耗较上年降低率指标排名均上升 3 位。每万名规上工业企业 R&D 人员发明专利拥有量、实际使用外资金额占GDP 的比重指标排名均上升 2 位。地方财政科技支出占一般公共预算支出的比重、每亿元 GDP 技术合同成交额、万名研究人员科技论文数、规上工业企业 R&D 经费支出占营业收入的比重等 4 项指标排名均上升 1 位。近半数二级评价指标排名出现不同幅度的排名提升，反映出临沂市 2021 年科技创新取得良好成效。

排名下降的指标有 5 项，其中，基础研究经费支出占 R&D 经费支出的比重指标排名下降 2 位，R&D 人员中研究人员占比、规上工业企业 R&D 人员占规上工业企业从业人员的比重、有研发活动规上工业企业占规上工业企业的比重、每万家企业法人单位中高新技术企业数等指标排名较上年下降 1 位。尽管整体下降幅度不大，但这 5 项指标在全省的排名都比较靠后，应引起重视。

排名与上年持平的各项指标中，仅现代服务业增加值占 GDP 比重较上年下降了 1.75 个百分点，其他指标均实现了不同幅度的增长，反映出临沂市科技创新整体呈现稳步提升的态势，但总体提升速度较缓慢。

图 3-24 为临沂市主要二级评价指标排名变动情况。

基础研究经费支出占R&D经费支出的比重　-2
每万家企业法人单位中高新技术企业数　-1
有研发活动规上工业企业占规上工业企业的比重　-1
规上工业企业R&D人员占规上工业企业从业人员的比重　-1
R&D人员中研究人员占比　-1
规上工业企业R&D经费支出占营业收入的比重　1
万名研究人员科技论文数　1
每亿元GDP技术合同成交额　1
地方财政科技支出占一般公共预算支出的比重　1
实际使用外资金额占GDP的比重　2
每万名规上工业企业R&D人员发明专利拥有量　2
万元GDP综合能耗较上年降低率　3
规上工业企业新产品销售收入占营业收入的比重　3
科学研究和技术服务业平均工资比较系数　5
每亿元R&D经费支出发明专利授权数　5

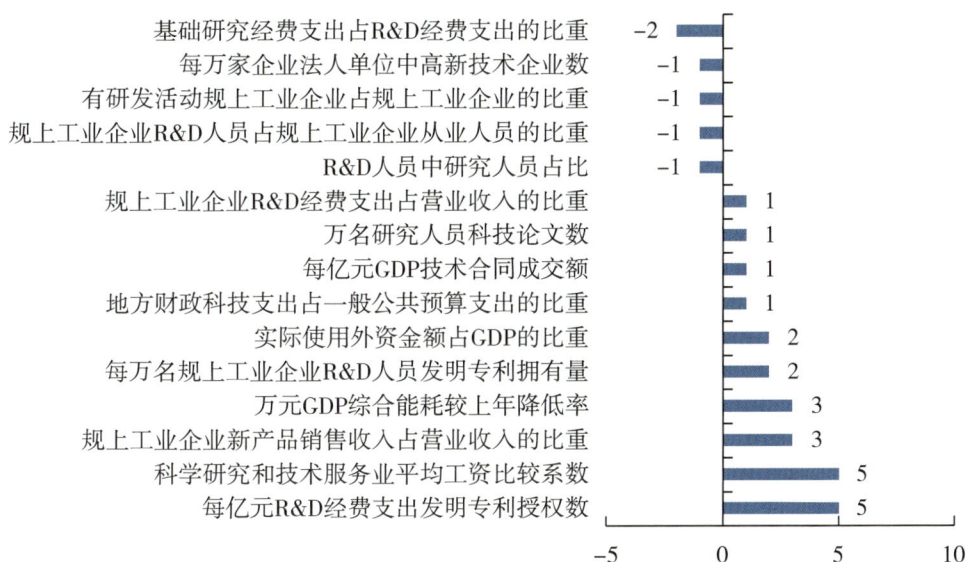

图 3-24　临沂市主要二级评价指标排名变动情况

（三）创新驱动经济高质量发展的建议

2021 年，临沂市地区生产总值达到 5465.50 亿元，同比增长 13.74%，跃升至全省第 5 位。加快传统产业转型升级，新动能发展强劲。通过创新能力评价，临沂市努力打造全省对接长三角创新资源桥头堡，建设国家创新型城市，还需从以下几个方面进行突破。

创新人才工作机制。努力打破区位、经济发展水平限制，进一步拓展科技人才渠道，完善人才引进机制，优化人才创新创业环境。深化与国内外高校院所合作，积极与"长三角"等创新高地对接，布局建设"人才飞地"。

强化高质量科技创新产出。聚焦重点产业发展需要，依托重点骨干企业，加快实施重大关键技术攻关工程，攻克一批重大技术难题。引进转化高端科技成果，加强技术转移人才培养，加快推进科技成果评价机制改革，提高技术成果转化效率。开展高价值发明专利培育，提高专利产出质量和效益。

加大企业支持力度。梯次培育科技型企业，支持重点企业组建省级以上研发机构。构建精准支持政策体系，引导企业持续加大研发投入，建设多层次研发平台，提升企业创新活力及产出能力。

营造更优创新发展环境。以建设创新型城市为契机，推进重点任务落实，系统优化创新创业生态。完善科研管理体制，健全创新尽职免责机制，营造宽容失败、鼓励创新创业的良好氛围。

加快动能转换步伐。坚持高端化、数字化、绿色化发展方向，实施传统产业改造提升行动，推进工程机械、木业机械等传统优势产业向高端迈进。大力发展生物医药、高端装备制造、新一代信息技术、新材料、新能源、现代服务业等战略性新兴产业，着力构建具有区域特色的现代产业体系。

表 3-12 为临沂市科技创新各级指标值和排名。

表 3-12　临沂市科技创新各级指标值和排名

指标名称	指标值		排名	
	上年	当年	上年	当年
综合科技创新水平指数（%）	41.95	48.36	15	14
创新投入指数（%）	37.34	39.88	14	14
全社会 R&D 经费支出占地区生产总值（GDP）的比重（%）	2.02	2.04	12	12
地方财政科技支出占一般公共预算支出的比重（%）	1.08	1.15	12	11
基础研究经费支出占 R&D 经费支出的比重（%）	1.26	1.46	8	10
每万名就业人员中研发人员数（人年）	24.86	36.24	15	15
R&D 人员中研究人员占比（%）	32.07	27.55	14	15
创新产出指数（%）	22.66	30.71	15	14
每亿元 GDP 技术合同成交额（万元）	109.73	192.26	16	15
每万人高价值发明专利拥有量（件）	1.49	1.64	12	12
万名研究人员科技论文数（篇）	2044.79	1522.05	13	12
每亿元 R&D 经费支出发明专利授权数（件）	9.13	14.80	12	7
企业创新指数（%）	51.88	63.45	12	12
规上工业企业 R&D 经费支出占营业收入的比重（%）	1.76	1.66	9	8
规上工业企业 R&D 人员占规上工业企业从业人员的比重（%）	5.89	7.79	13	14
有研发活动规上工业企业占规上工业企业的比重（%）	30.08	38.03	13	14
规上工业企业新产品销售收入占营业收入的比重（%）	18.39	29.27	11	8
每万名规上工业企业 R&D 人员发明专利拥有量（件）	1550.86	1498.75	9	7
创新环境指数（%）	47.60	54.43	10	11
公共预算教育支出占一般公共预算支出的比重（%）	24.11	24.66	2	2
科学研究和技术服务业平均工资比较系数（%）	84.54	89.04	13	8
每万名就业人员累计孵化企业数（家）	1.39	1.46	10	10
每万家企业法人单位中高新技术企业数（家）	33.85	41.91	11	12
实际使用外资金额占 GDP 的比重（%）	1.34	1.62	6	4
享受研发费用加计扣除减免税政策的规上工业企业占规上工业企业的比重（%）	7.10	14.24	13	13
创新驱动指数（%）	39.84	42.45	15	13
全员劳动生产率（万元/人）	7.73	8.85	15	15
规上高新技术产业产值占规上工业产值比重（%）	40.02	42.28	11	11
现代服务业增加值占 GDP 比重（%）	28.74	26.99	3	3
数字经济核心产业增加值占 GDP 比重（%）	—	1.36	—	11
万元 GDP 综合能耗较上年降低率（%）	3.15	4.31	13	10

十三、德州市

（一）科技创新发展情况

1. 科技创新总体情况

2021 年，德州市以科技成果转移转化为主线，以科技金融产业融合创新为支撑，聚焦国家创新型城市建设。企业创新能力持续提升，国家科技型中小企业入库数量达到 730 家，新增省技术创新中心 1 家，省新型研发机构 4 家，省级以上科技创新平台 34 家，创新支撑能力不断增强。出台《关于打造"政产学研金服用"创新创业共同体的实施意见》等政策文件，科技创新政策体系持续优化。德州市综合科技创新水平指数为 48.35%，比上年下降 0.62 个百分点，列全省第 15 位。

图 3-25 为德州市一级评价指标指数与上年及全省平均水平比较情况。

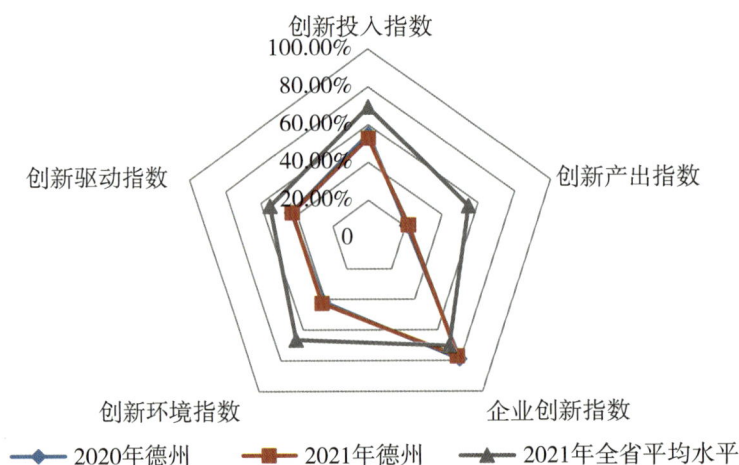

图 3-25 德州市一级评价指标指数与上年及全省平均水平比较情况

2. 科技创新总体特征

创新投入仍有较大提升空间。2021 年，德州市创新投入指数为 52.52%，较上年下降 2.41 个百分点，列全省第 10 位。其中，全社会 R&D 经费支出占地区生产总值（GDP）的比重为 2.90%，列全省第 4 位。地方财政科技支出占一般公共预算支出的比重为 1.98%，R&D 人员中研究人员占比为 31.20%，两项指标均列全省第 8 位。每万名就业人员中研发人员数为 53.58 人年，基础研究经费支出占 R&D 经费支出的比重为 0.55%，分别列全省第 12 位、第 14 位。研发人力投入和基础研究投入不高，是德州创新投入的薄弱环节。

创新产出尚需持续加强。2021 年，德州市创新产出指数为 21.56%，较上年提高 1.02 个百分点，列全省第 16 位。其中，每万人高价值发明专利拥有量为 1.36 件，万名研究人员科技论文数为 1256.95 篇，每亿元 GDP 技术合同成交额为 187.06 万元，每亿元 R&D 经费支出发明专利授权数为 6.19 件，分别列全省第 14 位、第 15 位、第 16 位、第 16 位。创新产出效率和质量不高，各项指标均呈现落后态势，有较大的提升空间。

企业创新投入有一定优势。2021 年，德州市企业创新指数为 77.47%，较上年下降 1.91 个百分点，列全省第 5 位。其中，规上工业企业 R&D 经费支出占营业收入的比重为 2.55%，规上工业企业 R&D 人员占规上工业企业从业人员的比重为 10.71%，两项指标分别列全省第 2 位、第 3 位，企业研发经费投入强度、人力投入强度均处于较高水平。规上工业企业新产品销售收入占营业收入的比重为 31.23%，列全省第 6 位。每万名规上工业企业 R&D 人员发明专利拥有量为 1354.85 件，列全省第 9 位。有研发活动规上工业企业占规上工业企业的比重为 44.21%，列全省第 10 位，有研发活动企业减少，企业创新活跃度有待进一步提升。

创新环境有待进一步优化。2021 年，德州市创新环境指数为 42.99%，较上年提高 1.13 个百分点，列全省第 15 位。其中，每万家企业法人单位中高新技术企业数为 47.36 家，列全省第 10 位。公共预算教育支出占一般公共预算支出的比重为 18.28%，每万名就业人员累计孵化企业数为 0.88 家，享受研发费用加计扣除减免税政策的规上工业企业占规上工业企业的比重为 15.19%，3 项指标均列全省第 12 位。实际使用外资金额占 GDP 的比重为 0.84%，科学研究和技术服务业平均工资比较系数为 55.44%，在全省分别列第 15 位、第 16 位。德州市应着力优化营商环境，不断提高科技人员从业待遇，营造良好人才成长环境，推动创新创业环境持续优化。

创新驱动高质量发展能力仍需加强。2021 年，德州市创新驱动指数为 42.78%，较上年下降 0.42 个百分点，列全省第 12 位。其中，规上高新技术产业产值占规上工业产值比重为 45.42%，列全省第 9 位。全员劳动生产率为 10.80 万元 / 人，万元 GDP 综合能耗较上年降低率为 4.18%，两项指标均列全省第 11 位。现代服务业增加值占 GDP 比重为 22.57%，列全省第 12 位。数字经济核心产业增加值占 GDP 比重仅为 0.83%，列全省第 14 位。产业结构优化调整有待进一步加快，推动全市高质量发展。

（二）创新发展指标排名变动分析

2021 年，德州市综合科技创新水平指数排名较上年下降 5 位，创新产出指数、创新驱动指数排名与上年持平，创新环境指数排名下降 1 位，创新投入指数排名下降 2 位，企业创新指数排名下降 3 位。科技创新多项指标呈现下降趋势。

排名提升最为突出的指标是 R&D 人员中研究人员占比，排名较上年提高了 5 位。每万名规上工业企业 R&D 人员发明专利拥有量指标排名较上年上升 3 位。现代服务业增加值占 GDP 比重指标排名较上年上升 2 位。地方财政科技支出占一般公共预算支出的比重、公共预算教育支出占一般公共预算支出的比重两项指标排名均较上年上升 1 位。德州市在研究人员投入以及相应产出上，有较大提升。

排名下降最为明显的指标是有研发活动规上工业企业占规上工业企业的比重，较上年下降 9 位。科学研究和技术服务业平均工资比较系数指标排名较上年下降 5 位，享受研发费用加计扣除减免税政策的规上工业企业占规上工业企业的比重较上年下降 4 位。全社会 R&D 经费支出占地区生产总值（GDP）的比重、规上工业企业 R&D 人员占规上工业企业从业人员的比重、规上高新技术产业产值占规上工业产值比重、万元 GDP 综合能耗较上年降低率等指标排名均较上年下降 2 位。每亿元 GDP 技术合同成交额、规上工业企业 R&D 经费支出占营业收入的比重、每万家企业法人单位中高新技术企业数 3 项指标排名较上年下降 1 位。

排名与上年持平的各项指标中，仅万名研究人员科技论文数较上年下降，其他指标均实现不同程度的增长。

图 3-26 为德州市主要二级评价指标排名变动情况。

有研发活动规上工业企业占规上工业企业的比重 -9
科学研究和技术服务业平均工资比较系数 -5
享受研发费用加计扣除减免税政策的规上工业企业占规上工业企业的比重 -4
万元GDP综合能耗较上年降低率 -2
规上高新技术产业产值占规上工业产值比重 -2
规上工业企业R&D人员占规上工业企业从业人员的比重 -2
全社会R&D经费支出占地区生产总值（GDP）的比重 -2
每万家企业法人单位中高新技术企业数 -1
规上工业企业R&D经费支出占营业收入的比重 -1
每亿元GDP技术合同成交额 -1
公共预算教育支出占一般公共预算支出的比重 1
地方财政科技支出占一般公共预算支出的比重 1
现代服务业增加值占GDP比重 2
每万名规上工业企业R&D人员发明专利拥有量 3
R&D人员中研究人员占比 5

-10   -5   0   5   10

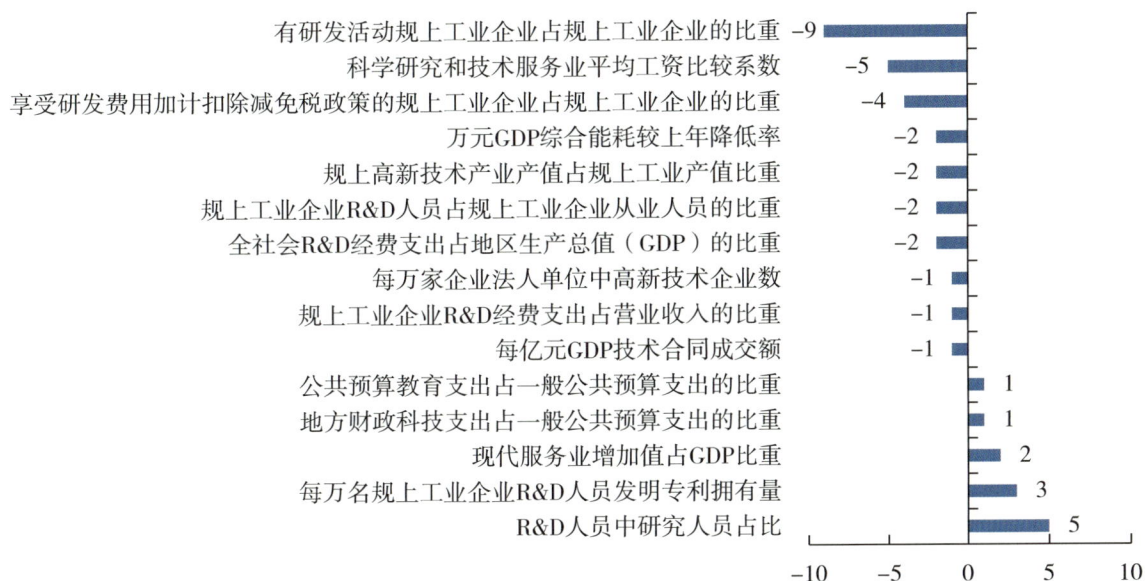

图 3-26　德州市主要二级评价指标排名变动情况

（三）创新驱动经济高质量发展的建议

2021 年，德州市全市地区生产总值为 3488.72 亿元，同比增长 14.55%。"专精特新"企业实现跨越式发展，新旧动能加快转换。根据科技创新评价结果，为更好建设高水平创新型城市，还需从以下方面进行突破。

强化创新产出能力。实施重大科技创新项目，加快推动关键核心技术取得突破。加大与高校院所合作，推动科技成果转移转化进程，促进高质量科技成果落地转化。提高高校院所、企业知识产权保护意识，提升发明专利产出密度，推动高质量、高价值创新成果驱动经济高质量发展。

提升人才集聚能力。加大高层次科技人才引育力度，完善"一站式"人才服务体系。联合政府部门、行业协会、知名龙头企业等定期拟定人才需求清单，精准化招引急需科技人才。鼓励企业与高校、科研院所、职业院校探索采取"订单式"方式培养产业技术技能人才。

激发企业创新活力。深入推动规上工业企业研发机构有效覆盖，激发规上工业企业开展研发活动的积极性。大力实施科技型企业梯次培育计划，壮大科技型企业规模。多门部门联动形成合力，制定激励措施，鼓励企业加大研发投入，积极承担研发创新项目，提高企业研发创新产出质量和效益。

增强新旧动能转换驱动力。聚焦电子信息及材料、绿色化工及复合材料、食品加工、高端（环保）装备、生物医药、体育器械、特色轻工纺织七大制造业，打造特色体育名城、功能食品高地、半导体产业新增长极，有效推动传统优势产业转型升级、战略先导产业跨越发展。推进数字产业化、产业数字化，加快传统产业数字化转型步伐，培育数字经济新增长点。

表 3-13 为德州市科技创新各级指标值和排名。

表 3-13　德州市科技创新各级指标值和排名

指标名称	指标值		排名	
	上年	当年	上年	当年
综合科技创新水平指数（%）	48.96	48.35	10	15
创新投入指数（%）	54.93	52.52	8	10
全社会 R&D 经费支出占地区生产总值（GDP）的比重（%）	3.25	2.90	2	4
地方财政科技支出占一般公共预算支出的比重（%）	1.95	1.98	9	8
基础研究经费支出占 R&D 经费支出的比重（%）	0.54	0.55	14	14
每万名就业人员中研发人员数（人年）	46.13	53.58	12	12
R&D 人员中研究人员占比（%）	33.52	31.20	13	8
创新产出指数（%）	20.53	21.56	16	16
每亿元 GDP 技术合同成交额（万元）	187.69	187.06	15	16
每万人高价值发明专利拥有量（件）	1.17	1.36	14	14
万名研究人员科技论文数（篇）	1675.70	1256.95	15	15
每亿元 R&D 经费支出发明专利授权数（件）	4.16	6.19	16	16
企业创新指数（%）	79.38	77.47	2	5
规上工业企业 R&D 经费支出占营业收入的比重（%）	3.20	2.55	1	2
规上工业企业 R&D 人员占规上工业企业从业人员的比重（%）	9.54	10.71	1	3
有研发活动规上工业企业占规上工业企业的比重（%）	59.22	44.21	1	10
规上工业企业新产品销售收入占营业收入的比重（%）	24.64	31.23	6	6
每万名规上工业企业 R&D 人员发明专利拥有量（件）	1119.59	1354.85	12	9
创新环境指数（%）	41.86	42.99	14	15
公共预算教育支出占一般公共预算支出的比重（%）	17.17	18.28	13	12
科学研究和技术服务业平均工资比较系数（%）	88.33	55.44	11	16
每万名就业人员累计孵化企业数（家）	0.83	0.88	12	12
每万家企业法人单位中高新技术企业数（家）	39.79	47.36	9	10
实际使用外资金额占 GDP 的比重（%）	0.60	0.84	15	15
享受研发费用加计扣除减免税政策的规上工业企业占规上工业企业的比重（%）	10.49	15.19	8	12
创新驱动指数（%）	43.20	42.78	12	12
全员劳动生产率（万元/人）	9.27	10.80	11	11
规上高新技术产业产值占规上工业产值比重（%）	43.44	45.42	7	9
现代服务业增加值占 GDP 比重（%）	23.59	22.57	14	12
数字经济核心产业增加值占 GDP 比重（%）	—	0.83	—	14
万元 GDP 综合能耗较上年降低率（%）	5.87	4.18	9	11

十四、聊城市

（一）科技创新发展情况

1. 科技创新总体情况

2021 年，聊城市深入实施创新驱动发展战略，不断优化科技创新环境，科技对全市高质量发展的支撑引领作用持续增强。全社会研发投入占比增幅居全省前列，新增省级以上各类创新平台 27 家，创新平台建设成效显著。规上高新技术产业产值占规上工业产值比重达到 48.27%，超过全省平均水平。聊城市综合科技创新水平指数为 51.74%，比上年提高 4.00 个百分点，列全省第 11 位。

图 3-27 为聊城市一级评价指标指数与上年及全省平均水平比较情况。

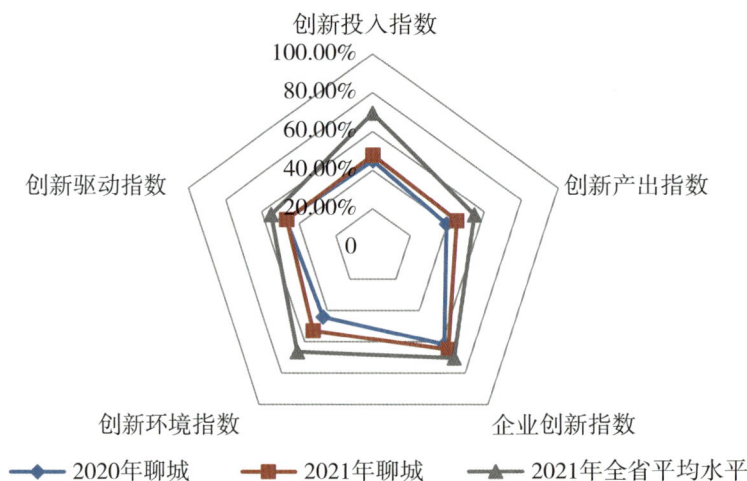

图 3-27　聊城市一级评价指标指数与上年及全省平均水平比较情况

2. 科技创新总体特征

创新投入需进一步加强。2021 年，聊城市创新投入指数为 47.81%，较上年提高 2.84 个百分点，列全省第 12 位。其中，全社会 R&D 经费支出占地区生产总值（GDP）的比重为 3.06%，列全省第 3 位；基础研究经费支出占 R&D 经费支出的比重为 1.73%，列全省第 8 位。每万名就业人员中研发人员数为 49.17 人年，R&D 人员中研究人员占比为 28.07%，地方财政科技支出占一般公共预算支出的比重为 0.37%，3 个指标均排名靠后。聊城市研发经费投入强度在全省处于前列，但财政科技支出偏低，研发人力不足，应优化地方财政科技投入，加强宏观统筹协调，提高财政资金使用效益。

创新产出略有增长。2021年，聊城市创新产出指数为44.92%，较上年提高5.56个百分点，列全省第9位。其中，每亿元GDP技术合同成交额为439.92万元，列全省第3位，技术交易增长较快。万名研究人员科技论文数为3448.22篇，列全省第5位。每亿元R&D经费支出发明专利授权数为11.38件，每万人高价值发明专利拥有量为1.30件，排名均较靠后，专利产出效率不高。需要强化质量导向，深入实施专利质量提升工程，促进知识产权与区域高质量发展深度融合，提升知识产权创造和运用能力。

企业创新仍需加强。2021年，聊城市企业创新指数为64.98%，较上年提高3.39个百分点，列全省第11位。其中，规上工业企业R&D经费支出占营业收入的比重为1.68%，列全省第6位。有研发活动规上工业企业占规上工业企业的比重为50.45%，列全省第8位，加大企业研发投入措施取得一定成效。每万名规上工业企业R&D人员发明专利拥有量增量列全省第4位。规上工业企业新产品销售收入占营业收入的比重为24.69%，规上工业企业R&D人员占规上工业企业从业人员的比重为8.74%，两项指标均列全省第12位。企业创新能力仍有较大提升空间。

创新环境持续优化。2021年，聊城市创新环境指数为52.95%，较上年提高8.85个百分点，列全省第12位。其中，科学研究和技术服务业平均工资比较系数为144.35%，列全省第2位，对科技人才的支持力度大。公共预算教育支出占一般公共预算支出的比重为21.41%，列全省第8位。实际使用外资金额占GDP的比重为1.11%，低于全省平均水平。享受研发费用加计扣除减免税政策的规上工业企业占规上工业企业的比重为12.84%，每万家企业法人单位中高新技术企业数为31.04家，每万名就业人员累计孵化企业数为0.68家，3项指标排名均靠后。创新环境需进一步优化，加强普惠性政策的有效落实，强化高新技术企业培育，营造鼓励创新创业的良好氛围。

创新驱动高质量发展能力需进一步提升。2021年，聊城市创新驱动指数为46.76%，较上年下降0.44个百分点，排名下降2位，列全省第10位。其中，万元GDP综合能耗较上年降低率为5.84%，下降率收窄且排名下降3位。规上高新技术产业产值占规上工业产值比重为48.27%，列全省第7位。现代服务业增加值占GDP比重为25.15%，数字经济核心产业增加值占GDP比重为1.61%，均列全省第

8 位。全员劳动生产率为 9.32 万元 / 人，列全省第 14 位。科技创新驱动高质量发展能力有待提升，发展潜力较大，但仍需加快步伐，优化技改支持，优化投资结构，提升全员劳动生产率。

（二）创新发展指标排名变动分析

2021 年，聊城市综合科技创新水平指数排名较上年上升 1 位，创新环境指数排名上升 1 位，创新驱动指数排名下降 2 位，企业创新指数排名下降 3 位，创新投入指数、创新产出指数排名与上年持平。

排名提升较大的指标是万名研究人员科技论文数、每万名规上工业企业 R&D 人员发明专利拥有量、规上高新技术产业产值占规上工业产值比重，均较上年上升 2 位。全社会 R&D 经费支出占地区生产总值（GDP）的比重、基础研究经费支出占 R&D 经费支出的比重、每亿元 GDP 技术合同成交额、规上工业企业 R&D 经费支出占营业收入的比重、科学研究和技术服务业平均工资比较系数、实际使用外资金额占 GDP 的比重等 6 项指标排名均较上年上升 1 位。

排名下降最多的指标是规上工业企业新产品销售收入占营业收入的比重，由全省第 3 位下降至全省第 12 位。R&D 人员中研究人员占比指标排名较上年下降 5 位。有研发活动规上工业企业占规上工业企业的比重指标排名下降 4 位。万元 GDP 综合能耗较上年降低率排名下降 3 位。每万人高价值发明专利拥有量、每亿元 R&D 经费支出发明专利授权数、规上工业企业 R&D 人员占规上工业企业从业人员的比重、现代服务业增加值占 GDP 比重等指标排名较上年下降 2 位。地方财政科技支出占一般公共预算支出的比重、公共预算教育支出占一般公共预算支出的比重等指标排名均较上年下降 1 位。

排名与上年持平的各项指标均实现了不同幅度的增长，反映聊城市科技创新能力有一定的稳健性。

图 3-28 为聊城市主要二级评价指标排名变动情况。

图表：聊城市主要二级评价指标排名变动情况

指标	数值
规上工业企业新产品销售收入占营业收入的比重	-9
R&D人员中研究人员占比	-5
有研发活动规上工业企业占规上工业企业的比重	-4
万元GDP综合能耗较上年降低率	-3
现代服务业增加值占GDP比重	-2
规上工业企业R&D人员占规上工业企业从业人员的比重	-2
每亿元R&D经费支出发明专利授权数	-2
每万人高价值发明专利拥有量	-2
公共预算教育支出占一般公共预算支出的比重	-1
地方财政科技支出占一般公共预算支出的比重	-1
实际使用外资金额占GDP的比重	1
科学研究和技术服务业平均工资比较系数	1
规上工业企业R&D经费支出占营业收入的比重	1
每亿元GDP技术合同成交额	1
基础研究经费支出占R&D经费支出的比重	1
全社会R&D经费支出占地区生产总值（GDP）的比重	1
规上高新技术产业产值占规上工业产值比重	2
每万名规上工业企业R&D人员发明专利拥有量	2
万名研究人员科技论文数	2

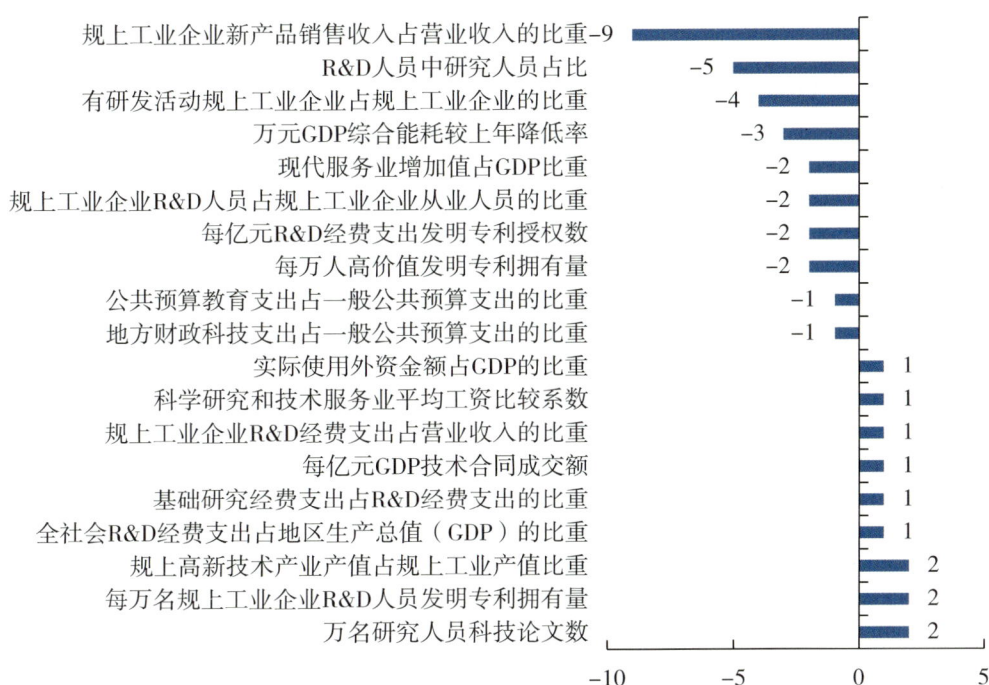

图 3-28　聊城市主要二级评价指标排名变动情况

（三）创新驱动经济高质量发展的建议

2021 年，聊城市地区生产总值达 2642.52 亿元，同比增长 13.07%，创新能力显著增强，有效助力传统产业加速转型。从创新能力评价来看，还需着力突破以下几方面的关键制约因素。

加强财政科技投入及引导。加大财政科技补助支持力度，全面落实各项企业税收优惠政策，有效提升地方财政科技支出规模及占公共财政支出的比重。发挥财政科技资金引导作用，推动企业充分发挥研发投入主体作用。

强化高水平创新成果产出能力。实施高价值专利培育工程，加强对专利、研制创新主体的支持力度。强化产学研协同创新，加速科技成果的转化，提高高水平创新成果产出绩效。

增强企业科技创新能力。持续推动规上工业企业研发机构有效覆盖，引导龙头企业创建高能级创新平台，提升企业科技创新能力。加快科技型企业梯次培育，加大科技型中小微企业扶持力度，推动科技型企业量质提升。

持续优化创新发展环境。发挥市委科技创新委员会统筹领导作用，持续完善科技创新保障体系。加强同京津冀、长三角和省内高校院所的交流合作，深化校地合作，建立高层次科技人才信息库，探索"柔性引才"模式。制定科研人员股权激励、兼职取酬、科研成果收益分红机制，鼓励高层次人才创新创业。

提升高质量发展能力。聚焦十大制造业，加快产业链重塑、价值链提升，大力培育铝加工、绿色化工、新材料产业。培育特色产业集群，着力壮大提升高精管材、食品加工、精品钢板等传统产业集群，实施龙头企业引领行动，扶持壮大一批骨干企业。加快延链补链强链，建设产业配套园区。实施新兴支柱企业培优行动，着力打造产业发展"第二梯队"。

表 3-14 为聊城市科技创新各级指标值和排名。

表 3-14 聊城市科技创新各级指标值和排名

指标名称	指标值		排名	
	上年	当年	上年	当年
综合科技创新水平指数（%）	47.75	51.74	12	11
创新投入指数（%）	44.97	47.81	12	12
全社会 R&D 经费支出占地区生产总值（GDP）的比重（%）	2.92	3.06	4	3
地方财政科技支出占一般公共预算支出的比重（%）	0.44	0.37	15	16
基础研究经费支出占 R&D 经费支出的比重（%）	1.20	1.73	9	8
每万名就业人员中研发人员数（人年）	39.56	49.17	13	13
R&D 人员中研究人员占比（%）	35.26	28.07	9	14
创新产出指数（%）	39.36	44.92	9	9
每亿元 GDP 技术合同成交额（万元）	373.24	439.92	4	3
每万人高价值发明专利拥有量（件）	1.23	1.30	13	15
万名研究人员科技论文数（篇）	3389.11	3448.22	7	5
每亿元 R&D 经费支出发明专利授权数（件）	9.29	11.38	11	13
企业创新指数（%）	61.59	64.98	8	11
规上工业企业 R&D 经费支出占营业收入的比重（%）	1.86	1.68	7	6
规上工业企业 R&D 人员占规上工业企业从业人员的比重（%）	6.51	8.74	10	12
有研发活动规上工业企业占规上工业企业的比重（%）	48.61	50.45	4	8
规上工业企业新产品销售收入占营业收入的比重（%）	27.21	24.69	3	12
每万名规上工业企业 R&D 人员发明专利拥有量（件）	972.20	1071.04	14	12
创新环境指数（%）	44.10	52.95	13	12
公共预算教育支出占一般公共预算支出的比重（%）	20.68	21.41	7	8
科学研究和技术服务业平均工资比较系数（%）	121.29	144.35	3	2
每万名就业人员累计孵化企业数（家）	0.59	0.68	16	16
每万家企业法人单位中高新技术企业数（家）	26.59	31.04	15	15
实际使用外资金额占 GDP 的比重（%）	0.62	1.11	14	13
享受研发费用加计扣除减免税政策的规上工业企业占规上工业企业的比重（%）	6.69	12.84	14	14
创新驱动指数（%）	47.20	46.76	8	10
全员劳动生产率（万元/人）	8.08	9.32	14	14
规上高新技术产业产值占规上工业产值比重（%）	42.03	48.27	9	7
现代服务业增加值占 GDP 比重（%）	26.47	25.15	6	8
数字经济核心产业增加值占 GDP 比重（%）	—	1.61	—	8
万元 GDP 综合能耗较上年降低率（%）	8.63	5.84	3	6

十五、滨州市

（一）科技创新发展情况

1. 科技创新总体情况

2021 年，滨州市在产教融合型、实业创新型"双型"城市建设的引领下，以有解思维破难题、平台思维聚资源、生态思维补短板，出台《关于建立研发投入激励机制提高企业自主创新能力实施方案》及升级版"渤海科创券"等，打造"渤海科创汇"品牌，成立 13 个领域的创新联盟，实现极紫外光刻胶、铝基复材等"国字号"研发成果批量转化落地。滨州市综合科技创新水平指数为 57.76%，较上年提高 9.04 个百分点，列全省第 7 位。

图 3-29 为滨州市一级评价指标指数与上年及全省平均水平比较情况。

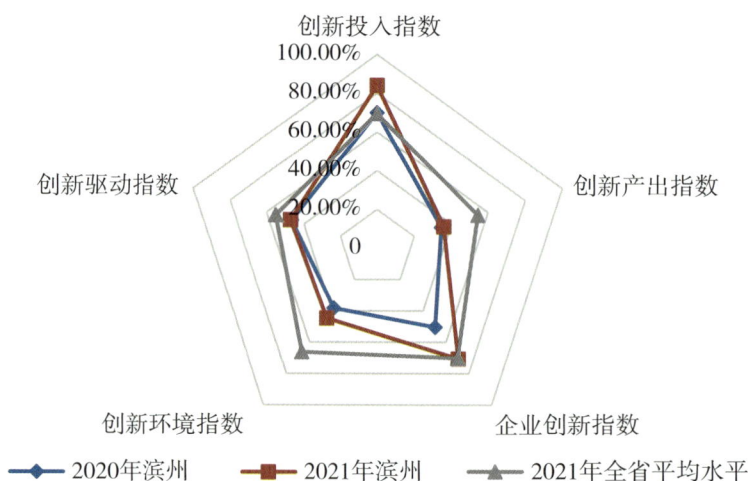

图 3-29　滨州市一级评价指标指数与上年及全省平均水平比较情况

2. 科技创新总体特征

创新投入持续加大。2021 年，滨州市创新投入指数为 84.04%，较上年提高 14.12 个百分点，列全省第 3 位。其中，全社会 R&D 经费支出占地区生产总值（GDP）的比重为 3.49%，地方财政科技支出占一般公共预算支出的比重为 5.41%，均居全省首位，全社会研发投入力度全省遥遥领先，政府科技投入引导作用显著。每万名就业人员中研发人员数为 98.75 人年，列全省第 6 位。基础研究经费支出占

R&D 经费支出的比重仅为 1.12%，列全省第 13 位。R&D 人员中研究人员占比为 20.17%，列全省第 16 位。基础研究经费投入不高，研发人员中高层次人才偏少。应依托企业、政府、高校、科研机构等，围绕新兴优势产业，加强基础研究，加大创新人才引进和培养力度。

创新产出略有成效。2021 年，滨州市创新产出指数为 35.89%，较上年提高 1.27 个百分点，列全省第 13 位。其中，每亿元 GDP 技术合同成交额为 375.68 万元，每万人高价值发明专利拥有量为 2.37 件，分别列全省第 7 位、第 8 位，高价值专利产出低于全省平均水平。万名研究人员科技论文数为 1328.60 篇，每亿元 R&D 经费支出发明专利授权数为 8.69 件，两指标均列全省第 14 位。科技成果转化及专利产出质量和效益不高，需进一步加强知识产权保护和技术交易工作，推动高价值专利创造和转化实施，提高专利产出质量和创新产出成效。

企业创新能力提高显著。2021 年，滨州市企业创新指数为 70.68%，较上年提高 20.18 个百分点，列全省第 9 位。其中，有研发活动规上工业企业占规上工业企业的比重为 64.93%，全省遥遥领先。规上工业企业 R&D 人员占规上工业企业从业人员的比重为 10.60%，列全省第 4 位。规上工业企业新产品销售收入占营业收入的比重为 29.58%，列全省第 7 位，企业研发人力投入及创新活力显著增强。规上工业企业 R&D 经费支出占营业收入的比重为 1.04%，低于全省平均水平。每万名规上工业企业 R&D 人员发明专利拥有量为 763.61 件，列全省第 16 位。企业研发经费投入强度及研发产出不高，需完善企业研究开发财政补助制度，引导企业持续加大研发投入，强化企业的专利布局与创新能力，提高企业专利产出密度。

创新环境需进一步优化。2021 年，滨州市创新环境指数为 44.70%，较上年提高 6.39 个百分点，列全省第 14 位。其中，享受研发费用加计扣除减免税政策的规上工业企业占规上工业企业的比重为 19.28%，较上年增加 9.47 个百分点，列全省第 8 位。科学研究和技术服务业平均工资比较系数为 84.60%，实际使用外资金额占 GDP 的比重为 1.15%，每万名就业人员累计孵化企业数为 0.80 家，每万家企业法人单位中高新技术企业数为 35.34 家，公共预算教育支出占一般公共预算支出的比重为 15.81%，均低于全省平均水平，排名排名靠后。应优化规上企业群体结构，引导孵化载体提升孵化服务能力，持续保障财政对科技教育的投入，引才育才留才，在"双循环"新格局下，加快开放合作步伐，提高市场竞争力，营造良好的创新氛围。

创新驱动高质量发展能力略有提升。2021 年，滨州市创新驱动指数为 47.18%，较上年提高 0.49 个百分点，列全省第 9 位。其中，万元 GDP 综合能耗较上年降低率为 7.16%，居全省首位，绿色转型发展取得良好成效。全员劳动生产率为 13.65 万元／人，列全省第 7 位。规上高新技术产业产值占规上工业产值比重为 41.99%，现代服务业增加值占 GDP 比重为 22.31%，数字经济核心产业增加值占 GDP 比重为 0.63%，3 项指标在全省排名分别为第 12 位、第 14 位、第 15 位，产业结构还需持续调整优化，不断提升发展质量。

（二）创新发展指标排名变动分析

2021 年，滨州市综合科技创新水平指数排名较上年上升 4 位，企业创新指数排名上升 5 位，创新环境指数排名上升 1 位，创新产出指数排名下降 1 位，创新投入指标、创新驱动指数排名与上年持平。科技创新各项指标基本呈上升状态。

排名提升最为突出的指标是规上工业企业新产品销售收入占营业收入的比重，较上年上升 6 位。万元 GDP 综合能耗较上年降低率排名上升 5 位。规上工业企业 R&D 人员占规上工业企业从业人员的比重排名由全省第 8 位提高至第 4 位。享受研发费用加计扣除减免税政策的规上工业企业占规上工业企业的比重排名提升 2 位。有研发活动规上工业企业占规上工业企业的比重、全员劳动生产率等指标排名均较上年提升 1 位。

排名下降的指标有 5 项，其中万名研究人员科技论文数、规上高新技术产业产值占规上工业产值比重排名均较上年下降 2 位，每亿元 R&D 经费支出发明专利授权数、每万名规上工业企业 R&D 人员发明专利拥有量、现代服务业增加值占 GDP 比重等 3 项指标排名均较上年下降 1 位，总体下降幅度较小。

排名与上年持平的各项指标中，R&D 人员中研究人员占比较上年下降 4.26 个百分点，科学研究和技术服务业平均工资比较系数较上年下降 4.35 个百分点。其他指标均实现不同程度的增长，反映出滨州市科技创新整体呈现稳步提升的状态。

图 3-30 为滨州市主要二级评价指标排名变动情况。

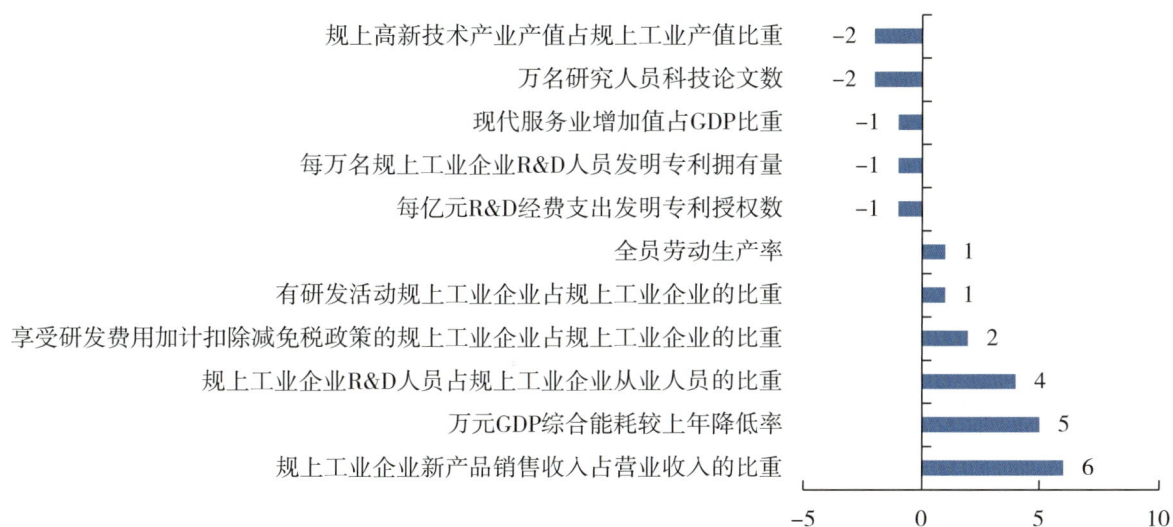

规上高新技术产业产值占规上工业产值比重　−2

万名研究人员科技论文数　−2

现代服务业增加值占GDP比重　−1

每万名规上工业企业R&D人员发明专利拥有量　−1

每亿元R&D经费支出发明专利授权数　−1

全员劳动生产率　1

有研发活动规上工业企业占规上工业企业的比重　1

享受研发费用加计扣除减免税政策的规上工业企业占规上工业企业的比重　2

规上工业企业R&D人员占规上工业企业从业人员的比重　4

万元GDP综合能耗较上年降低率　5

规上工业企业新产品销售收入占营业收入的比重　6

图 3-30　滨州市主要二级评价指标排名变动情况

（三）创新驱动经济高质量发展的建议

2021 年，滨州市地区生产总值达到 2872.11 亿元，同比增长 13.17%，经济结构转型升级，产业层级稳步提升，不断培育新动能。结合评价结果，滨州市还需要突破以下几个方面的制约。

有效提升创新产出效率。深化科研项目管理改革，聚焦重大需求，全面推行"揭榜挂帅""专家组阁"等新型科研模式，提升科研投入绩效，强化重大创新成果贡献度。深化高质量产学研合作，着力加强基础研究布局，稳步增强基础研究产出能力。完善技术转移体系，强化要素集聚力，加速科技成果转化。开展高价值发明专利培育，提高知识产权创造和运用能力。

强化科技人才引育力度。优化各类创新型人才支持计划布局，积极对接国家和省高层次人才工程，引进培育一批高层次创新人才、创新型领军人才、青年科技人才和创新团队。充分发挥驻地高等院校的人才培养功能，培育与滨州优势产业所需的科技人才，为科技创新提供充足的人力资源。

全面提升企业创新能力。健全以企业为主体、以市场为导向的技术创新体系，大力培育创新型企业梯队。激励企业大幅提高研发经费投入力度，支持创新型领军企业联合高校院所开展产业技术瓶颈攻关，鼓励企业自建或与高校院所合作建立研发机构，提高规上企业研发创新活力。

　　持续优化科技创新环境。深入落实普惠性创新政策，建立常态化政策宣传及落实机制，让更多企业享受政策支持，激发企业创新活力。建立健全众创空间、孵化器、加速器等科技型中小企业孵化链条。建立健全科技改革创新容错纠错机制，营造鼓励创新、宽容失败的良好氛围。

　　加快推进产业结构优化。大力构建现代化经济体系，促进服务业新兴产业快速发展，加快构建新型基础设施网络，推进数字产业化和产业数字化发展，提升科技创新驱动经济高质量发展的支撑作用。

　　表 3-15 为滨州市科技创新各级指标值和排名。

表 3-15　滨州市科技创新各级指标值和排名

指标名称	指标值		排名	
	上年	当年	上年	当年
综合科技创新水平指数（％）	48.72	57.76	11	7
创新投入指数（％）	69.92	84.04	3	3
全社会 R&D 经费支出占地区生产总值（GDP）的比重（％）	3.32	3.49	1	1
地方财政科技支出占一般公共预算支出的比重（％）	3.73	5.41	1	1
基础研究经费支出占 R&D 经费支出的比重（％）	0.65	1.12	13	13
每万名就业人员中研发人员数（人年）	81.78	98.75	6	6
R&D 人员中研究人员占比（％）	24.43	20.17	16	16
创新产出指数（％）	34.62	35.89	12	13
每亿元 GDP 技术合同成交额（万元）	309.55	375.68	7	7
每万人高价值发明专利拥有量（件）	2.28	2.37	8	8
万名研究人员科技论文数（篇）	2053.41	1328.60	12	14
每亿元 R&D 经费支出发明专利授权数（件）	9.04	8.69	13	14
企业创新指数（％）	50.50	70.68	14	9
规上工业企业 R&D 经费支出占营业收入的比重（％）	1.01	1.04	14	14
规上工业企业 R&D 人员占规上工业企业从业人员的比重（％）	7.55	10.60	8	4
有研发活动规上工业企业占规上工业企业的比重（％）	55.78	64.93	2	1
规上工业企业新产品销售收入占营业收入的比重（％）	8.68	29.58	13	7
每万名规上工业企业 R&D 人员发明专利拥有量（件）	888.00	763.61	15	16
创新环境指数（％）	38.32	44.70	15	14
公共预算教育支出占一般公共预算支出的比重（％）	15.24	15.81	16	16
科学研究和技术服务业平均工资比较系数（％）	88.96	84.60	10	10
每万名就业人员累计孵化企业数（家）	0.76	0.80	13	13
每万家企业法人单位中高新技术企业数（家）	26.95	35.34	14	14
实际使用外资金额占 GDP 的比重（％）	0.98	1.15	12	12
享受研发费用加计扣除减免税政策的规上工业企业占规上工业企业的比重（％）	9.80	19.28	10	8
创新驱动指数（％）	46.70	47.18	9	9
全员劳动生产率（万元 / 人）	11.95	13.65	8	7
规上高新技术产业产值占规上工业产值比重（％）	40.58	41.99	10	12
现代服务业增加值占 GDP 比重（％）	23.73	22.31	13	14
数字经济核心产业增加值占 GDP 比重（％）	—	0.63	—	15
万元 GDP 综合能耗较上年降低率（％）	7.93	7.16	6	1

十六、菏泽市

（一）科技创新发展情况

1.科技创新总体情况

2021年，菏泽市科技创新引领作用持续强化，新培育国家级重点"小巨人"企业2家、专精特新"小巨人"企业2家，技术创新示范企业4家、特色产业集群2个，入选"科创中国"试点城市。"四新"经济增加值占全市生产总值的比重达到28%，新兴产业集群蓬勃发展，鲁西南大数据中心获批省级数字经济园区。菏泽市综合科技创新水平指数为32.32%，比上年提高2.09个百分点，列全省第16位。

图3-31为菏泽市一级评价指标指数与上年及全省平均水平比较情况。

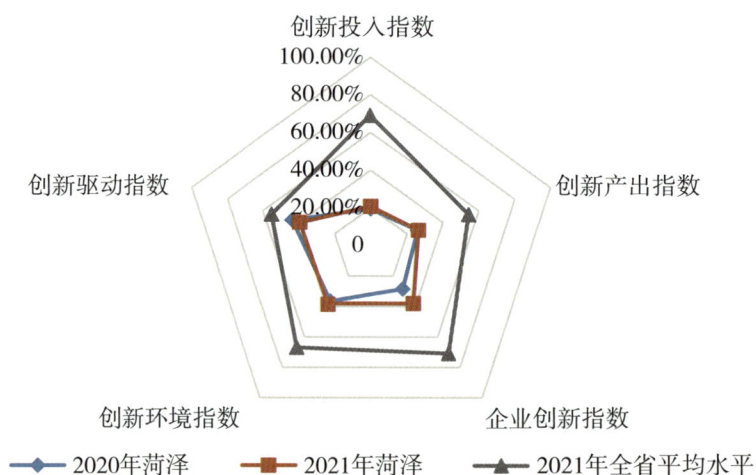

图3-31 菏泽市一级评价指标指数与上年及全省平均水平比较情况

2.科技创新总体特征

创新投入水平有待提升。2021年，菏泽市创新投入指数为20.86%，较上年提高1.24个百分点，列全省第16位。其中，R&D人员中研究人员占比为29.44%，列全省第11位。基础研究经费支出占R&D经费支出的比重为1.15%，列全省第12位。地方财政科技支出占一般公共预算支出的比重为0.42%，列全省第15位。全社会R&D经费支出占地区生产总值（GDP）的比重为0.76%，每万名就业人员中研发人员数19.84人年，两指标均列全省第16位。需发挥财政资金引导作用，鼓励和强化企业加大研发投入，强化人才支撑，激发研发人员能动性。

创新产出成效不明显。2021 年，菏泽市创新产出指数为 26.35%，较上年提高 0.52 个百分点，列全省第 15 位。其中，每亿元 R&D 经费支出发明专利授权数为 12.17 件，列全省第 9 位，增幅列全省第 7 位。万名研究人员科技论文数为 1358.31 篇、每亿元 GDP 技术合同成交额为 202.93 万元、每万人高价值发明专利拥有量为 0.71 件，均排名落后。专利产出效益和质量不高，技术交易不够活跃，科技成果转化需加快推进。

企业创新能力提升空间大。2021 年，菏泽市企业创新指数为 38.02%，较上年提高 9.57 个百分点，列全省第 16 位。其中，每万名规上工业企业 R&D 人员发明专利拥有量为 896.94 件，列全省第 15 位。规上工业企业 R&D 人员占规上工业企业从业人员的比重较上年提高 2.84 个百分点，有研发活动规上工业企业占规上工业企业的比重较上年提高 10.25 个百分点，两项指标增幅均列全省第 7 位。规上工业企业 R&D 经费支出占营业收入的比重为 0.55%，规上工业企业新产品销售收入占营业收入比重为 7.26%，两项指标均列全省第 16 位。企业创新整体实力较弱，研发经费投入强度略有下降，但研发人力投入略有改善，企业创新活跃度增强，仍有较大提升空间。

创新环境略有优化。2021 年，菏泽市创新环境指数为 38.60%，较上年提高 2.10 个百分点，列全省第 16 位。其中，公共预算教育支出占一般公共预算支出的比重为 20.16%，列全省第 11 位。每万名就业人员累计孵化企业数为 0.80 家，享受研发费用加计扣除减免税政策的规上工业企业占规上工业企业的比重为 9.15%，每万家企业法人单位中高新技术企业数为 26.65 家，分别列全省第 14 位、第 15 位、第 16 位。实际使用外资金额占 GDP 的比重较上年提高为 0.23 个百分点，增幅列全省第 6 位。需进一步在创新主体培育、普惠性政策激励、对外开放合作等方面建立长效工作机制，为科技创新提供全方位支持，营造良好的创新氛围。

创新驱动高质量发展能力需进一步增强。2021 年，菏泽市创新驱动指数为 39.70%，较上年下降 4.27 个百分点，列全省第 15 位。其中，现代服务业增加值占 GDP 比重为 26.45%，列全省第 4 位，产业结构不断优化。万元 GDP 综合能耗较上年降低率为 5.37%，列全省第 7 位，绿色发展质量进一步提升。数字经济核心产业增加值占 GDP 比重为 1.14%，规上高新技术产业产值占规上工业产值比重为 34.58%，全员劳动生产率为 8.30 万元 / 人，分别列全省第 13 位、第 15 位、第 16 位。现代服务业对菏泽市经济发展拉动效应明显，"四新经济"规模和发展质量还需进一步提升，加快产业转型升级，做大做强数字经济核心产业。

（二）创新发展指标排名变动分析

2021 年，菏泽市综合科技创新水平指数排名与上年一致，创新投入指数、企业创新指数、创新环境指数排名与上年相同，创新产出指数排名较上年下降 1 位，创新驱动指数排名下降 4 位。

排名提升最为突出的指标是每亿元 R&D 经费支出发明专利授权数，由全省第 14 位提升至全省第 9 位。地方财政科技支出占一般公共预算支出的比重、享受研发费用加计扣除减免税政策的规上工业企业占规上工业企业的比重指标排名均较上年提升 1 位。

排名下降最多的是公共预算教育支出占一般公共预算支出的比重指标，较上年下降 3 位。基础研究经费支出占 R&D 经费支出的比重、万名研究人员科技论文数、每万名规上工业企业 R&D 人员发明专利拥有量、万元 GDP 综合能耗较上年降低率指标排名均较上年下降 2 位。R&D 人员中研究人员占比、每亿元 GDP 技术合同成交额、规上高新技术产业产值占规上工业产值比重等指标排名均下降 1 位。

排名与上年持平的各项指标中，每万人高价值发明专利拥有量较上年下降 0.19 件，规上工业企业 R&D 经费支出占营业收入的比重下降 0.09 个百分点，科学研究和技术服务业平均工资比较系数下降 7.48 个百分点，现代服务业增加值占 GDP 比重下降 1.39 个百分点。同时，每万名就业人员中研发人员数增加 7.89 人年，规上工业企业 R&D 人员占规上工业企业从业人员的比重提高 2.84 个百分点，有研发活动规上工业企业占规上工业企业的比重提高 10.25 个百分点，规上工业企业新产品销售收入占营业收入比重提高 2.91 个百分点，全员劳动生产率上升 1.22 万元 / 人，多数指标实现不同幅度的增长。

图 3-32 为菏泽市主要二级评价指标排名变动情况。

公共预算教育支出占一般公共预算支出的比重 -3

万元GDP综合能耗较上年降低率 -2

每万名规上工业企业R&D人员发明专利拥有量 -2

万名研究人员科技论文数 -2

基础研究经费支出占R&D经费支出的比重 -2

规上高新技术产业产值占规上工业产值比重 -1

每亿元GDP技术合同成交额 -1

R&D人员中研究人员占比 -1

享受研发费用加计扣除减免税政策的规上工业企业占规上工业企业的比重 1

地方财政科技支出占一般公共预算支出的比重 1

每亿元R&D经费支出发明专利授权数 5

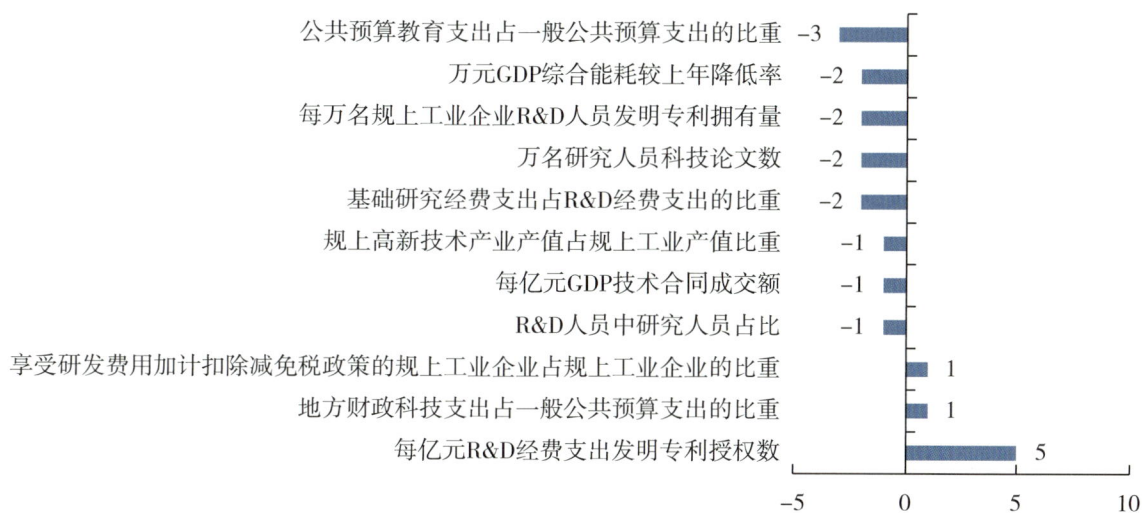

图 3-32　菏泽市主要二级评价指标排名变动情况

（三）创新驱动经济高质量发展的建议

2021 年，菏泽市地区生产总值达到 3976.67 亿元，同比增长 15.24%。深入实施"工业强市"战略，推进重点产业突破，新动能成为菏泽经济高质量发展的重要引擎。根据评价结果，菏泽市在科技创新方面要实现"后来居上"，还需要重点从以下方面进行有效突破。

着力加大研发投入。抓住省委省政府深入推动"突破菏泽，鲁西崛起"的战略机遇，在科技创新主体培育、科技平台载体赋能、科技成果落地转化方面出台相关配套措施，完善研发投入持续增长机制，加大财政支持力度。创新探索科技与金融紧密结合的新机制新模式，构建多层次的科技金融综合服务体系。

有效提升创新产出效能。立足优势特色产业及关键技术领域，开展科技项目策划培育，强化协同创新，实现重点领域基础研究突破和关键核心技术攻关，支撑菏泽经济高质量发展。开展高价值发明专利培育，提高专利产出质量和效益。完善科技成果产出机制，加大科技成果奖励力度，着力推进科技成果孕育创造。

激发企业创新活力。实施科技型企业梯度培育计划，推动单项冠军、小巨人、瞪羚、"专精特新"、高新技术及科技型中小微企业数量保持稳定增长。推动企业与高校院所合作开展技术攻关，鼓励企业积极开展研发活动，提升企业创新能力。

优化科技创新环境。完善激励机制，积极开展产学研合作，建设机制灵活的新型研发机构。持续推进招才引智活动，引进培养一批具有国内外先进水平的战略科技人才、科技领军人才等，从国内外吸引专业人才来菏服务。加快惠企政策有效落实，切实缓解创新主体投入压力，激发全社会创新积极性。在"双循环"新格局下，推动开放合作，提高市场竞争力。

加快培育新动能。深入推进数字化赋能，改造提升传统动能。引导企业加快产品迭代升级，夯实高质量发展的产业根基。推动更多战略性新兴产业集群纳入省级战略性新兴产业集群、"十强"产业"雁阵形"集群，争创国家级战略性新兴产业集群。

表 3-16 为菏泽市科技创新各级指标值和排名。

表 3-16　菏泽市科技创新各级指标值和排名

指标名称	指标值		排名	
	上年	当年	上年	当年
综合科技创新水平指数（%）	30.23	32.32	16	16
创新投入指数（%）	19.61	20.86	16	16
全社会 R&D 经费支出占地区生产总值（GDP）的比重（%）	0.75	0.76	16	16
地方财政科技支出占一般公共预算支出的比重（%）	0.37	0.42	16	15
基础研究经费支出占 R&D 经费支出的比重（%）	0.98	1.15	10	12
每万名就业人员中研发人员数（人年）	11.95	19.84	16	16
R&D 人员中研究人员占比（%）	34.99	29.44	10	11
创新产出指数（%）	25.84	26.35	14	15
每亿元 GDP 技术合同成交额（万元）	198.15	202.93	13	14
每万人高价值发明专利拥有量（件）	0.90	0.71	16	16
万名研究人员科技论文数（篇）	2184.76	1358.31	11	13
每亿元 R&D 经费支出发明专利授权数（件）	8.71	12.17	14	9
企业创新指数（%）	28.45	38.02	16	16
规上工业企业 R&D 经费支出占营业收入的比重（%）	0.63	0.55	16	16
规上工业企业 R&D 人员占规上工业企业从业人员的比重（%）	4.28	7.12	16	16
有研发活动规上工业企业占规上工业企业的比重（%）	21.80	32.06	16	16
规上工业企业新产品销售收入占营业收入的比重（%）	4.34	7.26	16	16
每万名规上工业企业 R&D 人员发明专利拥有量（件）	1055.29	896.94	13	15
创新环境指数（%）	36.51	38.60	16	16
公共预算教育支出占一般公共预算支出的比重（%）	20.37	20.16	8	11
科学研究和技术服务业平均工资比较系数（%）	73.50	66.01	15	15
每万名就业人员累计孵化企业数（家）	0.65	0.80	14	14
每万家企业法人单位中高新技术企业数（家）	25.78	26.65	16	16
实际使用外资金额占 GDP 的比重（%）	0.58	0.81	16	16
享受研发费用加计扣除减免税政策的规上工业企业占规上工业企业的比重（%）	4.30	9.15	16	15
创新驱动指数（%）	43.97	39.70	11	15
全员劳动生产率（万元/人）	7.07	8.30	16	16
规上高新技术产业产值占规上工业产值比重（%）	37.74	34.58	14	15
现代服务业增加值占 GDP 比重（%）	27.84	26.45	4	4
数字经济核心产业增加值占 GDP 比重（%）	—	1.14	—	13
万元 GDP 综合能耗较上年降低率（%）	8.15	5.37	5	7

附　录

一、指标体系

附表 1　区域科技创新能力评价指标体系

一级指标	序号	二级指标	数据来源
创新投入	1	全社会 R&D 经费支出占地区生产总值（GDP）的比重（%）	山东统计年鉴
	2	地方财政科技支出占一般公共预算支出的比重（%）	山东统计年鉴
	3	基础研究经费支出占 R&D 经费支出的比重（%）	山东统计年鉴
	4	每万名就业人员中研发人员数（人年）	山东统计年鉴
	5	R&D 人员中研究人员占比（%）	山东省统计局
创新产出	6	每亿元 GDP 技术合同成交额（万元）	山东统计年鉴 山东省科技厅
	7	每万人高价值发明专利拥有量（件）	山东省市场监管局
	8	万名研究人员科技论文数（篇）	山东省统计局
	9	每亿元 R&D 经费支出发明专利授权数（件）	山东统计年鉴
企业创新	10	规上工业企业 R&D 经费支出占营业收入的比重（%）	山东统计年鉴
	11	规上工业企业 R&D 人员占规上工业企业从业人员的比重（%）	山东统计年鉴
	12	有研发活动规上工业企业占规上工业企业的比重（%）	山东省统计局
	13	规上工业企业新产品销售收入占营业收入的比重（%）	山东省统计局
	14	每万名规上工业企业 R&D 人员发明专利拥有量（件）	山东省统计局
创新环境	15	公共预算教育支出占一般公共预算支出的比重（%）	山东统计年鉴
	16	科学研究和技术服务业平均工资比较系数（%）	山东统计年鉴
	17	每万名就业人员累计孵化企业数（家）	山东统计年鉴 山东省科技厅
	18	每万家企业法人单位中高新技术企业数（家）	山东省统计局 山东省科技厅
	19	实际使用外资金额占 GDP 的比重（%）	山东统计年鉴
	20	享受研发费用加计扣除减免税政策的规上工业企业占规上工业企业的比重（%）	山东省统计局

续表

一级指标	序号	二级指标	数据来源
创新驱动	21	全员劳动生产率（万元／人）	山东统计年鉴
	22	规上高新技术产业产值占规上工业产值比重（%）	山东省科技厅
	23	现代服务业增加值占 GDP 比重（%）	山东省统计局
	24	数字经济核心产业增加值占 GDP 比重（%）	山东省工业和信息化厅
	25	万元 GDP 综合能耗较上年降低率（%）	山东省统计局

二、指标解释

1. 全社会 R&D 经费支出占地区生产总值（GDP）的比重

该指标是国际上通用的衡量一个国家或地区科技投入强度和科技发展水平的评价指标。其中，全社会 R&D 经费支出是指调查单位在报告年度内用于内部开展 R&D 活动的实际支出。GDP 是指按市场价格计算的一个国家（或地区）所有常住单位在一定时期内生产活动的最终成果。

计算公式：（全社会 R&D 经费支出／GDP）×100%。

2. 地方财政科技支出占一般公共预算支出的比重

该指标是衡量地方政府财政科技投入力度的重要指标。其中，地方财政科技支出是指地方用于科学技术方面的公共财政支出，包括科学技术管理事务、基础研究、应用研究、技术研究与开发、科技条件与服务、社会科学、科学技术普及、科技交流与合作等。一般公共预算支出是指地方财政将筹集起来的资金进行分配使用，以满足经济建设和各项事业的需要。

计算公式：（地方财政科技支出／一般公共预算支出）×100%。

3. 基础研究经费支出占 R&D 经费支出的比重

该指标是衡量基础研究经费投入强度的指标。其中，基础研究指为了获得关于现象和可观察事实的基本原理的新知识(揭示客观事物的本质、运动规律，获得新发现、新学说)而进行的实验性或理论性研究，它不以任何专门或特定的应用或使用为目的，其成果以科学论文和科学著作为主要形式，用来反映知识的原始创新能力。

计算公式：（基础研究经费支出 /R&D 经费支出）×100%。

4. 每万名就业人员中研发人员数

该指标是反映科技人力资源和研发活动人力投入强度的重要指标。其中，研发人员指调查单位内部从事基础研究、应用研究和试验发展 3 类活动的全时人员加非全时人员按工作量折算为全时人员数的总和。就业人员指在 16 周岁及以上，从事一定社会劳动并取得劳动报酬或经营收入的人员。

计算公式：（研发人员数 / 就业人员数）×10000。

5. R&D 人员中研究人员占比

该指标是衡量科技人才的整体质量和结构的指标。研究人员是指 R&D 人员中具备中级以上职称或博士学历（学位）的人员。R&D 人员是指参与研究与试验发展项目研究、管理和辅助工作的人员，包括项目 (课题) 组人员，企业科技行政管理人员和直接为项目 (课题) 活动提供服务的辅助人员。

计算公式：（研究人员数 /R&D 人员数）×100%。

6. 每亿元 GDP 技术合同成交额

该指标是反映科技成果转化的重要指标，指技术合同成交额与 GDP 之比。技术合同成交额是指报告期内在全国技术合同网上登记系统登记的技术合同（技术开发、技术转让、技术咨询、技术服务）成交项目的总金额。

计算公式：(技术合同成交额 /GDP)×10000。

7. 每万人高价值发明专利拥有量

该指标指在有效期内每万人拥有的高价值发明专利数，反映专利资源的技术含量和市场价值。高价值发明专利是指符合国家重点产业发展方向、专利质量较高、价值较高的有效发明专利，包括：①战略性新兴产业的有效发明专利；②在海外有同族专利权的有效发明专利；③维持年限超过 10 年的有效发明专利；④实现较高质押融资金额的有效发明专利；⑤获得国家科学技术奖或中国专利奖的有效发明专利。

计算公式：（高价值发明专利数 / 总人口）×10000。

8. 万名研究人员科技论文数

该指标反映科研人员的知识产出效率。科技论文指在学术刊物上以书面形式发表的最初的科学研究成果。应具备以下三个条件：①首次发表的研究成果；②作者的结论和试验能被同行重复并验证；③发表后科技界能引用。研究人员是指 R&D

人员中具备中级以上职称或博士学历（学位）的人员。

计算公式：（科技论文数 / 研究人员数）× 10000。

9. 每亿元 R&D 经费支出发明专利授权数

该指标是衡量一地区相对于研发经费投入专利产出效率的指标。发明专利授权数是指报告年度由国内外知识产权行政部门向调查单位授予发明专利权的件数。

计算公式：（发明专利授权数 /R&D 经费支出）× 100000000。

10. 规上工业企业 R&D 经费支出占营业收入的比重

该指标是衡量规上工业企业创新能力和创新投入水平的重要指标。其中，规上工业企业是指年主营业务收入在 2000 万元以上的工业企业。规上工业企业研发经费是指规上工业企业在报告年度内用于内部开展研发活动的实际支出。营业收入是指企业经营主要业务和其他业务所确认的收入总额，包括"主营业务收入"和"其他业务收入"。

计算公式：（规上工业企业 R&D 经费支出 / 规上工业企业营业收入）× 100%。

11. 规上工业企业 R&D 人员占规上工业企业从业人员的比重

该指标是衡量企业科技活动人力投入水平的主要指标，指规上工业企业 R&D 人员数与规上工业企业从业人员数之比。

计算公式：（规上工业企业 R&D 人员数 / 规上工业企业从业人员数）× 100%。

12. 有研发活动规上工业企业占规上工业企业的比重

该指标是反映企业创新活跃度的重要指标，指有研发活动的规上工业企业数量与规上工业企业数量之比。

计算公式：（有研发活动的规上工业企业数 / 规上工业企业数）× 100%。

13. 规上工业企业新产品销售收入占营业收入的比重

该指标是衡量规上工业企业创新产出的重要指标之一。其中，新产品销售收入反映工业企业新产品销售的规模。新产品指的是采用新技术原理、新设计构思研制生产的全新产品，或在结构、材质、工艺等某一方面比原有产品有明显改进，从而显著提高产品性能或扩大使用功能的产品。

计算公式：（规上工业企业新产品销售收入 / 规上工业企业营业收入）× 100%。

14. 每万名规上工业企业 R&D 人员发明专利拥有量

该指标反映企业相对于 R&D 人员规模发明专利的存量水平。其中，发明专利拥有量是指调查单位作为专利权人在报告年度拥有的、经国内外知识产权行政部门授权且在有效期内的发明专利件数。

计算公式：（规上工业企业发明专利拥有量 / 规上工业企业 R&D 人员数）×10000。

15. 公共预算教育支出占一般公共预算支出的比重

该指标反映各地公共财政对教育事业的投入水平和力度，可以衡量政府对教育财政支持的努力程度，是指公共预算教育支出占一般公共预算支出的百分比。

计算公式：（公共预算教育支出 / 一般公共预算支出）×100%

16. 科学研究和技术服务业平均工资比较系数

科学研究和技术服务业工资水平反映了政府及社会对从事科学研究和技术服务工作的劳动者劳动报酬的认可程度。但由于各地区消费水平差异较大，因此，这一指标还需要用地区科学研究与技术服务业工资水平与全省该行业工资水平的比例进行修正。

计算公式：（地区科学研究和技术服务业平均工资 / 地区全社会平均工资）×（地区科学研究和技术服务业平均工资 / 全省科学研究和技术服务业平均工资）×100%。

17. 每万名就业人员累计孵化企业数

科技企业孵化器是以促进科技成果转化、培养高新技术企业和企业家为宗旨的科技创业服务载体，其累计孵化企业数是科技创新环境的重要体现。

计算公式：（科技企业孵化器累计毕业企业数 / 就业人员数）×10000。

18. 每万家企业法人单位中高新技术企业数

该指标是衡量地方创业水平的指标。高新技术企业是指按照《高新技术企业认定管理办法》获得认定的，在《国家重点支持的高新技术领域》内，持续进行研究开发与技术成果转化，形成企业核心自主知识产权，并以此为基础开展经营活动，在中国境内（不包括港、澳、台地区）注册的居民企业。

计算公式：（高新技术企业数 / 企业法人单位数）×10000。

19. 实际使用外资金额占 GDP 的比重

该指标反映外资的利用水平，是体现营商环境优化的一个重要指标。实际使用外资金额是指批准的合同外资的实际执行数，外国投资者根据批准外商投资企业的合同（章程）的规定实际缴付的出资额和企业投资总额内外国投资者以自己的境外自有资金实际直接向企业提供的贷款。

计算公式：（实际使用外资金额 /GDP）× 100%。

20. 享受研发费用加计扣除减免税政策的规上工业企业占规上工业企业的比重

该指标是反映研发费用加计扣除减免税政策落实情况的指标，享受研发费用加计扣除减免税政策的规上工业企业是指规上工业企业开展的研究开发活动符合国家研发费用税前加计扣除政策所属范畴，并已申报享受研发费用加计扣除政策的企业。

计算公式：（享受研发费用加计扣除减免税的规上工业企业数 / 规上工业企业数）× 100%。

21. 全员劳动生产率

该指标反映全社会的劳动效率，指根据产品的价值量指标计算的平均每一个从业人员在单位时间内的产品生产量。

计算公式：（GDP/ 就业人员数）/10000。

22. 规上高新技术产业产值占规上工业产值比重

该指标是衡量高新技术产业产出水平的重要指标，反映科技创新对产业结构的优化程度。其中，规上高新技术产业产值是指属于山东省高新技术产业统计范围的行业的规上企业产值。规上工业产值是指以货币形式表现的，规上工业企业在一定时期内生产的工业最终产品或提供工业性劳务活动的总价值量，它反映一定时间内规上工业生产的总规模和总水平。

计算公式：（规上高新技术产业产值 / 规上工业产值）× 100%。

23. 现代服务业增加值占 GDP 比重

该指标从产业结构角度反映经济发展对现代服务业的依存度，是衡量经济发展和现代化水平的重要指标。现代服务业包括信息传输、计算机服务和软件业，金融，房地产，商务服务，科研技术服务，环境管理，教育，卫生、社会保障，文化、体育和娱乐业等行业，涉及 10 个行业门类和 22 个行业大类。

计算公式：（现代服务业增加值 /GDP）× 100%。

24. 数字经济核心产业增加值占 GDP 比重

该指标客观反映数字经济核心竞争力。数字经济核心产业包括：①"计算机、通信和其他电子设备制造业"全部小类；②机电器材制造（含"电气机械和器材制造业"部分小类等）；③电子设备制造（含"仪器仪表制造业"部分小类等）；

④"电信、广播电视和卫星传输服务业"全部小类；⑤互联网服务（含"互联网和相关服务业"全部小类等）；⑥"软件和信息技术服务业"全部小类；⑦文化数字内容服务（含"广播、电视、电影和录音制作业"全部小类等）。

计算公式：（数字经济核心产业增加值/GDP）×100%。

25. 万元GDP综合能耗较上年降低率

该指标是反映能源消费水平和节能降耗状况的主要指标，是指在一定区域内，国民经济各行业和居民家庭在一定时间消费的各种能源总和与上一年相比的下降幅度。

计算公式：（1–本年万元GDP综合能耗/上年万元GDP综合能耗）×100%。

三、评价方法

采用指数法对各级指标进行综合，各级评价值均可称为"指数"。评价步骤如下：

（1）将各二级指标除以相应的评价标准，得到二级指标的评价值，即为二级指标相应的指数，计算方法为：

$$y_{ij} = \frac{x_{ij}}{x_{\cdot j}} \times 100\%。$$

式中：x_{ij} 为第 i 个一级指标下、第 j 个二级指标；$x_{\cdot j}$ 为第 j 个二级指标相应的标准值。

（2）一级指标评价值（一级指数）$y_{i\cdot}$ 由二级指标评价值加权综合而成，即

$$y_{i\cdot} = \sum_{j=1}^{n_i} w_{ij} y_{ij}。$$

式中：w_{ij} 为各二级指标评价值相应的权重；n_i 为第 i 个一级指标下设的二级指标的个数。

（3）总评价值（总指数）由一级指标加权综合而成，即

$$y = \sum_{i=1}^{n} w_{i\cdot} y_{i\cdot}。$$

式中：$w_{i\cdot}$ 为各一级指标评价值相应的权重；n 为一级指标个数。